에티카, 자유와 긍정의 철학

에티카, 자유와 긍정의 철학

초판 1쇄 펴낸날 2013년 7월 3일
초판 5쇄 펴낸날 2024년 3월 2일
지은이 이수영
펴낸이 박재영
편집 임세현·한의영
마케팅 신연경
디자인 조하늘
제작 제이오
펴낸곳 도서출판 오월의봄
주소 경기도 파주시 회동길 363-15 201호
등록 제406-2010-000111호
전화 070-7704-5240
팩스 0505-300-0518
이메일 maybook05@naver.com
트위터 @oohbom
블로그 blog.naver.com/maybook05
페이스북 facebook.com/maybook05
인스타그램 instagram.com/maybooks_05

ISBN ISBN 978-89-97889-23-5 03100

이 책은 한국출판문화산업진흥원의 출판지원사업 지원을 받아 발행되었습니다.

만든 사람들
디자인 나윤영

Ethica

에티카, 자유와 긍정의 철학

Spinoza

스피노자 철학 읽기 이수영 지음 **오월의봄**

일러두기

1. 본문에 인용한《에티카》는 필자가 직접 번역한 것이며, 대상으로 삼은 텍스트
는 영역본으로 다음과 같다. Benedict de Spinoza, *Ethics*, edited and translated by
Edwin Curley, Penguin Books, 1996. 그리고《에티카》를 인용해야 하는 경우가 많
아 독자들의 번거로움을 피하기 위해 따로 출처를 밝히지 않고 인용 뒤에 해당 부와
명제 번호를 붙였다. 예를 들어 (1부, 정리33, 주석1)은《에티카》의 제1부 정리33에 딸
린 주석1에서 인용했음을 뜻한다.

2.《에티카》를 공부하고 번역하는 데 다음과 같은 기존 국역본도 함께 참조했음을 밝
힌다.

　• B. 스피노자,《에티카》, 강영계 역, 서광사, 1990.

　• B. 스피노자,《에티카》, 황태연 역, 피앤비, 2011.

3. 본문에서 주로 인용되는 스피노자 저술의 원명은 다음과 같다.

　《에티카》: *Ethica*

　《지성교정론》: *Tractatus de intellectus emendatione*

　《신학정치론》: *Tractatus theologico-politicus*

　《정치론》: *Tractatus politicus*

4. 1차 문헌이든지 2차 문헌이든지 인용의 번거로움을 피하기 위해 두 번째 인용부
터는 저자와 서명, 그리고 쪽수만 표시했다.

책머리에

이 책을 쓸 수밖에 없었던 까닭은 '읽었기' 때문이었다. 사사키 아타루(《잘라라, 기도하는 그 손을》)의 말처럼 읽는 것이야말로 혁명이라고 한다면 진정 그 읽기의 혁명을 경험한 사람은 바로 나였다. 하지만 스피노자의 《에티카》는 아니었다. 《에티카》를 처음 접한 건 대학 2학년 때였다. 강영계 선생의 번역으로 나온 서광사판 《에티카》를 집에 사들고 와서는 두근거리는 마음으로 펼쳐보았을 때의 참담함을 지금도 잊을 수 없다. 당시 '내일 지구가 멸망한다 해도 나는 오늘 한 그루 사과나무를 심으리라'는 말로 유명하던(물론 이 말은 종교개혁과 독일어 성서번역으로 이름 난 루터의 말이었지만 이런 사실도 아주 나중에 알게 되었다) 스피노자의 철학을 접하게 되었다는 기쁨도 잠시 나는 스피노자의 말을 하나도 이해할 수 없었다. 첫 문장은 "나는 자기 원인이란 그것의 본질이 존재를 포함하는 것, 또는 그것의 본성이 존재한다고 생각할 수밖에 없는 것이라고 이해한다"인데 도대체 이것이 무슨 뜻이란 말인가. 원인에 대한 규정과 존재와 본질에 대한 설명이 어떻게 연결될 수 있다는 말인가. 당시의 나에게 《에티카》는 읽고는 싶었으나 결코 읽을 수 없는 책이었다.

그렇게 《에티카》와는 인연도 없이 십 수 년이 흘렀다. 전공인

7

문학을 버리고 철학에 심취해 있던 나는 지젝이나 니체, 푸코나 들뢰즈 같은 철학자들의 책들 주위를 주로 얼씬거렸는데 그러다 들뢰즈의 《스피노자와 표현의 문제》를 읽게 되었다. 정말 '읽게' 된 것이다. 《스피노자와 표현의 문제》를 읽은 것만으로도 나는 세계에 대한 새로운 시선을 획득해버리고 말았다. 들뢰즈의 해석을 거친 스피노자였지만 그럼에도 스피노자의 철학은 놀라운 사유의 광채를 보여주었다. 이제 되돌아갈 수는 없었다. 읽기의 혁명성이란 이런 것이 아닐까? 스피노자를 알게 된 시기와 알지 못하던 시기로 삶이 구별될 수 있다는 것, 둘 사이에는 삶의 본성에 있어 극도의 차이가 있다는 것, 니체의 말처럼 준족의 아킬레스도 건널 수 없는 심연이 두 시기 사이에 가로놓여 있다는 것. 그래서 다시 《에티카》를 '읽기' 시작했다. 읽히기 시작했다. 그리고 나는 계속 감탄했다. 그래서 나는 쓸 수밖에 없었다.

《모방의 법칙》을 쓴 사회학자 가브리엘 타르드에 의하면 인간의 욕망으로 인해 발생하는 많은 불화들은 놀랍게도 산업상의 '발명'이나 정치적인 '발명'에 의해 진정된 적이 많았다고 한다. 빵을 먹고 싶은 주인의 욕망과 그 주인의 욕망으로 인해 밀을 빻아야 하는 수고로운 노동을 해야만 했던 노예들의 거부감은 언제든 전쟁 상태에 있었다. 빵을 먹고 싶다는 욕망은 그 지긋지긋한 고역을 원한다는 것이었고, 노동을 거부하겠다는 것은 아무도 빵을 먹지 말았으면 좋겠다는 욕망의 표현이었다. 이 갈등과 전쟁을 진정시킨 것은 바로 물레방아와 풍차의 발명이었다. 물레방아가 발명되면서 노예들의 수고를 덜어주자 두 욕망은 서로 장애가 되는 일을 멈추었던 것이다. 천동설과 지동설의 대립을 해결한 것도 망원경을 통한 천문학적 발견 덕분이었다.

실상 발명의 능력은 생활의 윤택보다는 불화의 해결에 있다. 발명으로 인한 풍요로운 삶은 해결된 불화에 따르는 귀결인 경우가 많고 또한 대개 그것이 전제되어야 하는 법이다. 내게 스피노자의 철학은 온통 발명으로 보였다. 서양 철학에 과문해서 그런 것인지도 모르겠지만, '신'이 그렇고, '속성'이 그러하며, '감정'이 그러하고, '평행론'이 그러했다. 스피노자의 '신체'는 또한 얼마나 위대한 개념이며 '공통개념'은 또한 얼마나 위대한 개념이었던가.《에티카》는 개념의 발명으로 넘쳐나는 텍스트였다. 스피노자는 기존의 개념에 새로운 용법을 설정하는 철학적 발명에서 획기적이었다. 스피노자가 경험했던 증오와 저주, 죄의식과 전쟁들은 이렇게 발명된 개념들과 더불어 완전히 소멸되어버리는 것 같았다. 철학자의 삶이란 무엇이고, 철학이란 무엇을 해야 하는지 스피노자의《에티카》처럼 분명하게 보여주는 책은 처음이었다. 수학적이고 기하학적인 증명의 방식이라는 서술 체계상의 어려움을 극복하고 읽어나갔을 때 스피노자의 체계는 삶에 대한 놀랄 만한 아름다움과 긍정으로 가득한 개념들의 발명이었다. 스피노자의 개념적 발명과 더불어 나는 삶의 아름다움에 눈뜨게 되었다.

진정 공화국의 위험은 무엇인가. 철학이 부재하다는 것, 특히 좋은 철학이 부재하다는 것이 아닌가. 공공의 평화를 위해 진정으로 필요한 것은 믿음의 일치가 아니지 않은가. 그런데도 믿음만을 강요하는 맹목이, 신앙이, 우상이 지배하고 있다는 것, 이것이 우리의 현재가 아니라면 무엇인가. 군주제와 전쟁을 옹호했던 대중들이 공화주의자들을 공격하고 거리에서 살인을 감행할 때 스피노자가 내걸었던 문구가 있었다. "야만의 극치." 내겐 스피노자의 플래카드가 우리 시대 한복판에 선명히 걸려 있다는 느낌을 지울 수가 없다. 몇십 년 전의 낡고도 위험한 정치체에 대한 일사분란한 숭배가 목도되고 있다면 이것이 어찌 내 개인적인 인상일 뿐이겠는가. 그래서 스피노자는 지극히 현재적인 철학자이다.

스피노자는 모든 인간적 망상과 환상들을 깨트리는, 진정 망치의 철학자이다. 신을 사랑할 수 있다거나 신이 인간을 미워할 수도 있다는 망상, 의지가 자유롭다는 망상, 인간의 본성이 원래 타락한 것이라는 망상, 신이 이 세계를 창조한 목적이 있다는 망상, 신이 이 세계를 바꿀 수 있다는 망상, 신체 없이 이성적일 수 있다는 망상, 정신이 신체를 지배한다는 망상, 필연과 자유가 대립된다는 망상, 고독 속에 자유가 있다는 망상, 믿음이 세계를 바꿀 수 있다는 망상, 국가가 최종 목적이라는 망상, 신적인 인식에 도달할 수 없다는 망상. 이 모든 망상들이 아직도 우리 삶에 그늘을 잔뜩 드리우고 있고 세계를 저주하게 만들고 있다. 우리 삶과 세계에 대한 긍정은 맹목적인 사랑이 아니라 망상에서 벗어난 이성적 인식에 있다는 것, 이것이 스피노자의 가르침이다. 물론 이성이 반드시 신체를 통과해야 한다는 점에서 데카르트의 '생각하는 코기토' 적 망상과는 아무런 관련이 없지만 말이다. 알튀세르의 말대로 스피노자는 철학적 관점에서 마르크스의 유일한 직계조상이다.

　재작년 한 해 동안 스피노자 철학을 강의한 곳이 있다. 바로 소외된 여성들의 자활 공동체인 W-ing이다. 매주 수요일 아침마다 어눌한 강의를 들어준 여성들과 활동가들, 그리고 자리를 마련하고 이것이 지속되도록 온힘을 다해준 최정은 대표님께 깊은 감사를 드리고 싶다. 이 책에서 유독 강조하고 있는 부분들을 눈 밝은 독자라면 충분히 눈치챌 수 있을 터인데, 그런 부분들은 W-ing이라는 현장에서 마주쳤던 문제들을 스피노자에 기대 풀어내고자 한 나의 초보적인 대답들이라 할 것이다. 다시 말해 이 책에서 힘이 잔뜩 들어간 부분이나 목청이 높아지는 부분을 결정한 것은 W-ing이었다는 말이다. 철학 안내서라 할 수 있는 이런 책도 자기만의 고유한 색깔을 낼 수 있다면 그것은 전적으로 W-ing이라는 현장의 몫이다. 그리고 변변찮은 연구자에게 무한의 신뢰를 보내주고 책으로까지 만들어준 윤현아 씨와 박재영 선생께도 감사를 드린다. 스피노자의 《에티카》와 그의 위대한 철학에 대해 충분히 깊게도 넓게도 육박하지 못한 이 책의 부족한 부분들은 이 땅의 날카로운 스피노자 연구자들이 앞으로 보충해줄 것이라 믿는다.

2013년 6월 신길동 인문팩토리길에서
이 수 영

차례

1부. 신의 긍정성에 대하여

1 삶에 대한 위대한 긍정으로서의 신

2 만물이 신 안에 거주하는 방식

3부. 정신과 신체의 본성에 대하여

4부. 인간의 예속과 자유에 대하여

스피노자의 삶에 대하여

원한도 가책도 없는 삶, 서로에게 죽음이 되지 않는 삶, 오직 긍정으로만 가득한 삶. 그런 삶만을 꿈꾸고 그런 삶만을 실천하고자 했던 스피노자Baruch de Spinoza(1632~1677)는 삶에 대한 사랑으로 인해 오히려 지독히도 저주를 당하는 이율배반의 삶을 살았던 철학자였다. 대중들의 자유로운 삶과 민주주의적인 정치를 위해《에티카》와《신학정치론》을 썼던 그는 슬픔과 증오와 죽음에 중독된 대중들과 사제들에 의해 고독과 유폐의 삶을 살아야만 했다. 하지만 그럼에도 스피노자는 증오와 원한이라는 정념을 들어 인간을 부정하고 삶을 부정하는 대신 그런 정념의 자연학적 필연성을 찾아냈고 그 필연성을 바탕으로 인간들의 삶이 긍정과 자유에 기초할 수 있음을 밝혀냈다. 그는 진정 정념과 죽음을 넘어선 삶, 온통 긍정으로 가득한 삶을 철학적 개념의 발명을 통해 우리에게 선명하고도 아름답게 보여주었던 철학자였다. 검소하고도 고요한 삶, 하지만 엄청난 사유의 폭풍을 일으킨 삶. 어떠한 상황 속에서 그의 철학이 전개됐는지 간단한 연보를 통해 짧고도 강렬했던 그의 철학적 여정을 소개한다.

1632년 스피노자는 암스테르담의 유대인 지구에 있는 한 유복한 상인 가정에서 태어났고 유대인 학교에서 신학과 상업을 공부했다. 당시 네덜란드는 동인도회사와 서인도회사의 설립, 그리고 식민지 생산물의 증가 등으로 경제적 번영을 이루고 있었고, 이를 바탕으로 스페인으로부터 정치적 독립을 이루기 위해 애쓰고 있었다.

1654년 13세쯤 됐을 때 아버지의 죽음으로 인해 형과 함께 아버지의 상점에서 일을 하기 시작했고 학업도 병행한다. 당시 스피노자는 예수회 소속의 자유사상가 반 덴 엔덴Franciscus van den Enden의 강의를 들었다.

1656년 유대인 사회와 경제적이고 종교적이며 정치적인 모든 관계로부터 단절되는 '파문cherem(헤렘)'을 겪는다. 이름을 바뤼흐에서 베네딕투스Benedictus로 바꾸고, 렌즈 세공일을 하며 생계를 유지한다.

당시 유대인 사회에는 정통 유대교 신앙뿐만 아니라 다양한 이데올로기들이 있어 스피노자도 그런 이단적인 사상에 영향을 받은 것으로 보인다. 예를 들어 위리엘 다 코스타Uriel da Costa는 영혼의 불멸성에 대한 부정과 인간과 닮은 신의 형상에 대한 부정, 그리고 공포에 기초한 신의 구원에 대한 비판을 이유로 1647년에 공개적으로 태형을 당하고 파문의 위기를 겪다가 나중에 자살하게 된다. 후안 데 프라도Juan de Prado는 영혼이 신체와 함께 사멸한다는 것, 신은 철학적으로만 말할 수 있을 뿐이라는 것, 신앙은 무익하다는 사실을 주장했다는 이유로 1656년 회개를 강요받고 파문당하게 된다. 스피노자는 프라도와 긴밀한 관계였다고 알려져 있다.

유대인 사회의 유력자들은 정치적으로는 칼뱅파 사람들 못지않게 스페인과 포르투갈에 대해 증오했고, 군주제 중심의 중앙집권적인 정치를 펼치고자 했던 오란예Oranje 가문에 충실한 사람들이었다. 이 칼뱅파들은 네덜란드의 독립을 위한 전쟁을 주장했으며 강력한 중앙집권 국가를 꿈꾸었다.

반면 스피노자는 여러 자유주의자들, 반교권적인 기독교인들, 범신론자들, 데카르트주의자들, 평화 정책과 자유경제의 발전에 관심을 갖고 있던 공화주의자들(대표적으로 1653년 이후 네덜란드의 재상이었던 요한 더빗Cornelis de Witt(형제)과 친분을 유지하고 있었다. 이런 상황에서 스피노자의 여러 이단적인 사상들이 유대교 원로들의 비판에 직면하면서 랍비들이 화해와 회개를 원했음에도 스피노자는 이를 거부하고 오히려 훗날《신학정치론》의 초안이 될 〈유대 교회의 탈퇴에 대한 변명〉을 작성하면서 스스로 유대 공동체와 단절을 선언해버린다. 이로 인해 한 광신자에 의해 칼에 찔릴 뻔했다고 전해진다.

이 일을 계기로 스피노자는 사람들이 사유와 이성을 언제나 사랑하는 것은 아니라는 사실을 기억하기 위해 칼에 찢긴 외투를 간직했다고 한다.

1661년경 미완성으로 남은 《지성교정론》을 썼다. 그리고 이때부터 《에티카》를 집필하기 시작한 것으로 알려져 있다.

1663년경 함께 하숙 생활을 하던 청년 카세아리우스^{Casearius}를 가르치기 위해 《데카르트 철학의 원리》(이 책의 서문은 의사이자 시인인 친구 메이어^{Loddewijk Meyer}가 썼다)를 쓴다. 이 책의 부록이 스콜라 학파의 개념들에 대한 비판적 검토인 《형이상학적 사유》이다.

1665년 《에티카》를 잠시 중단하고 그 말도 많고 탈도 많았던 《신학정치론》을 집필한다.

대중들이 공화주의보다 칼뱅주의와 오란에 가문, 그리고 전쟁의 호전성에 경도되고 있는 사정을 보고 스피노자는 《신학정치론》을 통해 왜 이토록 대중들이 비합리적이고 예속적인지, 왜 예속이 자유라도 되는 듯이 예속을 위해 싸우는지, 종교는 왜 사랑 대신 전쟁과 편협만을 낳고 마는지와 같은 문제들을 풀어가고자 한다.

1670년 《신학정치론》이 가상의 독일 출판사 이름으로 저자의 이름도 없이 출판된다.

그러나 저자의 정체는 금방 밝혀지고, 스피노자에 대한 엄청난 비난과 저주와 고발이 이어졌다. 이 책처럼 많은 비난을 받은 책은 거의 없을 것이라고 들뢰즈가 말할 정도이다. 사제들의 비판에 더 이상 살기 힘들어진 스피노자는 한적한 교외를 떠나 수도 헤이 그에 정착한다.

1672년 공화주의자 더빗 형제가 거리에서 살해된다.

프랑스가 네덜란드를 침공하고, 공화주의에 반대하는 반동적인 혁명이 발생하면서 오란예 가문이 권력을 장악한다. 이때 스피노자는 '야만의 극치'라는 벽보를 써서 거리로 나가려 했지만 그의 신변을 걱정한 하숙집 주인의 만류로 포기한다.

1673년 팔라티나 선제후가 하이델베르크 철학 교수직을 제안하지만 거절한다.

기존의 도덕과 치안의 질서를 따르지 않는 자신의 철학이 대학에서 제대로 가르쳐질 수 없으리라는 것, 그리고 철학의 자유가 사라질 것이라는 염려 때문에 스피노자는 교수직을 포기한다.

1675년 《에티카》를 출판하려고 해보지만 상황이 불리해 곧 포기한다.

1676년 미완성으로 남은 《정치론》을 집필한다.

라이프니츠가 몰래 스피노자를 방문해 이야기를 나눴다고 전해진다.

1677년 폐병으로 짧은 생애를 마감한다.

다행히 친구인 메이어가 원고를 지켜내서 그해 말에 유고가

Opera posthuma(《유고집》)라는 이름과 익명의 도움으로 출간된다. 하지만 스피노자의 책들은 네덜란드 당국에 의해 금서로 지정되고, 관리들이 서점에서 압수하기 시작한다.

《에티카》에 대하여

1. 15년의 집필 기간

연구자들에 따르면 스피노자 최대의 역작인 《에티카》는 《지성 교정론》을 집필하다 중단한 1661년경부터 1675년 사이에 쓰였고, 1675년에 출판이 시도되었지만 정세의 불리함으로 인해 실패하고 사후에 출판된 것으로 알려져 있다. 이 사실이 틀림없다면 무려 15년에 걸친 고된 사색의 결실이 아니라 할 수 없는 책인 셈이다. 그렇다고 스피노자가 이 기간 동안 《에티카》에만 집중했던 것은 아닌데, 1663년에는 《데카르트 철학의 원리들》을, 1665년에는 《신학정치론》을 쓰기도 했던 것이다. 그러나 스피노자의 가장 대표적인 업적을 들라면 아무래도 방대한 체계와 치밀한 논증과 새로운 개념적 발명으로 가득한 《에티카》를 빼놓을 수 없다. 45세 (1677년)에 유명을 달리했으니 《에티카》는 스피노자 삶에서 정신적이고 육체적인 생명력이 가장 고조된 청장년기 전체를 건 철학서라 할 수 있다. 덕분에 우리는 푸르도록 명징한 정신이 내놓은 그토록 찬연하고 밝은 세계의 비전을 만나볼 수 있게 된 것이다.

2. 기하학적 스타일

《에티카》는 니체의 《차라투스트라는 이렇게 말했다》나 다윈의 《종의 기원》과 같이 늘 고전의 반열에 올라 있음에도 쉽게 접근하기 어려운 책에 속한다. 그러나 그 어려움의 내막은 서로 다른데, 니체의 책이 '너무나 인간적인' 대중들을 넘어서고자 하는 반시대적인 인간만을 초대해서 어렵다면, 다윈의 책은 방대한 관찰 사실의 집적과 분류, 그리고 서술의 꼼꼼함을 견딜 독자만을 초대한다는 점에서 어렵다고 할 수 있다. 《에티카》는 그렇지 않아도 난해한 철학적 논증을 수학적이고 기하학적 증명의 절차에 포갬으로써 철학이나 수학에 골머리를 앓는 일반 독자들의 진입을 애초부터 차단해버린다는 점에 그 어려움이 있다고 할 것이다. 그렇다면 《에티카》의 기하학적 서술 스타일을 직접 보도록 하자.

1부. 신에 대하여

정의

정의1 : 자기원인이란 그 본질이 존재에 속하거나 그 본성이 존재한다는 것을 제외하고는 파악될 수 없는 것이라고 나는 이해한다.
정의2 : 같은 본성의 다른 것에 의해 제한되는 것은 자신의 장르상에서 유한하다고 얘기된다.

(기타 등등)

공리

공리1 : 존재하는 것은 뭐든 자체적으로 존재하거나 다른 것 안에 존재한다.
공리2 : 다른 것을 통해 파악될 수 없는 것은 자체적으로 파악되어야 한다.
(기타 등등)

정리1 : 실체는 본성상 그 변용에 앞선다.
증명: 이것은 정의3과 정의5에 의해 명백하다.
정리2 : 다른 속성을 갖는 두 실체는 서로 간에 공통된 것을 갖고 있지 않다.
증명: 이것은 정의3에 의해 명백하다. 왜냐하면 각각은 그 자체적으로 존재하고 자체적으로 파악되어야 하기 때문이거나, 하나의 개념이 다른 것의 개념을 포함하지 않기 때문이다.
(기타 등등)

정리1의 명제를 이해하기 위해서는 다시 앞으로 돌아가 정의3과 정의5의 내용이 무엇인지 살펴보는 번거로운 수고를 해야 하는데, 이는 정리들이 쌓여갈수록 더욱더 힘겹게 늘어난다. 게다가 각각의 명제를 명료하게 이해하는 데 성공했더라도 정리의 형태로 독립적으로 배치된 수많은 명제들을 엮어 나름의 철학적 서사를 구축하는 일은 또 다른 만만치 않은 과제다. 그러나 그의 다른 저서인 《신학정치론》이나 《정치론》이 일반적 서술 형태를 취하고 있는 것으로 보아 스피노자가 특별히 기하학적인 스타일을 선호했다고 할 수는 없다. 그렇다면 이렇게 굳이 독자를 힘겹게 하는 스타일을 선택한 이유는 무엇일까?

《에티카》는 신에서 시작하지만 궁극적으로는 인간을 위한 윤리학이다. 감정과 운명에 예속된 인간이 자유인이 되는 이성적인 방법에 대한 탐구, 그것이 《에티카》인 것이다. 그런데 문제는 인간에 대한 통념에 있다. 자연을 기계적인 필연성의 영역에 두고는 인간이 그런 기계적인 필연성과는 상관이 없는 자유의지의 존재인 것처럼 생각한다는 것, 특히 증오나 분노나 질투와 같은 감정을 들어 인간 본성의 근본적 결함이라고 생각하고는 인간을 저주하고 경멸하는 근거로 삼는다는 것, 이것이 스피노자로 하여금 기하학적으로 서술하게 한 이유다. 인간도 자연의 일부인 한 자연의 법칙에서 결코 벗어날 수 없으므로(그렇다고 자연이 기계적인 법칙을 따른다는 말은 아니다.) 인간의 감정과 본성을 자연 법칙처럼 연구해야 한다는 것이다. 다시 말해 사물의 발생 원인을 찾는 과학적 방법처럼 선이나 평면이나 입체의 발생적 원인을 탐구하는 기하학적인 방법을 인간의 본성에도 적용할 수 있다는 것이다. 기하학적 서술 방법은 인간 본성에 대한 왜곡된 저주를 끊고 그 자연적 원인에 대한 탐색과 교정의 방법을 합리적 철학의 대상으로 삼을 수 있게 하는 전략적 실천인 셈이다.

3. 전투와 발명

《에티카》의 목차를 보면 짐작할 수 있듯이 스피노자의 철학에서 인간의 자유를 철학적으로 구성하기 위해서 가장 먼저 살펴봐야 하는 것은 신이다. 신에 대한 명확한 개념 규정이 가능해야 인간에 대한 왜곡된 통념에 사로잡히지 않게 되고, 자유에 대한 정확한 개념도 만들 수 있는 것이다. 1부에서 스피노자는 신이 절대적으로 무한한 속성들로 구성된 실체라고 말한다. 이 명제를 대충 받아들이면 전지전능하다는 신학적인 신과 스피노자의 신이 그다지 다르지 않다고 느낄지 모른다. 그러나 스피노자는 자신의 신 개념과 신학적이고 형이상학적인 신 개념 사이에 가로놓인 심연들을 명백히 드러낸다. 절대군주와 같이 공포를 통해 통치하는 자유의지의 신 대신 만물의 생성과 더불어서만 존재할 수 있는 긍정적이고 필연적인 신을 보여주는 것이다.

1부에서부터 스피노자의 전투는 강렬하게 전개된다. 창조한 세상에 대해 자의적으로 종말을 선포할 수 있는 신을 거부하는 스피노자는 신이 창조한 만물이 곧 신의 이해라고 생각한다. 이름하여 '인식론적 평행론'이다. 신의 이해는 곧 신의 생산이고, 이 둘은 정확히 평행하게 진행되어야 한다. 이를 바탕으로 2부에서부터 인간의 삶으로 하강하는데, 기존의 왜곡된 통념과의 전투는 훨씬 더 심각해진다. 신의 인식론적 평행론을 따라 인간의 신체와 정신도 평행해야 한다. 이름하여 '심신평행론'이다. 신체는 정신에 비해 결코 열등한 것이 아니다! 우리는 지금까지 신체에 대해 너무나 무지했다. 심지어 스피노자는 데카르트의 코기토를 비판하면서 새로운 명제를 개진한다. 정신이 어찌 신체 없이 관념을 생성할 수 있으며, 신체 없는 순수한 의식(즉 코기토)이 가능하겠는가. 인간의 정신은 외부 대상에 대한 표상을 신체에 새겨지는 것을 통해서만, 즉 신체를 경유해서만 형성할 수 있다. 그런데도 데카르트는 신체 없이 정신이 뭔가를 생각할 수 있다고 했던 것이다. 여기서 데카르트주의는 근본적으로 붕괴되고 만다.

3부, 4부로 넘어갈수록 전투는 격해지고, 통념들의 저항도 거세진다. 하지만 1부에서 형성한 신에 대한 정확한 통찰은 모든 위기에서 길을 찾을 수 있는 이정표 역할을 한다. 드디어 5부로 들어서는 순간, 우리는 인간들의 불화와 예속에서 벗어난 자유인의 삶이 휘황하게 드러나는 장면을 목격하게 된다. 기존의 철학자들의 자유와는 차원이 다른 새로운 자유의 개념으로 무장한 자유인을. 홀로 사는 자유인이 아니라 함께 구성하면서만 개척되는 자유인을. 이름하여 공통개념의 자유인을.

지금까지 인간의 삶을 어둡게 채색했던 모든 왜곡된 통념들을 전복하는 스피노자는 우리에게 세상과 삶을 아름답게 볼 수 있는 기하학적 안경을 제공한다. 우리는 《에티카》를 통해 스피노자가 직접 세공해서 교정한 안경을 끼고 새로운 개념적 발명의 향연에 참여하게 되는 것이다. 내재인으로서의 신과 목적론에 대한 비판(1부), 적합한 관념과 공통개념(2부), 능동과 수동의 새로운 정의, 그리고 감정의 기본요소로서의 기쁨과 슬픔(3부), 감정으로서의 선악과 공동체의 필요성(4부), 이성의 능력과 신에 대한 지적인 사랑(5부) 등 형이상학적 환상과 망상을 전복하는 스피노자의 개념들은 수없이 많다. 철학이 개념들의 창안이라고 한다면 《에티카》야말로 거기에 합당한 텍스트일 것이다. 하지만 《에티카》의 개념들은 단순히 정리와 증명으로 구성된 사변적인 체계에 그치는 것이 아니라 인간들의 증오와 갈등을 극복하는 구체적인 실천 체계라는 점에서 훨씬 더 놀랍다고 할 수 있다.

Ethica

1부   신의 긍정성에 대하여

Spinoza

1

삶에 대한 위대한 긍정으로서의 신

야만의 극치

모두 5부로 구성되어 있는 《에티카Ethics》는 신에 대한 질문으로
시작하고, 그 제목은 〈신에 대하여〉이다. 그렇다면 이 제목이 미리
암시해주는 것처럼 인간 삶의 윤리학을 정초하고자 했던 《에티
카》는 왜 신에서 출발해야만 했던 것일까? 우리는 신에 대한 분석
에서 출발하는 《에티카》가 단순히 세계의 본성에 대한 형이상학
적인 논증에 머물지 않으며, 또한 결코 그럴 수도 없음을 누누이
강조해야 한다. 기하학적인 증명의 절차를 따르는 《에티카》 서술
의 수학적 고요 속에는 스피노자가 살아갈 수밖에 없었던 시대의
절박함과 불화(不和), 그리고 모든 시대의 모든 인간을 사로잡는
치명적인 '질병'에 대한 스피노자적인 전투가 숨어 있는 것이다.[1]
신에 대한 새로운 철학적 규정, 그것은 스피노자에겐 한가한 형이
상학적 개념들의 유희가 아니라 복잡하고도 지독하게 얽힌 인간
들의 증오와 전쟁의 연쇄를 끊고자 하는 단호하고도 실천적인 전
투이자 개념적 발명인 것이다.

"야만의 극치Ultimi barbarorum." 독재정치와 군주제를 원했던 네 덜란드의 오란예파의 선동에 의해 동원된 대중들이 당시 재상이 었던 공화주의자 더빗 형제를 갈가리 찢어 살해하는 폭동의 현장 (1672년)을 목격한 스피노자가 참을 수 없는 분노에 뛰쳐나가 내 걸고자 했던 플래카드의 문구라고 한다. 아, 왜 이렇게 대중들은 무지몽매하고, 예속이 자신의 영예나 된다는 듯이 그 예속을 위해 비인간적인 폭력도 마다하지 않는 것인가? 대중들의 이 원한과 증오는 도대체 그 뿌리가 어디란 말인가? 사랑과 우정을 위한 종 교는 왜 전쟁의 종교가 되어 있단 말인가? 여기엔 스피노자 자신 이 당했던 종교적 파문의 경험도 가로놓여 있어 그의 철학적 작업 의 근거가 얼마나 심각한 국면 속에 놓여 있는지 알게 해준다.

암스테르담에 있는 유대인 지구의 유복한 상인 가정에서 태어 난 스피노자는 스물네 살쯤 되는 1656년 그 유대인 공동체로부 터 파문당하고 추방되게 된다. "그가 행하고 가르치는 혐오스러운 이단 학설들과 그의 극악무도한 행동들"에 대한 징벌의 차원에서 진행된 파문은 회개할 경우 돌이킬 수도 있는 것이었지만, 스피노 자의 회개 거부로 인해 결코 철회되지 않는 극단적인 것이 되고 만다. 이 파문을 선언하던 문서는 다음과 같이 되어 있다.

바뤼흐 드 스피노자의 사악한 주장과 행동을 오랫동안 알고 있었 던 마아마드의 지도자들은 여러 가지 수단과 약속을 사용해서 악 한 길로부터 그를 돌이키려고 노력했다. 그러나 스피노자는 자신 의 악한 행실을 고치지 않았다. 반대로, 지도자들은 그가 행하고 가르치는 혐오스러운 이단 학설들과 그의 극악무도한 행동들에 대해서 더욱더 심각한 정보를 매일같이 받았다. (…) 우리는 바뤼흐 드 스피노자를 파문하고, 추방하고, 저주하고, 비난한다. 신의 은총이 있기를! 여호수아가 예리코를 저주했던 그 저주로 그를 저주한다. 엘리사가 소년들을 저주했던 그 저주로 그를 저주한다. 율법책에 쓰여 있는 모든 징벌로 그를 저주한다. 그는 낮에 저주받을 것이며, 밤에 저주받을 것이다. 그가 누울 때 저주받을 것이며, 일어날 때 저주받을 것이다. (…) 누구도 그와 교제할 수 없다. 편지도 할 수 없으며, 어떤 친절도 그에게 베풀 수 없으며, 같은 지붕 아래서 그와 함께 머물 수 없으며, 그와 가까운 곳에서 4큐빗(1큐빗은 팔꿈치에서 가운뎃손가락 끝까지의 거리-옮긴이) 이내에 있을 수 없다. 그리고 그가 작성하거나 쓴 논문들을 읽을 수 없다.[2]

저주의 서(書). "그는 낮에 저주받을 것이며, 밤에 저주받을 것이다. 그가 누울 때 저주받을 것이며, 일어날 때 저주받을 것이다." 도대체 사랑을 이야기하는 종교적인 언사가 어떻게 저렇게 잔인할 수 있단 말인가. 비록 국가적인 정치권력은 소유하고 있지 못했던 유대공동체였지만 대신 그 공동체만의 경제적이고 정치적인 이점을 이용해 네덜란드에서 유력한 지위를 누릴 수 있었기 때문에 그 공동체로부터의 파문은 곧 스피노자에게 종교적이고 사회적인 고립이자 경제적인 타격이 될 수밖에 없었다. 어느 누구와도 교제할 수 없고, 함께 있을 수도 없다는, 저런 증오에 기반을 둔 파문. 저주에서 시작해 저주로 끝나는 저 웅장한 파문. 이는 스피노자의 자유주의적이고 공화주의적인 경향, 그리고 신에 대한 "이단적인" 견해들이 초래한 것이었다. 이후 스피노자는 아버지에게서 물려받은 사업을 버리고 안경 렌즈 세공 기술을 익혀 철학자이자 장인으로서 은둔과도 같은 하숙생활을 하며 조용히 살아가게 된다. 이 고립 혹은 고독, 이것은 사유의 자유와 철학의 자유, 그리고 자유인의 삶을 허락하지 않았던 당대의 폭력적 정치제도와 증오의 종교, 그리고 대중들의 예속과 무지가 만들어낸 합작품이라 할 것이다. 그의 고독은 도대체 얼마나 심각한 것이었던가. 공동체로부터 추방된 이후 스피노자라는 이름만으로도 "사람들을 전율케 할 수 있"었고, 그의 "작품을 모순되게 말하더라도 이미 그 작품에 대해 말한다는 것 자체가 원죄의 냄새가 풍기는 것으로 여겨"[3]질 정도였다고 하니 그가 강요당한 철학적 고독의 깊이가 어땠을지 우리는 충분히 짐작할 수 있다.

들뢰즈의 날카로운 지적처럼 "한 철학자에게 결말이 기소인 경우는 있을 수 있어도" 스피노자처럼 철학의 시작이 (종교적) "파문과 살해 기도"에 있었던 경우는 극히 드문데, 심지어 파문당한 스피노자는 한 유대 광신자에 의해 칼에 찔릴 뻔했다고도 전해지는 것이다.[4] 시작이 저주의 파문이었기 때문에 스피노자 철학의 끝은 당연히 파문 없는 사회에 대한 꿈, 즉 모두가 자유인의 삶을 사는 공동체에 대한 꿈일 수밖에 없었다. 바로 이런 정치적이고도 종교적인 증오라는 사회적 배경이 《에티카》를 신에 대한 새롭고도 근본적인 고찰에서 시작하도록 만든 것은 아니었을까. 스피노자가

보기에 모든 갈등과 증오의 핵심에는 도저히 종교적인 삶이라 할
수 없는, '미신'에 사로잡힌 대중들의 삶이 있었다. 《신학정치론》
(1670)의 다음과 같은 문장은 미신에 사로잡힌 인간들, 즉 신에 대
한 편협한 생각 속에 빠진 인간들의 진상을 정확히 보여주고 있어
이것이 과연 약 400년 전의 글인가 의심이 들 정도이다.

> 온갖 종류의 미신에 가장 쉽게 희생당하는 사람들은 특히 운명의
> 호의를 탐욕스럽게 탐하는 사람들이며, 그들 모두가 기도와 여성
> 적인 눈물로 신의 도움을 애원하는 것은 특히 그들이 위험에 처
> 하여 의지할 곳이 없을 때임을 우리는 안다. 그들은 자신들이 탐
> 하는 무의미한 것에 확실한 길을 보여줄 수 없다는 이유로 이성
> 을 장님으로 간주하고 인간의 지혜를 공허하게 생각하지만 환영
> 과 몽상과 유치하고도 어리석은 짓은 신의 신탁으로 여긴다. 진
> 실로 그들은 신이 현자들을 내쫓으면서 인간의 정신이 아닌 짐승
> 들의 내장 속에 자신의 명령들을 새겨 넣었다거나 바보, 광인 또
> 는 새가 신성한 영감과 부추김에 의해 이러한 명령들을 예언한다
> 고 생각한다. 사람들은 자신들의 두려움에 의해 이와 같은 광기
> 에 이르기까지 내몰린다.[5]

두려움에 빠져 이성을 잃고 의지할 수 있는 것이면 무조건 달
려드는 대중들. 이 대중들의 두려움에 기생하는 종교란 이미 미신
이 아니고 무엇이겠는가. 지혜와 이성이라고는 눈을 씻고 찾아도
찾을 수 없는 저 대중들을 안심시키겠다고 하는 종교적 처방이 어

찌 참된 종교적 가르침일 수 있겠는가. 공포에서 비롯된 광기, 광기에서 비롯된 증오와 폭력. 이것이 스피노자가 진단한 당대 대중들의 상태였던 것이다. 따라서 사랑과 기쁨과 평화와 절제를 얘기하는 종교인들이 그럼에도 맹렬하게 싸우고 증오심을 드러내는 일들은 너무도 당연한 사태일 수밖에 없는 것이다. 구원의 삶을 찾아 종교에 매달리지만 그럼에도 서로 증오하고 적대하고 서로를 파괴하는 그런 이율배반적인 삶의 도가니 속에서 '믿음'이 우리를 구원한다고 말할 수 있는 것인가. 오히려 필요한 것은 신에 대한 '믿음'이 아니라 신에 대한 새로운 개념적 '발명'이 아니겠는가. 미신에 의해 오도되지 않은 신, 두려움과 광기에 오염되지 않은 신, 그런 신에 대한 이성적인 규정만이 이 증오의 사태에 종지부를 찍을 수 있는 것 아니겠는가.

스피노자의 신을 이해하기 위하여: 실체, 속성, 양태

그렇다면 스피노자의 신은 어떤 신인가? 스피노자가 규정하는 신을 이해하기 위해서는 우선 스피노자의 용어법에 익숙해질 필요가 있겠다. 기본적으로는 실체, 속성, 양태에 대한 이해가 급선무이다. 제1부에 등장하는 첫 번째 정의는 "자기원인이란 그 본질이 존재를 포함하는 것, 또는 존재하는 것으로서가 아니고서는 그 본성을 생각할 수 없는 것이라고 나는 이해한다"이고, 첫 번째 공

리는 "존재하는 것은 어떤 것이든지 그 자체적으로 존재하거나
아니면 다른 것 안에 존재한다"이며, 첫 번째 정리는 "실체는 본
성에 있어 그 변용들에 앞선다"이다. 다들 하나같이 우리에겐 낯
설기 그지없는 개념들이지만 이 1부만 제대로 통과할 수 있다면
이후 스피노자의 체계가 아주 우아하면서 놀랍고, 긍정적이면서
혁명적인 사유로 가득 차 있음을 우리는 알게 될 것이다. 따라서
스피노자의 '신(실체)'을 이해해야 한다. 실체란 무엇인가?

> 실체substance란, 자체적으로 존재하고, 자체적으로 파악되는 것,
> 다시 말해 그것의[실체의] 개념을 형성하기 위해 다른 것의 개념
> 을 필요로 하지 않는 것이라고 나는 이해한다.(1부, 정의3)

실체는 자체적으로 존재하는 것이고 자체적으로 파악되는 것
이다. 인간은 원래 의존적인 존재라 자체적으로 존재해본 적도 없
고 자체적으로 파악되지도 않는다. 따라서 자체적인 존재와 자체
적 파악의 경지가 어떤 것인지 결코 경험할 수 없기 때문에 이 실
체라는 철학적 개념을 이해하기가 쉽지 않다. 당분간은 좀 부족하
기는 하지만 다른 어떤 것에도 의존하지 않고 스스로 실존하는 존
재 정도로 이해하고 넘어가도록 하자. 이런 실체 개념은 데카르트
에게서도 확인할 수 있는데, 그는 "존재하기 위해서 다른 어떤 것
도 필요로 하지 않는 것"[6]이라 말한다. 다른 어떤 것의 도움도 없
이 스스로 존재하는 것, 그것을 우리는 '신'이라 할 수 있을 것이
다. 주지하다시피 신은 자기 외부에 자기 존재를 간섭하는 그 어

떤 것도 두지 않는 절대적인 권능이니까 말이다. 물론 외부의 도움 없이 스스로 존재할 수 있다는 신에 대한 규정이 스피노자의 신 개념을 포괄하기에는 너무 협소한 것이 사실이다. 하지만 멀리 나아가기엔 아직 우리의 준비 상태가 부족하다. 실체에 대한 개념 규정은 앞으로 계속 보충될 것이므로 '속성'으로 넘어가도록 하자.

> 속성attribute이란, 지성intellect이 실체의 본질을 구성하고 있는 것으로서 지각하는 것이라고 나는 이해한다.(1부, 정의4)

속성은 실체의 본질을 구성하는 어떤 것이다. 다시 말해 자체적으로 존재하는 실체의 본질은 다름이 아니라 속성들로 이뤄져 있다는 말이다. 따라서 실체의 본질을 규정하기 위해서는 무엇보다 실체의 속성들을 알아야 한다. 실체를 파악하는 방법은 실체 외부의 사물이 아니라 실체에 내재하는 속성을 통해서인데, 까닭은 실체란 "그것의 개념을 형성하기 위해 다른 것의 개념을 필요로 하지 않는 것"이기 때문이다. 예를 들어 삼각형의 본질을 파악한다는 것은 어떤 것일까? 삼각형을 그린 사람을 아는 것인가? 아니면 삼각형을 그린 도구를 아는 것인가? 삼각형을 그리게 하는 외부 원인에 대한 파악은 삼각형의 본질에 대해 우리에게 아무런 앎도 전해주지 않는다. 따라서 삼각형을 알기 위해서는 삼각형의 구성 방식(세 변과 세 점)이나 삼각형의 특성(내각의 합은 2직각)을 알아야 할 필요가 있다. 이렇게 그 본질을 구성하는 내재적인 특성을 통

해서만 알아야 하는 대상이 있으니 그것이 바로 "자체적으로 존
재하고 자체적으로 파악되는" 실체이다.

내각의 합이 2직각이라는 특성을 보유할 때 삼각형이 생성되
고, 내각의 합이 4직각이라는 특성을 보유할 때 사각형이 생성된
다. 이처럼 기하학적 대상들은 그 대상을 구성하는 특성들에 따라
대상의 성격이 달라진다. 마찬가지로 실체의 본질을 구성하는 특
성들을 철학적으로 '속성'이라 불러 일반적인 사물들의 특성과 구
별한다. 그렇다면 실체의 속성에는 어떤 것들이 있을까? 스피노
자는 실체의 속성이 무한히 많다고 하는데, 그중에서도 우리가 익
히 알고 있는 것이 있으니 바로 '연장extension'이라는 속성과 '사유
thought'라는 속성이다. 책상이나 신체가 갖고 있는 공통 속성, 즉
길이(혹은 크기)나 운동의 변화와 같은 것을 연장속성이라 부르고,
감정이나 생각이 품고 있는, 크기도 길이도 없는 것의 공통성을
사유속성이라 부른다. 따라서 실체의 본질은 최소한 연장속성과
사유속성으로 구성되어 있다고 말할 수 있을 것이다. 이제 양태를
보도록 하자.

> 양태mode란, 실체의 변용affections, 혹은 다른 것 안에 있으면서
> 다른 것을 통해 파악되는 것이라고 나는 이해한다."(1부, 정의5)

양태란 실체가 변화된 것으로서 우리가 이해하기 가장 쉬운 개
념이기도 하다. 예를 들어 인간, 동물, 책상, 구름, 바람, 식욕, 생각,
지구, 우주와 같은 만물들을 지시하는 철학적 개념이 양태인 것이

다. 컵이 하나의 양태라면 사랑의 감정도 양태이며, 전쟁이 하나의 양태라면 증오의 감정도 양태이다. 이런 식으로 볼 때 핵발전소도 양태이고, 허영심도 양태이다. 크기를 갖는 것이든 갖지 않는 것이든 상관없이 이 세상에 존재하는 모든 것들은 양태이다. 은행나무가 양태이듯이 인간도 양태이다. 은행잎을 떨군 은행나무가 양태이듯이 공포에 휩싸인 인간도 하나의 양태이고, 사랑의 감정으로 충만한 인간도 하나의 양태이다. 동일한 인간(이라는 양태)도 증오의 상태와 사랑의 상태가 다르듯이 모든 양태는 매순간 자신의 mode를 바꾸면서 존재한다.

우주는 스스로 존재할 수 없는 의존적인 사물들로 이뤄져 있다. 증오가 커다란 슬픔의 경험에서 비롯되듯이, 컵도 흙과 장인과 그 용도를 요청하는 것이다. 따라서 양태는 "다른 것 안에 있으면서 다른 것을 통해 파악되는 것"이라 말할 수 있으며, 그런 점에서 자체적으로 존재할 수 없는, 결코 실체일 수 없는 존재라 할 것이다. 그래서 스피노자는 양태를 "실체의 변용"이라고 규정한다. 신적인 실체의 '창조물'이 아니라 그 실체가 자신을 변화시켜 만들어낸 mode들이라는 것이다. 양태들은 실체의 다양한 mode들이다. 이제 실체와 속성, 그리고 양태의 관계를 간단히 정리해보도록 하자. 자체적으로 존재하는 것이 실체이고, 이 실체의 본질을 구성하는 것이 속성들이며, 속성들로 구성된 실체가 변화된 것들이 양태이다. 이처럼 인간이라는 양태를 알기 위해서라도 우리는 실체와 속성들을 먼저 알아야 한다. 다시 말해 실체와 속성에 대한 규정과 정의, 그것에 인간이라는 양태의 삶이 달려 있는 것이다.

양태적 구별과 속성상의 구별

이제 이 기본적인 개념들을 좀 더 심화된 상태에서 이해해보도록 하자. 실체의 본질을 구성하는 것이 속성이므로, 신(실체)을 파악하기 위해서는 양태라는 개념보다는 속성이라는 개념이 관건이 됨을 알았다. 사실상 양태들에 적용되는 개념을 실체에 적용하게 되면 우리는 스피노자의 개념을 거의 완전히 왜곡하게 되고, 스피노자가 비판했던 신학자들의 신학이나 데카르트주의로 귀착되고 만다. 양태들에는 양태들만의 개념을, 그리고 실체에는 실체만의 개념을. 이것이 지금 이 자리에서 필요한 방법론이다. 실체 개념에 대한 왜곡된 이해를 방지하기 위해 우선 필요한 것은 양태들이 어떤 방식으로 구별되는지 아는 것이고, 그리고 양태에 적용되는 구별의 방식을 실체에 적용하기를 철저히 그치는 일이다.

책상 위에 컵이 놓여 있다. 우리는 분명 책상과 컵을 전혀 다른 사물로 구별해서 파악한다. 하지만 두 구별된 사물이 서로 구별되지 않는 지점이 있으니 그것은 바로 연장속성의 차원에서다. 두 사물은 크기와 모양은 다르지만 그럼에도 연장속성이라는 공통성을 갖고 있는 것이다. 연장속성 상에서는 무차별성이, 모양이나 크기의 차원에서는 차별성이 있는 것이 책상과 컵이다. 이처럼 속성의 동일성(여기서는 연장) 하에서도 구별의 가능성이 성립하는 것이 바로 양태들이다. 다수의 인간들은 동일한 연장과 사유를 갖고 있음에도 분명히 서로 구별되는데, 이것을 "양태적modal 구별"이라고 부른다.

> 서로 다른 둘 또는 다수의 사물들은 실체의 속성들의 차이에 의
> 해서 구별되거나 아니면 변용들의 차이에 의해서 구별된다.(1부,
> 정리4)

사물들은 속성의 차이에 의해서 구별되거나 양태의 차이에 의해서 구별된다. "변용들의 차이"라는 위 명제의 구절은 앞에서 실체의 변용을 양태라고 했으므로 곧 양태적 구별을 의미하는 것이다. 양태적 구별의 특징은 우선 동일한 속성 속에 수없이 많은 사물이 존재할 수 있다는 사실에 놓여 있다. 연장속성으로 구성된 것들을 떠올려보라. 구름, 책상, 인간, 동물, 식물, 기계, 전쟁, 지구, 자연, 우주 등등. 하지만 양태적 구별의 특징은 여기에 그치지 않는다. 책상을 하나, 둘, 셋, 이렇게 셀 수 있듯이 물도 1리터, 2리터, 3리터 이렇게 셀 수 있다. 그런 점에서 양태적 구별은 "수적인 구별"이라고도 부른다. 수적인 구별의 핵심이 무엇인지 조금 더 알아보자.

사물에 대한 참된 정의라면 정의된 사물의 본성 이외에는 아무것도 포함해서는 안 될 것이다. 무슨 말이냐 하면 예를 들어 삼각형에 대한 정의에 포함되는 것이 무엇일까 생각해볼 때 그것은 반드시 삼각형의 본성만이어야 한다는 것이다. 삼각형에 대한 정의에 결코 포함될 수 없는 것이 있다면 그것은 삼각형의 개수와 같은 특징들이다. 주어진 삼각형에 대한 정의를 통해서는 그런 삼각형이 몇 개나 있는지 알 수 없는 것이다. 삼각형의 정의로부터 알 수 있는 것은 내각의 합이 2직각이라는 특성들뿐이다. 그렇다면

본성에 대한 정의에서는 도출되지 않았던 삼각형의 '개수'는 도대체 어디에서 나온 것일까? 스피노자의 예시처럼 이 우주 안에 정확히 20명의 인간이 존재한다고 가정할 때 하필 20명이 존재하는 이유는 어디에 있을까? 인간의 본질에 대한 정의 속에서 20명이라는 숫자가 등장할 수 있는 것일까? 인간을 이성적 동물이라고하든 도구적 동물이라고 하든 인간에 대한 그 어떤 규정 속에서도하필 20명의 인간이 실존하는 이유는 제시되지 않는다. 그렇다면 20명의 인간이 존재하는 원인은 무엇인가?

> 그러나 이 원인은 (주의2와 3에 의해) 인간에 대한 참된 정의가 20
> 이라는 수를 포함하지 않기 때문에 인간의 본성 안에 포함될 수
> 없다. 그러므로 (주의4에 의해) 왜 이들 20명의 인간이 존재하는지,
> 결과적으로 왜 그들 각각이 존재하는지 그 원인은 필연적으로 그
> 들 각자의 외부에 있어야 한다. 그러한 이유로 인해, 우리가 절대
> 적으로 추론할 수 있는 것은 다수의 개체들로 존재하는 본성을
> 갖는 것은 그 어떤 것이든지 존재하기 위해서는 존재하기 위한
> 외적인 원인을 가져야 한다는 것이다.(1부, 정리8, 주석2)

이 지구상에 인간이 50억 명도 아니고 하필 20명이 존재하는 이유는 인간의 본성이나 인간에 대한 규정 속에서는 도출될 수 없으므로 당연히 본성(정의) 바깥의 외부적인 원인에서 그 이유가 탐색되어야 한다. 가령 지진이나 빙하기와 같은 지구 환경의 급변으로 인해 수없이 많은 인간들이 멸종되고 겨우 20명만 남았다고

설명하지 않고서는 지구상의 20명의 인간은 결코 설명되지 않는다는 말이다. 이처럼 20명이라는 인간의 수는 인간의 본성에 의해 자체적으로 파악되기보다는 지진이나 빙하기와 같은 인간 외적인 것에 의해 파악된다. 이처럼 양태적이고 수적인 구별은 동일한 속성의 다른 외부 사물을 조건으로 해서만 가능한 구별의 방식인 것이다. 즉 수를 셀 수 있다는 특징은 자체적으로 존재할 수 없는 양태들에만 해당된다는 말이다.

그러나 20명이 아닌 인간 자체의 본성, 혹은 20개의 삼각형이 아닌 삼각형의 본질은 외적인 조건이 아니라 내적인 규정에 의해서만 도출될 수 있을 것이다. 이처럼 수를 셀 수 없는 대상(즉 실체)에 적용되는 구별을 "실재적real 구별"이라고 부르는데, 이것은 속성들의 차이에 의해서만 진행된다. 물론 인간이나 삼각형은 수를 셀 수 있다. 그러므로 실재적 구별의 대상은 아니다. 그러나 수를 센다고 해서 인간이나 삼각형의 본질이 정의되는 것은 아니다. 이와 비슷하게 실체는 아예 수적이고도 양태적인 구별의 대상이 아니다.

속성이란 다름이 아니라 실체의 본질을 구성하는 것이라 했고, 양태들의 차이가 아닌 속성들의 차이에 의해 구별되는 것이 실체라고 했으므로 "다른 속성들을 가지고 있는 두 실체 사이에는 공통성common이 전혀 없다"(1부, 정리2)고 할 것이다. 예를 들어 A라는 실체가 연장속성을 갖고 있고, B라는 실체가 사유속성을 갖고 있다면 두 실체 사이에는 아무런 공통성이 없으므로, "서로 간에 공통성이 전혀 없는 사물들은 그것 중 하나가 다른 것의 원인이 될 수 없다."(1부, 정리3) 주지하다시피 공기의 집중적 흐름인 태풍이 집을 무너뜨릴 수는 있어도 태양이라는 관념을 무너뜨릴 수는 없는 법이다. 속성이 다르면 서로 다른 실체다. 그렇다면 속성이 같으면 어떻게 될까? 다시 말해 하나의 속성을 공유하는 실체가 여럿 있을 수 있을까?

만약 하나의 속성(예컨대 연장속성)을 두 개의 실체가 동일하게 갖고 있다고 한다면 이 두 실체는 속성이 동일하므로 속성상에서는 결코 구별되지 않을 것이다. 그렇다면 당연히 (정리4에 따라) 양태상의 차이에 의해서 구별되어야 할 것이다. 두 개의 '실체'가 '양태적으로' 구별된다는 것은 무엇일까? 동일한 나무(즉 속성)의 책상이 두 개 있다는 것은 양태적이고 수적인 구별이다. 이렇게 동일한 속성을 가진 실체가 둘 있다고 하면 우리는 실체를 사실상 양태로 간주하는 것이 된다. 따라서 "자연 안에 동일한 본성이나 속성을 갖는 둘 이상의 실체는 없다."(1부, 정리5) 각각의 실체는 다른 실체와 공유하는 공통의 속성을 결코 갖고 있을 수 없다.

실체는 수적이고 양태적인 구별에 의해서는 파악될 수 없다. 그리고 양태는 실체가 변용된 mode이므로 실체는 최소한 양태들이 존재하기 이전에 이미 실체로 존재했어야 한다. 양태보다 앞서고, 양태의 변용을 만들어내며, 수적으로도 양태적으로도 구별되지 않는 것, 그것이 실체이다. 모든 실체들은 자기 속성을 그것이 극히 일부라 할지라도 다른 실체와 조금도 공유하지 않는다. 따라서 실체들 사이에는 공통성도 없고 인과관계도 없으므로 "하나의 실체는 다른 실체로부터 산출될 수 없다."(1부, 정리6) 양태가 아니라

44

실체라고 한다면 실체는 최소한 다른 실체로부터 산출되면 안 되는 성격을 갖고 있는 것이다.

그렇다면 그런 실체는 어떻게 존재할 수 있는 것인가? 다른 실체로부터 산출되지도 않고, 인간들처럼 외부에 의존하지도 않고 존재하는 법은 무엇일까? 그것은 바로 스스로, 자체적으로 존재하는 것이다. 실체는 자체적으로 존재하고 자체적으로 파악된다. 이 말은 곧 실체의 본성 자체에 이미 존재(실존)가 속한다는 말과 다를 바가 없다. 이를 스피노자는 "자기원인cause of itself"이라고 하는데, "자기원인이란 그 본질이 존재를 포함하는 것, 또는 존재하는 것으로서가 아니고서는 그 본성을 생각할 수 없는 것"(1부, 정의1)이다. 자기원인으로서의 실체는 실체 외부에 작용하는 원인이 없기 때문에 오로지 자신의 본성만으로도 존재할 수 있는 것이다. 따라서 "존재하는 것은 실체의 본성에 속한다."(1부, 정리7)

이제 지금까지의 논의에서 작은 결론을 내려야 할 때가 되었다. 실체는 반드시 속성에 의해서 구별되어야 하므로 한 실체가 갖는 속성을 다른 실체가 동시에 갖고 있을 수는 없다. 따라서 각각의 실체가 갖고 있는 속성들은 서로 달라야 한다. 다시 말해 동일한 속성의 실체들이 있다면 그것은 여럿이 아니라 실상 하나의 실체일 것이다. 그리고 속성을 공유하는 실체들이 없으므로 실체는 다른 실체로부터 산출될 수도 없고 오직 자기원인으로서만 존재할 수 있다. 존재한다는 것이 자신의 본성인 존재, 자신의 본성 안에 존재가 포함된 존재. 따라서 외부에 아무런 제한도 없는 존재, 그러면서 스스로 실존하는 존재. 실체는 이런 점에서 무한하다고 얘

기된다. 1부 정리8의 다음 명제는 지금까지 논의된 것들의 중요한
결론이자 새로운 논의의 시작이다. "모든 실체는 필연적으로 무한
하다infinite." 들뢰즈의 간략한 정리를 보충하면서 이 작은 결론을
끝내도록 하자.

> 동일한 속성의 여러 실체는 없다. 이로부터 다음과 같은 결론들
> 이 나온다. 관계의 관점에서 하나의 실체는 다른 것에 의해서 산
> 출되지 않는다. 양상의 관점에서 실존은 실체의 본성에 속한다.
> 질(質)의 관점에서 모든 실체는 필연적으로 무한하다.[7]

무한성이자 긍정인 속성들

그렇다면 무한성이란 무엇인가? 가령 인간의 신체와 같이 자신
을 포함하는 더 큰 공간 속에 놓여 있는 양태들, 그리고 우리 신체
와 속성을 공유하는 다른 연장 양태(다른 인간의 신체나 칼, 건물 등)
에 의해 제한을 당하는 양태들은 유한하다고 말한다. 즉 "동일한
본성의 다른 것에 의해 한정될 수 있는 사물은 자기 장르kind 안에
서 유한하다finite고 말한다."(1부, 정의2) 따라서 동일한 본성(혹은 속
성)을 갖고 있는 다른 것에 의해 한정되지 않을 때 우리는 그것을
무한하다고 말할 수 있을 텐데, 이런 무한성을 갖는 게 바로 속성
들인 것이다. 가령 연장속성은 무한한데, 그것도 오직 "자기 장르
안에서"만 그런 것이다. (연장속성의 양태들인) 칼은 우리 신체를 파

괴할 수 있으므로 신체는 유한하다고 말하지만 연장속성인 한에
서 그것은 어떤 제한도 없이 무한하다고 말한다. 바로 이런 점에
서 속성들은 기본적으로 실체적이다. 다시 말해 "모든 실체는 필
연적으로 무한하다"는 명제는 우선 속성들의 실체적 성격을 보여
준다. 하지만 아직 우리가 무한성을 이해한 것은 아니다.

  스피노자가 직접 제시하고 있는 예를 보자.[8] 그는 '연장extension'
과 '운동motion'을 비교해서 설명하고 있는데, 속성으로서의 연장
이 그 자체에 의해 파악되는 것이라면, 운동은 다른 것 안에서 파
악되는 위치의 변화라고 할 수 있다. 이런 저런 물체가 움직이거
나 정지하는 '운동'은 그 크기에 상관없이 어떤 공간 안에서의 시
간적 변화이다. 따라서 아무리 빠른 운동이라고 해도, 아니면 아
무리 오랜 시간이 걸리는 운동이라고 해도 모든 운동은 위치상
의 변화를 낳는, 다시 말해 그 운동의 크기를 넘어서는 공간 안에
포함되어 있으므로 유한한 것이라고 할 수 있다. 하지만 속성으
로서의 연장은 위치의 변화나 시간의 변화와 같이 다른 것에 의
해 파악되는 게 아니라 자체적으로 파악되는 것이라는 점에서 실
체적이고 무한하다고 할 수 있다. 가령 점의 운동과 정지에 의해
선분이 그어진다면 운동과 정지는 (속성으로서의) "연장이 취하는
두 가지 직접적 규정"(직접무한 양태)으로서, "연장은 불활성의 용
기(容器)가 아니라 공간화하는 순수 활동"이자 "자기가 취하는 구
조들을 산출하면서 자기 자신을 산출"하는 능산자(能産者, Natura
naturans)라 볼 수 있다.[9] 운동은 양태적인 변화의 일종이지만 연장
은 그런 (운동과 정지의) 변화를 낳는 순수 활동으로서의 무한한 속

성이라는 말이다.

사실 이렇게 말해도 스피노자가 말하는 속성의 무한성을 이해하기가 힘든 까닭은 우리가 일상적으로 '경험하는' 모든 것들이 기본적으로 양태적인 것들이기 때문이다. 돌, 공기, 바람, 인간, 죽음, 지진, 아침, 독서 등등 이 모든 목록은 유한양태들의 목록이고 우리가 경험할 수 있는 것들의 목록이다. 이처럼 경험이란 기본적으로 유한양태들에 대한 경험이라 말할 수 있다. 훨씬 더 철학적으로 표현하자면 "한 사물의 정의로부터 연역될 수 없는 것들 속에서만, 다시 말해 양태의 실존으로서만 우리는 경험을 필요로 한다."[10] 앞에서 20명의 인간이 존재하는 이유가 인간에 대한 '정의'로부터가 아니라 인간 바깥의 원인에 의해 설명됐듯이, 경험될 수 있는 대상도 본성과 존재가 동일한 것들(실체나 속성)이 아니라 그 실존이 가능하기 위해서는 외부의 원인을 필요로 하는 양태들인 것이다. 다시 예를 들어보면, 돌에 대한 정의가 있을 수 있을 텐데 이 정의를 통해서는 다른 곳이 아닌 바로 이 자리에 돌이 놓인 이유를 설명할 수 없다. 강의 흐름이나 화산 활동이라는 돌 외부의 작용이 있었어야 돌이 이 자리에 놓이게 될 테고 우리가 보거나 걷어차거나 옮기는 경험도 할 수 있는 것이다. 이처럼 20명의 인간이나 우리 앞에 놓인 돌과 같이 그 본질(정의)에 의해서는 결코 연역될 수 없는 것들만이 경험 가능한 대상들인 것이다. 따라서 그 실존(존재)이 본질과 구별되지 않는 것들, 즉 자체적으로 존재하는 실체나 그 실체의 본질을 구성하는 속성들은 경험 대상일 수 없는 것이다. 실체나 속성은 그 본성에 의해 존재하는 것이지 그 어떤 외부 원인도 있을 수 없기 때문에 경험할 수도 없고, 설명할 수도 없고, 또한 이해하기도 어려운 대상인 것이다.

그런 점에서 왜곡이 없지는 않지만 이렇게 생각해볼 수 있겠다. 생명을 갖고 태어난 우리는 언젠가 죽음을 맞이할 터인데, 우리의 죽음, 그것은 우리 신체와 영혼의 분해이겠지만 분해된 우리의 신체는 인간이라는 형상을 구성하는 신체로서는 더 이상 아닌, 어떤 새로운 구성 성분이 되어 땅과 식물의 뿌리, 혹은 미생물들과 새로운 관계 속으로 들어가는 게 아닌가. 비록 우리 신체와 영혼은 사라졌다고 해도 무엇인가는 계속 남아 있다는 느낌을 지울 수가 없는데, 식물의 영양분으로, 땅의 구성 부분으로, 미생물의 영양분으로 새롭게 살아가면서 이 자연 속에서 영원할 것이라는 느낌을 주기 때문이다. 식물은 다시 동물의 영양분이 될지도 모르고, 미생물은 새로운 신체와 관계를 맺을지도 모른다. 식물이든 땅이든 미생물이든 이 모든 것들은 유한한 양태들이다. 그런데도 그 모든 관계의 이면에서 무엇인가 영원한 것이 남아 있다는 생각이 들지 않는가? 이렇게 신체, 식물, 땅, 미생물 등등의 양태들로 변용됨에도 불구하고 그런 양태들의 유한성 아래에서 영원히 무한한 연장 속성을 우리는 느끼게 되는 것이다. 안 그래도 양태와 속성(혹은 실체) 간의 중요한 구별 중에 (실체의) 영원성eternity과 (양태의) 지속성 duration이 있다.[11] 그래서 스피노자는 이렇게까지 말한다. "만약 이 물질 중 한 부분이라도 제거될 수 있다면 연장 전체가 동시에 사라질 것이다."[12] 양태로서의 먼지는 우리 눈앞에서 사라질 수 있지만 연장속성으로서의 먼지는 영원하다는 것이다. 경험 대상으로서의 먼지와 연장속성으로서의 먼지는 전혀 다른 것이다.

우리가 익히 알고 있는 연장속성과 사유속성들의 무한성에는 조건이 있는데, 연장은 오직 연장으로서'만' 무한하고, 사유는 사유로서'만' 무한하다는 사실이 그것이다. 각각의 속성은 자기 장르 내에서만 무한하다. 연장은 연장으로서만 무한하기 때문에 사유 영역에 침범할 수 없고, 따라서 사유를 제한할 수도 없으며, 사유 영역에서까지 자신의 무한성을 펼칠 수도 없다. 마찬가지로 사유도 연장 영역에서까지 자신의 무한성을 확장할 수도 없고 연장을 제한할 수도 없다. 연장속성의 관점에서 사유속성을 판단할 수도 없고, 사유속성의 관점에서 연장속성을 파악할 수도 없다. 각각의 속성은 다른 속성에 의해서는 파악되지 않는, 오직 자체적으로만 파악되는 것이다. "자체적으로 존재하고, 자체적으로 파악되는 것"이자, "그것의 개념을 형성하기 위해 다른 것의 개념을 필요로 하지 않는 것"(1부, 정의3)이 실체라고 한다면 속성도 기본적으로 실체적이라 할 수 있다. 이런 측면에서 스피노자는 1부 정의 2에서 "물체ª body는 생각ª thought에 의해 한정되지 않으며 생각도 물체에 의해 한정되지 않는다"는 말을 덧붙이고 있는데, 물체나 생각이 양태라는 점에서는 모두 유한하다고 해도 서로 간에 속성이 다르기 때문에 상호 간에 한정이 있을 수 없는 것이다.

사유속성을 파악하는 데 연장속성이 필요한 것도 아니고 연장속성을 파악하는 데 사유속성이 필요한 것도 아니다. 각각의 속성은 오직 자체적으로만 파악되어야 한다. 연장속성을 지닌 칼이라는 양태로 사유속성을 지닌 내 정신이라는 양태를 찌를 수 있을까? 칼로 머리(이는 연장속성의 양태다)를 찌를 수는 있겠으나 정신에 속하는 의식이나 관념을 찌를 수는 없는 일이다. 칼과 머리는 모두 연장이라는 동일한 속성의 서로 다른 양태에 속하지만 의식이나 관념은 칼이나 머리와 공통의 속성을 공유하고 있지 않은 사유속성의 양태들이다. 이렇게 연장속성과 사유속성 사이엔 그 어떤 공통성도 없으니 "서로 간에 공통성이 전혀 없는 사물들은 그것 중 하나가 다른 것의 원인이 될 수 없"(1부, 정리3)고 서로를 제한할 수도 없으니 속성은 자신의 장르 내에서 무한하다고 말해야 한다.

여기서 놓쳐서 안 되는 것은 각각의 속성이 자신의 장르 안에서만 무한하다는 말이 다른 장르에 속하는 속성들을 소유하고 있지 못한, 결핍의 상태를 뜻하지 않는다는 사실이다. 우리 정신을 보자. 이 사유속성의 한 양태인 정신이 과연 신체를 결여하고 있는 양태라고 할 수 있겠는가? 우리 정신이 신체가 결핍된 양태가 아니듯이 우리 신체도 정신이 결핍된 양태가 아닌 것이다. 정신은 정신으로서의 자질을 갖추고 있고, 신체도 오직 신체로서의 자질을 갖출 뿐이다. 연장속성은 연장속성으로서 충만하며, 사유속성도 사유속성으로서 충만하다. 그래서 각각의 장르 안에서의 속성들의 무한성을 규정할 때는 들뢰즈의 다음과 같은 말을 반드시 유념해야 한다. 자신의 장르 안에서 속성들의 무한성은 "다른 장르들의 결핍도, 심지어는 그것들과의 대립"도 함축하지 않는다는 것. 사유가 연장을 결여하고 있는 속성이 아니듯이, 사유는 연장과 대립할 그 어떤 공통성도 갖고 있지 않다. 결핍도 없고, 대립도

51

없는 각 속성들의 무한성. 따라서 연장속성과 사유속성은 양태적이거나 '수적으로' 구별되는 대신 오직 '실재적으로'만 구별된다.[13] 이 부분은 들뢰즈의 분석을 참조하는 게 필수적이다.

> 속성들은 본질에 대해 부정되지 않는 것처럼 부정하는 데 복무하지도 않는다. 그것들이 유비에 의해서 신에 대해 긍정되는 것도 아니다. 유비에 의한 긍정은 탁월성에 의한 부정보다 더 나을 게 없다. (…) 그런데 하나의 속성이 다른 속성에 대해 부정되는 것은 사실이라고 스피노자는 말한다. 하지만 어떤 의미에서 그런가? "만일 연장이 연장에 의해서가 아니라 사유에 의해서 제한된다고 말한다면, 그것은 결국 연장이 절대적으로 무한한 것이 아니라 단지 연장으로서만 무한하다는 말이 아닌가?" 따라서 여기서 부정은 어떠한 대립이나 결핍도 함축하지 않는다. 그 자체로서의 연장은 그것의 본성에 의존하는 어떠한 불완전성이나 제한도 겪지 않는다. 아닌 게 아니라 연장을 "탁월하게" 소유하는 신을 상상하는 일은 헛된 일이다.[14]

각 속성은 자신의 장르 안에서 무한하므로 그 안에 어떤 부정도, 제한도, 모순도 포함하지 않는다. 그런데 각 속성이 '절대적으로' 무한한 것은 아닌데, 왜냐하면 연장은 연장으로서만 무한하고 사유는 사유로서만 무한하기 때문이다. 모순이나 제한(혹은 대립)은 오직 양태적으로 구별되는 것들에만 적용된다. 우리 신체는 우리 신체를 해체하려는 칼과 모순관계에 있을 수 있지만 연장속성으로서의 신체와 칼은 서로 결합되고 합성되는 관계에 있기 때문에 모순도 대립도 없다. 또한 연장속성은 사유속성과 대립할 수 있는 그 어떤 공유항도 없기 때문에 다른 속성들과 아무런 대립이나 모순 없이 자체적으로 풍요로운 무한성을 갖는다. 그런 점에서 각각의 속성은 각각의 장르 안에서 완전한 '긍정'이라고 말할 수 있다. 속성들은 자신의 장르 안에 오직 긍정만을 품는데, 이 긍정은 다른 속성에 대해 결코 부정으로 전환될 수 없는 긍정이다. 한 속성이 자신의 긍정적인 무한성을 다른 속성에 대해 부정적인 무한성으로 전환하려면 다른 속성이 자신과 대립할 어떤 공통성을 소유하는 한에서인데, 우리가 지금까지 분석했듯이, 각각의 실체는 동일한 속성을 공유할 수 없기 때문에 속성들은 결코 부정을 품을 수 없는 것이다.

스피노자의 신: 질적 다양성과 절대적으로 무한한 긍정

이제 속성들의 무한성을 바탕으로 스피노자의 신 개념 속으로 이행할 수 있게 됐다. 신에 대한 스피노자의 정의는 다음과 같다. "신이란, 절대적으로 무한한 존재, 즉 제각각 영원하고도 무한한 본질을 표현하는 무한한 속성들로 구성된 실체라고 나는 이해한다."(1부, 정의6) 자석의 본질을 구성하는 것이 쇳가루를 끌어당기는 능력(속성)이듯이 신의 본질을 구성하는 것은 무한한 속성들이다. 다시 말해 쇳가루를 끌어당기는 속성이 자석의 본질을 구성하는 것처럼 무한한 속성들은 신의 본질 속으로 들어간다. 이 정의에서 새롭게 등장하는 것은 신이란 무한한 속성만으로 구성된 게 아니라 무한한 속성들이 무한히 많이 모여야 한다는 사실이다. 우리는 신체와 정신으로 구성되어 있는 양태라 연장속성과 사유속성 둘밖에는 알지 못한다. 그런데 신은 그런 속성들이 무한히 모여 이뤄진 것이라 하는데 왜 그런 것일까? 만약 신이 연장과 사유 두 장르 안에서만 무한하고 (우리가 모르는) 다른 장르의 속성을 갖지 않는다면 신은 분명 유한하고 결핍된 존재라고 말해야 할 것이다. 왜냐하면 사유와 연장속성 이외의 속성을 갖는 다른 실체가 있을 수도 있기 때문이다. 앞에서 스피노자는 동일한 속성을 갖는 실체는 하나만 존재할 수 있다고 말했다(1부, 정리5). 하지만 그렇다고 해서 한 속성을 갖는 실체 하나, 다른 속성을 갖는 실체 하나, 이런 식은 아니다.

> 설사 두 속성이 실재적으로really 구별된다고 파악될지라도(즉, 하나가 다른 것의 도움 없이 파악된다고 할지라도), 우리는 이런 사실로부터 그들이 두 존재being를 구성한다거나 두 개의 다른 실체를 구성한다고 추론할 수 없다는 것은 이들 명제로부터 명확하다. 각각의 속성이 자체적으로 파악되는 것이 실체의 본성이기 때문에, 속성들은 함께 있어야 하며, 하나가 다른 것에 의해 생산되지도 않으며, 각각이 실체의 실재성이나 유being(존재)를 표현하는 것이다. 따라서 많은 속성을 하나의 실체에 귀속시키는 것은 결코 터

무늬없는 일이 아니다.(1부, 정리10, 주석)

　　우리는 여기서 "실재적ʳᵉᵃˡ 구별"이라는 개념의 의미를 파악해
야만 다수의 속성들을 하나의 실체에 귀속시키는 스피노자의 논
의를 따라갈 수 있게 된다. 두 속성은 양태적으로(혹은 수적으로) 구
별되는 게 아니라 실재적으로 구별된다고 말한다. 교실에 10명
의 학생이 있다고 할 때 이 10명이라는 '수'는 양태적으로 구별되
고 분할되어 있기 때문에 가능한 것이다. 그런데 1명의 학생을 양
태적으로 구별하지 않고 속성에 의해서 구별하면 우리는 그가 신
체와 정신으로 구성되어 있다고 말하게 된다. 이것이 바로 실재적
구별의 의미이다. 실재적 구별의 대상은 수적인 구별의 대상처럼
그렇게 나누어지고 분할되는 것이 아니라 한 인간 안에 통합되어
있으면서도 신체와 정신이 구별되는 방식처럼 그렇게 질적으로
구별되는 대상을 말한다.
　　이 실재적 구별이라는 개념은 이미 데카르트가 사용했던 것인
데, "구별된 항들이 상호간의 대립에 의해 정의되지 않고" "다양
성"의 방식으로 존재하는 대상을 규정하기 위해 쓰인 것이라고
한다.[15] 즉 사물이 실재적으로 구별된다는 말은 "각각이 그 자체
로, 즉 다른 편의 도움 없이 사고되고, 그 결과 우리가 한 사물을
다른 사물의 개념에 속하는 모든 것을 부정함으로써 사고할 수 있
을 때"인데, 데카르트가 이 실재적 구별을 수적인 구별과 혼동하
고 말았다면, 스피노자의 위대성은 실재적 구별에서 수적인 구별
을 철저히 배제하면서 이를 속성들의 구별에 적절히 사용하고 있

다는 점이다.[16] 속성들은 양적인 구별이 아니라 질적이고 실재적인 구별의 대상이다. 하나의 컵이 모양과 색을 동시에 갖고 있을 때 모양과 색은 수를 세듯이 그렇게 분할되면서 구별되지는 않는다. 이처럼 실재적 구별은 분할되지도 않은 채 통합되어 있으면서도 질적으로 구별되는 속성들을 지칭할 때 사용한다. 속성들은 다른 속성의 개념 없이 자체적으로 파악되는 것이고, 동시에 각각의 장르 안에서 무한하다. 그런데 이 무한한 속성들이 하나의 실체 안에 모조리 담겨 있을 수 있는데, 이는 속성들이 하나로 통합되면서도 질적으로 구별되는 특성을 갖고 있기 때문이다. 이렇기 때문에 수많은 속성이 서로 간에 모순이나 대립 없이, 그러면서도 서로가 스스로 구별되는 방식으로 합성되어 하나의 실체 속에 통합될 수가 있는 것이다. 이 세상에 존재할 수 있는 모든 속성이 하나의 실체에 속할 수 있다! 하나의 실체에 속성이 무한히 많다는 것은 각각의 속성마다 각각의 실체가 있다는 것도 아니고, 하나의 실체가 속성의 수만큼 분할되어 있다는 뜻도 아니다. 무한히 많은 속성들은 하나의 실체 안에 존재하는, 질적으로 고유하면서도 서로 다른 다양성이라 할 수 있는 것이다.[17]

한 인간을 질적으로 구분하면 연장속성의 신체와 사유속성의 정신으로 구별할 수 있듯이 실재적 구별은 질적인 다양성의 통합을 설명해주는 스피노자의 중요한 개념이다. 이런 점에서 '하나의 속성을 갖는 하나의 실체'와 같은 방식으로 생각할 필요도 없이 "많은 속성을 하나의 실체에 귀속시키는 것"(1부, 정리10, 주석)도 가능한 것이다. 사실 무한히 많은 속성들이 하나의 실체 안에 있다고 할 때 '하나의 실체'나 '실체 하나'라고 말하는 것도 적절할 수 없는데, 왜냐하면 속성들로 구성되어 있는 실체가 수로 셀 수 있는 양태처럼 존재할 수는 없기 때문이다. 그래서 스피노자는 차라리 실체는 유일하다^{unique}고 말한다.(1부, 정리14, 보충1) 실체와 속성의 관계를 조금 더 정밀히 규정해보면 이렇게 될 것이다. 실체는 유일하다, 그런데 그 실체를 구성하는 속성들은 무한히 많다, 그래서 실체는 유일하더라도 그 실체의 질적인 성격은 무한히 다양하다. 실체는 유일하지만 그 실체는 질적으로 무한히 다양한 면모를 지니고 있어 이 세상의 천변만화를 낳는다.

"속성들 자체는 존재에 있어서의 동일성과 형상성에 있어서의 구별을 동시에 갖는다. 〈존재론적으로는 하나이면서 형상적으로는^{formally} 다양함〉, 이것이 바로 속성들의 지위이다."[18] 실체의 본질을 구성하는 속성들은 자신의 장르상에서 각각 실체의 특질을 표현하게 되는데, 가령 연장속성은 오직 연장속성이라는 질적 특성을 통해 실체를 표현하고, 사유속성은 사유적인 질을 통해서만 실체를 표현한다. 질적으로 다양한 까닭은 속성들이 다양하기 때문이고, 그렇게 다양한 질을 가지면서도 그 속성들이 실체 하나에 통합될 수 있는 것은 속성들이 실재적으로 구별되기 때문이다. 이처럼 모든 속성들은 사실 실체의 본질을 구성하는 것이라 존재론적으로는 실체에 속하지만, 그럼에도 질적으로 각각이 구별된다는 점에서 형식적으로는 아주 다양한 것이라 말할 수 있다. 실체의 단일성과 속성들의 복수성^{plurality}. 이는 수적이고 양태적인 구별이 아니라 속성들에게만 해당되는 실재적 구별이라는 개념 덕분에 가능한 사유가 된다.

이렇게 질적으로 다양한 속성들을 모두 가지고 있는 실체, 그것이 곧 스피노자의 신이다. 그렇다면 스피노자의 신은 어떤 성격을 갖고 있을까? 각 속성은 '자기 장르 내에서' 무한했다. 그런데 그렇게 무한한 속성들을 무한히 갖고 있는 신은 당연히 '절대적으로' 무한하다고 얘기되어야 할 것이다. 그렇다면 절대적 무한성이란 어떤 식으로 생각해야 할까? 절대적으로 무한한 것은 하나의 장르 안에서만 무한해서도 안 되고, 자신 안에 그 어떤 유한성도 포함하고 있지 않아야 하며, 그 어떤 속성도 결여하고 있지 않아야 한다. 따라서 절대적으로 무한한 실체로서의 스피노자의 신 안에는 어떠한 부정도 있을 수 없다.(1부, 정의6, 설명) 신은 온통 긍정이다! 그렇다면 이 신의 긍정성이란 또 무엇일까? '사각의 원'은 본성적으로 모순이기 때문에 외부에 그 사물의 존재를 부정하는 것이 없다고 해도 내적으로도 불가능한 사물이다. 그렇다면 내적으로 모순이 없는 사물은 어떨까? 이런 사물은 꼭 실존하는 것일까? 원, 삼각형, 인간, 사자, 구름, 전쟁, 질병 등과 같은 양태들은 본성 안에 모순을 갖고 있지는 않지만 그렇다고 꼭 존재하는 것이라 말할 수 없다. 그 실존을 배제하는 외부의 사물들에 둘러싸여 있기 때문이다.

그렇다면 신의 경우는 어떨까? 먼저 신 내부에 본성상의 모순이 존재한다면 신은 실존할 수 없을 터인데, 동일한 속성을 가진 실체는 오직 하나이고, 그러면서도 모든 속성들이 무한하다고 했으므로(1부, 정리8) 신에게는 각각의 속성이 무한성 그대로 존재한다고 할 수 있다. 따라서 속성들은 신 안에서 서로 충돌하지도 않고, 서로를 제한하지도 않으며 자신의 무한한 질적 성격을 그대로 보존하면서 신을 다양하게 표현한다. 이런 점에서 최소한 내적으로는 모순이 없으므로 신은 본질적으로 필연적인 실존을 획득한다고 할 수 있겠다. 이제 문제는 신 바깥에 신의 존재를 배제하는 것의 유무인데, 만약 그 외부 실체가 신의 본성과 다른 본성(즉 속성)을 갖고 있다면 본성상에 있어 하등의 공통점도 있을 수 없으므로 신의 존재에 대해 그 어떤 영향도 미칠 수 없으니 신의 존재는 위협받지 않을 것이다. 만약 외부의 실체가 신의 본성과 같은 실체라면 어떻게 될까? 신의 본성과 같다면 그것은 이미 신 아닌가. 그러므로 신의 내부든 외부든 신의 존재를 부정하는 모순적인 제한은 그 어디에도 없으며 따라서 신은 필연적으로 존재한다고 해야 한다. 신은 실재한다. 신은 실재적이다. 신 안에는 그 어떤 부정도, 제한도, 모순도 없다. 신은 긍정이며, 존재이고, 실재이다. 그러므로 신 안에 있는 모든 것도 긍정이고 실재이고 존재이다. 스피노자의 신을 이해하는 순간 우리는 우리 삶에서 부정을 긍정할 어떤 이유도 발견하지 못하게 되는 것이다.

만일 그것이 동일한 본성을 가진 실체라면 그러한 가정 자체가 신이 존재한다는 것을 인정하기 때문이다. 그러나 [신성과는] 다른 본성을 가진 실체는 신과 공통성이 전혀 없으므로(정리2에 의해) 신의 존재를 성립시킬 수도 제거할 수도 없다. 그렇다면 신성한 존재를 제거하는 원인이나 이유가 신성한 본성 외부에는 있을 수 없으므로, 만약 그가 실로 존재하지 않는다면 그 이유는 필연적으로 그 본성 안에 있어야 할 것이다. 즉, 그의 본성은 모순을 포함해야 할 것이다[두 번째 예처럼]. 그러나 절대적으로 무한하고 최고로 완전한 존재에게 이것을 긍정하는 것은 터무니없다.(1부, 정리11, 제2증명)

스피노자에게 신은 그렇게 무한한 긍정이 된다. 그 어떤 부정도 포함되지 않는 존재, 그 어떤 유한도, 제한도 사유될 수 없는 존재. 모순과 대립을 품어야 한다면 아예 실존할 수도 없는 존재. 이 스피노자의 신이 자신의 신과 다르다면 그 다름을 따지기 전에 자신의 신이 스피노자의 신과 같이 과연 무한한 긍정인지, 그 안에 모순과 대립과 제한을 품고 있지는 않은지, 혹은 배척과 차별과 저주를 품고 있지는 않은지 살펴야 할 것이다. 신은, 오직 스피노자의 철학과 더불어서만 비로소 위대한 긍정의 신이 된다. 이 세상의 창조주가 신이라는 통설이 참이라면, 그리고 이 세상 만물의 원인이 신이라는 말이 합당하다면 우리는 스피노자와 더불어 이 만물의 세계 자체가 위대한 긍정임을 알게 된다. 신과 세계와 만물에 대한 이 위대한 긍정, 이것이 스피노자의 출발점이다. 위대한 긍정 없이 도대체 어떻게 이 세계의 부정적인 가치들과 도덕들, 그런 허구적 망상과 신화들, 그렇게 삶을 누추하게 하는 것들과 싸울 수 있단 말인가. 삶에 대한 무한한 긍정, 그것은 속성들의 무한성과 속성들의 실재적 구별, 그리고 속성들에 의해 구성되는 실체라는 개념 속에서 필연적으로 도출되는 스피노자 철학의 가장 위대한 명제라 할 것이다. 《에티카》는 그 출발과 함께 이미 세계와 삶을 긍정한다. 이 세계를 저주하는 자, 이 세계의 타락에 죄의식을 갖는 자, 이 삶을 부정하는 자 어느 누구도 스피노자 철학이 던지는 시험을 통과할 수 없다. 삶에 대한 긍정과 삶에 대한 부정, 스피노자는 이 둘을 실재적으로 구별하는 위대한 시금석이다.

2
만물이 신 안에 거주하는 방식

결코 분할할 수 없는 속성

"제각각 영원하고도 무한한 본질을 표현하는 무한한 속성들로 구성된 실체"로서의 신, 그 신은 대체 그 많은 속성들을 어떻게 품고 있을 수 있는 것일까? 신 안에 기거하는 속성들의 존재 방식이 참으로 궁금하다. 우리는 앞에서 양태적 구별과 실재적 구별의 차이를 통해 속성들이 신 안에 통합적으로 존재할 수 있음을 논했는데 그것으로 설명이 충분한 것은 아니다. 이 속성들의 존재 방식에 대한 오해에서 신에 대한 여러 오해와 오독이 발생하기 때문에 우리는 이 문제를 충분히 숙고해야 한다. 그리고 신과 속성의 관계는 신과 만물(혹은 인간)의 관계를 파악하는 데도 아주 중요한 부분이다. 그러면《에티카》1부에서 우리가 탐구해야 할 스피노자의 명제들을 잠깐 옮겨보도록 하자.

- 실체가 분할될 수 있다는 사실에 의해서는 어떤 실체의 속성도 참되게 파악될 수 없다.(1부, 정리12)
- 절대적으로 무한한 실체는 분할될 수 없다.(1부, 정리13)

정리12에서 핵심적인 것은 실체가 여러 속성들의 다발로 구성되어 있으므로 속성들의 수만큼 실체가 분할될 수도 있지 않을까 싶지만 결코 그렇지 않다는 것이고, 정리13은 속성이든 신이든 그것이 실체라면 실체는 결코 분할될 수 없다고 주장한다. 따라서 두 명제는 공히 실체(속성)의 분할 불가능성을 언급하고 있는 셈이다. A라는 속성, B라는 속성, C라는 속성, D라는 속성, E라는 속성, 그리고 무한히 많은 속성들이 있다고 할 때 신은 이 많은 속성들을 대체 어떤 방식으로 품고 있을 수 있는가 하는 질문에 대해 스피노자는 속성이 A, B, C, D, E…… 이렇게 서로 구별되더라도 신 안에 그 수만큼의 실체가 존재하는 것은 아니라고 말한다. 각 속성을 포괄하는 '실체들'이 있고, 다시 이 실체들의 묶음으로서의 신, 따라서 무한히 많은 실체들로 쪼개지고 분할될 수 있는 신, 그것은 실체도, 속성도 참되게 파악한 것이 아니라는 뜻이다. 앞에서도 말했듯이 실체는 자체적으로 존재하는 것인데, 이렇게 신 안에 놓인 실체가 부분 요소들처럼 자리 잡게 되면 실체들은 자체적으로 존재한다기보다는 오히려 양태적으로, 다시 말해 자기 외부에 원인을 두는 방식으로 존재하는 것이기에 실체적이라 할 수 없다. 그리고 속성도 자체적으로 존재하고 자체적으로 파악되는 실체적 성격을 갖는 것이기 때문에 이렇게 실체들의 다발에 묶여 있을 수도 없는 것이다. 그렇다면 신과 속성의 관계를 어떤 방식으로 생각해야 하는가?

스피노자의 방식에 따르면 이렇게 말해야 한다. 신이라는 절대적으로 무한한 실체가 있을 때 이 실체를 연장속성의 측면에서 보면 그 신은 연장의 속성으로만 표현되고, 사유속성의 측면에서 보면 그 신은 사유의 속성으로만 표현된다고. 그리고 C라는 속성의 측면에서 보면 신은 C의 속성으로만 표현되고, D라는 속성의 측면에서 보면 신은 D의 속성으로만 표현된다고. 이처럼 신에 속한 속성들은 양(量)이나 수를 갖는 양태들처럼 신의 부분을 이루는 실체가 아니라 오직 질적으로만 구분되는 질적인 실체들이다. 질적인 측면의 다양성으로 인해 이런 속성, 저런 속성으로 표현되는 것, 그것이 유일한 실체의 면모인 것이다. 스피노자의 설명을 들어보자.

> 무한한 지성에 의해 실체의 한 본질을 구성하고 있다고 파악될 수 있는 모든 것은 오직 하나의 실체에 관계되며, 결과적으로 사유 실체와 연장 실체는 하나이자 동일한 실체인데, 때로는 이 속성 아래서, 때로는 저 속성 아래서 이해되는 것이다. 그래서 또한 연장의 한 양태와 그 양태의 관념(idea)은 두 가지 방식으로 표현된, 하나이자 동일한 것이다.(2부, 정리7, 주석)

이 부분을 설명하기 위해 스피노자가 거론하는 예에 따르면 자연 안에 원(圓)이라는 사물이 있다고 할 때 신은 모든 것을 알고 있는 존재이기 때문에 신 안에는 분명 그 원에 대한 관념도 있을 것이다. 원이라는 사물도 신이 만든 것이고 원이라는 관념도 신이 만든 것이므로 '원'과 '원에 대한 관념'은 사실상 동일한 것이지만, 오직 속성의 차이에 의해 서로 다르게 표현되고 설명될 뿐이라는 것이다.(2부, 정리7, 주석) '동일한' 자연을 연장의 속성에서 설명하느냐 아니면 사유의 속성에서 설명하느냐에 따라 서로 질적으로 구분될 뿐이지 자연 자체는 사실상 동일한 하나라는 것이다. 이는 앞에서 우리가 예로 들었던 인간 양태에 대해서도 적용될 수 있는 설명으로서 '하나의 동일한' 인간을 사유속성의 측면에서 관찰하면 그는 정신으로 나타나고, 연장속성의 측면에서 관찰하면 육체로 표현된다. 정신과 신체가 따로 존재하지 않는 것처럼, 그리고 정신과 신체가 모두 동일한 인간을 서로 다르게 표현하는 것처럼, 정신과 육체는 오직 속성상의 질적인 차이에 의해서만 구별되는 양태인 것이다. 우리 인간을 하나의 실체로 봤을 때 연장과 사유라는 두 속성은 하나의 실체 속에서 (정신과 육체처럼) 질적으로 구별되기는 하지만 완전히 통합된 방식으로 존재한다. 이처럼 실재적 구별의 개념을 사용하면, 속성이 두 개라고 해서 하나의 실체가 속성별로 쪼개져 (데카르트의 경우처럼 연장 실체와 사유 실체 이렇게) 두 개의 실체로 분할되지 않아도 되며, 분할 없이도 서로 구별되면서 통합되어 있을 수 있는 것이다. 따라서 속성이든 실체든 자체적으로 존재하는 모든 것들은 결코 분할될 수 없다.

지금 속성으로 분류하지만 기존의 철학에서는 실체라고 불렸던 것, 즉 연장적 실체와 같은 것도 그것이 실체인 한에서는 결코 분할될 수 없다(1부, 정리13, 보충). 그리고 스피노자는 이제 신을 유일 실체로 부르고, 기존에 실체라고 했던 것들(연장적 실체나 사유하는 실체)은 신의 속성이라고 말하면서 여러 가지 혼란들을 정리한다. 스피노자가 연장 실체나 사유 실체라는 말을 쓸 때 이는 유일 실체인 신이 연장적 속성에서 표현된 것이거나 사유속성에서 표현된 것이라는 의미이지 실체들이 신이라는 유일 실체에서 분할되어 따로 존재한다는 뜻이 아니다. 스피노자에게 실체는 신 하나뿐이며 다른 모든 실체적 속성들(정확히는 속성들)은 신의 본질을 구성하는 질적인 특성들이 된다. 속성들이 따로따로 수를 세듯 분할되는 것이 아니라면 그 모든 속성들이 모여 구성하는 신이라는 본질도 결코 분할될 수 없을 것이다. 따라서 실체는 절대적으로 분할 불가능하고, 그러므로 유일하다.

신은 과연 영혼의 존재인가

무한한 속성들로 구성된 실체라는 규정이나 속성과 실체의 분할 불가능성이라는 개념은 우리가 쉽게 빠져들게 되는 신에 대한 오해를 방지하는 데 아주 중요한 개념이 된다. 신에 대한 여러 상상들, 가령 자신의 형상대로 인간을 빚은 신은 육체와 더불어 정신도 갖고 있다거나, 심지어 사랑이나 미움과 같은 인간적인 감정들에 사로잡히기도 한다는 규정은 너무나 인간주의적이라 철학적 고찰의 대상이 되기엔 한참 수준 미달이다. 그렇다면 육체를 제거해버린, 영혼만의 존재로서의 신이라는 규정은 어떤가? 좀더 숭고하고 신성한 느낌이 들기는 하지만 그렇다고 이것이 인간주의적인 규정이라는 사실을 피할 도리는 없다. 식물이나 동물에는 존재하지 않는 인간의 자부심으로서의 영혼을 신에게 '탁월하게' 투사한 것이라는 점에서 아직도 한참이나 인간적인 상상물이기 때문이다. 하지만 영혼으로서의 신은 논파하기가 쉽지 않은데, 여기엔 연장속성에 대한 오해, 그리고 실체의 분할 불가능성이라는 개념에 대한 오해가 자리 잡고 있기 때문이다.

스피노자의 말대로 신의 본성에 대해 조금이라도 고찰해본 사람이라면 모두 신이 육체적이라는 사실은 부정한다. 사실 성서에서도 우상숭배의 금지라는 명목 아래 신에 대해 그 어떤 형상도 부여하지 못하도록 하고 있는데, 이는 형상을 통해 신을 숭배하게 될 때 그들의 사상이 신에 대한 것이 아니라 그 형상과 닮은 것에 대한 사상이자 숭배가 되고 신에 대한 찬미와 숭배를 그 사물에 갖다 붙이게 되기 때문이라고 한다.[1] 이렇게 육체를 소유한 신에 대한 부정에는 영혼보다 열등한 것이 육체라는, 육체에 대한 평가절하가 숨어 있기도 한데, 육체를 부정하는 것은 어쩔 수 없다고 해도 신의 본질에서 아예 (육체라는 양태가 속하는) 연장속성을 제거해버린다는 사실은 철학적으로 훨씬 더 심각한 문제가 아닐 수 없다. 저들은 이렇게 말한다. "육체body란 우리가 이해하기에 길이, 넓이, 깊이를 가진 양으로서 어떤 형태로 한정된 것이다. 신에 대해, 즉 절대적으로 무한한 존재에 대해 이렇게 얘기되는 것보다 터무니없는 것은 없다."(1부, 정리15, 주석) 따라서 연장이라는 속성도 신의 본질에 속하지 않으며 그것은 신이 창조한 피조물일 뿐이라는 것이다. 이제 관건은 연장속성을 어떻게 볼 것인가 하는 점인데 이는 무한성에 대한 규정과 파악에 달려 있다.

저들의 논리를 따라가자. 신은 무한하다, 따라서 신에게는 무한

한 것만 속해야 한다. 그런데 연장을 무한하다고 할 수는 없다. 왜
냐하면 연장을 무한한 것이라고 할 때 발생하는 문제점들이 많기
때문이다. 따라서 연장은 유한한 것이며, 신의 본성에 속하지 않
는다. 그렇다면 연장을 무한하다고 할 때 발생한다고 하는 문제점
들은 무엇일까? 연장이 무한하다고 인정하고, 그 무한한 연장을
반으로 잘라보자. 그러면 나눠진 부분은 유한할 수도 있고 무한
할 수도 있을 것이다. 만약 유한한 부분이 두 개 생겼다고 하면 무
한이 두 개의 유한으로 쪼개지고 두 유한의 결합으로 생겨난다는
불합리가 발생한다. 반대로 무한한 부분이 두 개 생겼다고 하더라
도 하나의 무한이 두 개의 무한을 접합해 만들 수 있는 것이 되므
로 이 또한 불합리하다. 따라서 연장은 유한한 것이라고 해야 한
다. 이것 말고 연장이 유한한 것이라는 다른 예도 얼마든지 들 수
있는데, 하나의 무한한 양을 피트ft 단위로 측정한 것에 비해 인치
in 단위로 측정한 것은 12배의 무한이 되지 않는가. 동일한 크기의
무한이 이렇게 12배의 무한이 된다는 이런 불합리도 연장을 무한
한 것이라고 생각하기 때문에 발생하는 것으로서 연장의 유한성
이외에는 해결할 방도가 없는 것이다. 마지막으로 신이 최고로 완
전한 존재라면 작용이나 반작용의 영역에 속할 수 없을 터인데,
연장적 실체는 분할할 수 있고, 분할된 것들은 당구공처럼 작용
과 반작용의 법칙의 지배를 받기 때문에 신의 본질에 속할 수 없
는 것이다. 결국 분할되는 것들, 즉 연장은 결코 무한하다고 얘기
되어서는 안 된다. 이들의 기다란 논의에 대해 스피노자는 이렇게
말한다.

저들이 연장 실체를 유한한다고 추론하고자 하는 모든 부조리들은 무한한 양이 가정된 것으로부터가 아니라, 무한한 양이 측정되기도 하고 유한한 부분들로 구성되기도 한다는 가정으로부터 나온다는 사실을 사태를 정확히 직시하는 사람들은 누구나 알 수 있을 것이다.(1부, 정리15, 주석)

스피노자에 따르면 저들이 주장하는 불합리는 연장이 무한성을 갖는다는 점에 있는 게 아니라 무한을 부분들로 나눠 측정하고 비교할 수 있다고 생각했다는 점에 있다. 동일한 무한도 측정하는 단위가 달라지면 크기가 다른 무한이 될 수 있는데, 이런 불합리는 연장의 무한성 때문이 아니라 무한성을 유한한 부분들로 분할해 측정하고자 하는 태도에서 발생한 것일 뿐이다. 앞에서 얘기한 대로 스피노자가 규정하는 모든 속성들은 분할될 수 없는 무한, 즉 측정될 수 없는 무한이다. 신의 본질에 속하는 속성이 부분들로 나뉘고 측정될 수 있다는 생각은 신적인 무한성의 관점이 아니라 바로 유한한 양태의 관점에서 바라본 무한일 뿐이다.[2] 대지의 크기와 대기의 부피를 재듯 우리는 모든 무한에 대해서도 그 크기를 잴 수 있는 것, 즉 분할 가능한 것으로 생각하고 있는 것이다.

이렇게 실재적으로만 구별되는 속성들을 양태적으로 구별하려 했다는 점에서, 그리고 양태에 적용되는 측정과 분할을 무한한 속성들에까지 적용했다는 점에서 저들의 실수가 유래한다. 하나, 둘, 셋, 넷……. 이렇게 세는 데 끝이 없을 때 우리는 무한하다고 말하지만 이렇게 자연수나 실수처럼 셀 수 있는 무한은 양태적인 무한에만 해당되며, 세는 행위 자체도 분할되는 것들에만 적용될 뿐이다. 하지만 속성이 갖고 있는 무한은 분할되지 않으며(1부, 정리 12와 13) 하나하나 셀 수 있는 대상도 아니다. 만약 연장속성이 분할되고 수를 셀 수 있는 대상이 된다면 그것들은 두 개의 당구공처럼 분명 작용과 반작용의 영역에 있다고 하겠지만, 이는 연장속성의 분할 가능성을 전제한 것이라 이미 잘못된 논증이다. 속성이라고 한다면 그 어떤 속성도 분할될 수 없다. 속성의 무한성은 바로 분할 불가능성의 무한이다. 이런 관점에서 스피노자의 아주 모호한 다음의 말을 이해해야 한다. "물은 물인 한에서 분할되고 부분들로 분리되지만, 그것이 물질적 실체인 한에 있어서는 그렇지 않다. 왜냐하면 그것이 실체인 한 분리되지도 않고 나뉘지도 않기 때문이다. 다시 물은 물인 한에서 생성되고 소멸되지만 실체인 한에서는 생성되지도 소멸되지도 않는다."(1부, 정리15, 주석)

생성되지도 소멸되지도 않는 그 무한, 나눌 수도, 나뉘서 셀 수도 없는 그 무한, 그것이 바로 실체로서의 연장속성의 무한성이라는 말이다. 연장은 분할 불가능한 무한이기 때문에 당연히 신의 본질에 속해야 한다. 신은 육체를 갖는 것은 아니지만 그렇다고 연장속성까지 갖지 않는 것은 아니다. 신은 연장속성을 소유하지만 육체는 갖지 않는다. 신은 육체와 영혼의 존재도 아니며, 영혼만의 순수 존재도 아니다. 이런 모든 것들은 무한에 대한 유한 양태의 오해이자 신에 대한 인간주의적인 규정일 뿐이다. 신은 오직 무한한 속성을 무한히 갖는 존재로만 정확히 사유될 수 있다. 비록 우리가 사유와 연장이라는 속성밖에는 모름에도 신이 무한히 많은 속성들을 소유한다는 사실을 알 수 있는데, 까닭은 "신이 사유나 연장으로는 모두 드러낼 수 없는 절대적으로 무한한 존재 능력을 갖고 있기 때문이다."[3]

신 안에 존재한다는 것의 의미

"개개의 사물들은 신의 속성들의 변용, 또는 신의 속성이 일정하고 결정된 방식으로 표현된 양태"(1부, 25, 보충)라고 스피노자는 말한다. (생각이나 사건 그리고 자연적이고 우주적인 부분들을 포함해) 이 세계의 모든 사물들은 양태라는 철학적 이름을 부여받고, 양태는 신의 속성이 특정한 방식으로 표현되고 변용된 것이다. 인간이라는 개체도 하나의 양태인데 신의 속성 중에서 두 가지 속성, 즉 사유속성의 양태인 정신과 연장속성의 양태인 신체가 통합되어 있는 양태이다. 따라서 정신이나 신체는 신이 갖고 있는 각각의 속성이 변한 형태라고 할 수 있는데, 이때 우리는 신과 양태 사이의 관계가 갖는 성격에 대해 의미심장한 것을 깨닫게 된다. 양태들은 신의 창조물인데 그 창조의 방식이나 창조의 통로가 바로 신의 속성들이라는 것. 그 속성들의 특정한 변용이라는 것. 신의 속성과 상관없이 창조된 피조물이 아니라 정확히 (신의 본질을 구성하는) 속성들의 변용이라는 것. 이것을 단서로 신이 만물을 창조하는 방식, 그리고 신과 만물의 관계를 더 구체적으로 살펴보도록 하자. 스피노자의 표현을 들자면, "존재하는 것은 무엇이든지 신 안에 있으며, 신 없이는 아무것도 존재할 수도 파악될 수도 없다"(1부, 정리15)고 할 때, 그 모든 것이 과연 어떤 방식으로 신 안에 존재하는지 알아보자는 것이다.

신 안에 존재한다? 그렇다면 우선 떠오르는 이미지는 신이라는 울타리 안에서 뛰어놀고 있는 어린양들이다. 우주 삼라만상을 포괄하고 있는 신. 삼라만상으로부터 멀찍이 떨어져 쥐락펴락하는 신. 그런데 아무래도 이런 이미지는 신과 만물 사이에 건널 수 없는 거리를 부여한다는 점에서 무엇인가 석연치 않은 점이 있다. 분명 만물을 창조했고 만물을 포괄하고 있는 신인데 그 신은 만물과 떨어져 초연한 태도로 있는 것도 같고, 만물의 측면에서는 신 안에 만물로서 고립되어 있는 듯도 하다. 도대체 신과 만물 사이엔 아무런 소통의 길도 없는 것 같으며 신은 만물과 하나도 닮지 않은 존재인 것처럼 생각된다. 그런데 스피노자는 우리의 익숙한 상상력을 뒤집어 만물이란 신이 만들어놓은 어린양이 아니라 신의 속성들이 변한 형태라고 말한다. 그렇다면 이는 정말 놀라운 얘기가 아닐 수 없는데, 한갓 피조물에 불과한 양태들이 신의 본질을 표현한다고 하는 그 무한의 속성이 변한 것이라고 하는 게 아닌가. 우리는 신과 속성을 공유하고 있다! 실체의 변용으로서 양태라는 스피노자의 규정은 분명 신과 만물(인간) 사이에 공통성을 설정하고 있는 것이다.

스피노자는 "필연적으로 그리고 무한히 존재하는 모든 양태는 필연적으로 신이 가진 속성의 절대적 본성으로부터 생겨나거나 아니면 필연적이고 무한히 존재하는 어떤 변양modification에 의해 변화된 어떤 속성으로부터 생겨나야 한다"(1부, 정리23)고도 하고, "신은 무한한 지성의 영역에 들어올 수 있는 모든 사물의 작용인 efficient cause이다"(1부, 정리16, 보충1)라고도 한다. 신은 만물의 작용인인데, 그 작용의 방식이 바로 속성의 변화에 의해서라는 게 이 명제들의 축약된 의미일 것이다. 확실히 속성이 신과 양태 사이에서 일종의 매개 역할을 하고 있는 셈이다. 신과 양태들 사이엔 울타리나 심연이 아니라 바로 속성이 있는 것이다! 스피노자에게 속성은 신과 양태 사이의 공통성이자 신이 자신이 창조한 만물들을 초월해 저 초월적 영역에서 고고하게 관조하지 못하게 하는 내재적인immanent인 요소이다. 신은 자신이 만든 양태들과 무관하게 존재하는 그런 초월적인 신이 아니다. 신은 속성을 통해 자신을 양태들로 표현하고, 양태는 신의 속성들이 변용된 것이다. 따라서 신은 만물 바깥으로 나가는 초월적인 신이 아니라 만물에 내재하는 신이 된다. 한마디로 "신은 모든 사물의 내재적 원인이지 외재적transitive(타동적) 원인이 아니다."(1부, 정리18)

우리는 신과 만물 사이에 존재하는 이 속성의 공통성에 주목하기 위해 들뢰즈의 논의에 기대고자 한다.[4] 속성의 공통성은 신과 만물의 관계에 대한 모든 부정적인 해석들을 일소하고 새롭고도 긍정적인 관계를 구축할 수 있도록 해주기 때문에 무엇보다도 중요하다. 들뢰즈는 이렇게 말한다. "속성들은 피조물들과 신, 양태들과 실체에 공통적인 존재 형상(형식)들로서 직접 도달할 수 있는 것들이다."[5] 그런데 당연히 제기할 수 있는 의문은 속성들이 실체의 본질을 구성한다고 했을 뿐 양태의 본질을 구성한다고는 하지 않았다는 점일 텐데, 따라서 양태와 속성의 관계가 더 정확하게 해명되어야 할 것이다. "스피노자는 피조물들과 신 간의 형상의 동일성을 긍정하지만 어떠한 본질의 혼동도 허용하지 않는다"[6] 면서 들뢰즈는 속성들이 실체의 본질을 구성하기는 하지만 양태나 피조물의 본질을 구성하지는 않는다고 말한다. "그럼에도 그것은 공통적인 형상들이다."

신과 만물이 공유하는 것과 공유하지 않는 것

여기서 먼저 '본질essence'에 대한 스피노자의 엄밀한 규정을 살펴봐야 한다. 스피노자는 본질에 대한 기존의 규정과는 다른 자신만의 본질론을 이렇게 얘기한다. "그것이 주어지면 사물이 정립되고 그것이 제거되면 사물도 없어지는 것, 즉 본질은 그것 없이는 사물이 존재할 수도 파악될 수도 없으며, 반대로 그 사물 없이는 그것이 존재할 수도 파악될 수도 없는 것."(2부, 정리10, 주석2) 이를 쉽게 정리해보면, 본질(혹은 정의)이 주어지면 그에 따라 사물이 필연적으로 생겨나야 하고 동시에 사물이 없으면 그 본질도 결코 존재할 수 없다는 것이다. 그렇다면 본질에 대한 기존의 규정은 무엇인가? "그것 없이는 그 사물이 존재할 수도 생각될 수도 없는 것." 기존의 규정은 본질이 주어져야 사물이 있을 수 있다고 말하는 데 그치지만 스피노자는 '본질이 없으면 사물이 존재할 수 없다'는 규정에 '사물이 없으면 본질도 주어질 수 없다'는 규정을 추가하고 있다. 왜 그래야만 했을까?

우리가 자주 사용한 명제, '속성이 실체(신)의 절대적인 본질을 표현한다'의 경우 속성과 실체의 관계가 '본질'이라는 개념을 사이에 두고 구성되어 있다. 이 명제의 뜻을 스피노자의 본질론에 맞춰 해석해보면 이렇게 된다. 실체가 없으면 속성도 없고, 속성이 없으면 실체도 없다. 무한한 속성이 없으면 실체는 자신의 본질을 표현할 수 없고, 마찬가지로 실체가 없으면 속성도 더 이상 존속할 수 없다는 것이다. 그렇다면 본질론의 관점에서 속성과 양태의 관계는 어떻게 해석될 수 있을까? 양태는 앞에서 실체의 변용, 혹은 속성의 변용이라고 했으므로, 속성이 없으면 양태는 존재할 수 없다고 할 수 있을 것이나 역으로 양태가 없다고 해서 속성이 존재할 수 없는 것은 아니다. 양태가 없더라도 속성은 실체와의 관계 속에서 아주 잘 파악된다는 말이다. 연장속성과 사유속성의 변용태인 육체와 정신의 결합이 인간이라는 존재이듯이 연장과 사유 없이 인간은 존재할 수 없다. 그러나 우리와 같은 인간이 이 지구상에서 사라진다고 해서 연장속성이 존재할 수 없는 것은 아니다. 앞에서 든 표현으로 바꿔보면, 물은 양태인 한에서 사라지거나 분할될 수 있지만 양태로서의 물이 사라진다고 해서 연장으로서의 물이 사라지는 것은 아니다.

따라서 속성은 실체의 본질을 표현하는 것이기는 하지만 양태의 본질을 표현하지는 않는다. 이처럼 실체와 양태의 본질 사이엔 현격한 차이가 있다. 즉 실체와 양태 사이에 본질에 있어서의 공통점은 존재하지 않는다. (무한한 속성을 무한히 갖는) 실체가 절대적으로 무한하다면 (속성의 변용에 불과한) 양태는 유한한 존재라 당연히 본질적 차이가 있는 것이다. 그런데 이 순간 우리는 "서로 간에 공통성이 전혀 없는 사물들은 그것 중 하나가 다른 것의 원인이 될 수 없다"(1부, 정리3)는 스피노자의 명제를 떠올릴 수밖에 없게 된다. 실체와 양태 사이에 본질적인 공통점이 없는데 어떻게 신이 양태를 창조할 수 있으며 양태가 어떻게 신의 변용일 수 있단 말인가. 그리고 공통점이 없는데 어떻게 우리 인간이라는 양태가 신안에 존재할 수 있단 말인가. 실제로 신과 창조된 것들 사이의 공통성을 부정하는 올덴부르크에게 스피노자는 이 세계에 실체와 양태만 존재한다는 것, 그리고 신이 절대적으로 무한한 실체라는 점을 들어 단호히 공통성이 있다고 하는데[7] 그 비밀은 바로 속성에 있다. 본질상의 공통성은 없지만 속성상의 공통성이 있다! 이것이 속성의 비밀이자 속성의 능력이고 스피노자 철학에서 속성이 갖는 결정적인 의미이다.

이 규칙에 따를 때 속성들은 분명 실체의 본질이지만 결코 양태들, 가령 인간의 본질은 아니다. 속성들은 양태들 없이도 아주 잘 생각될 수 있기 때문이다. 그럼에도 양태들은 속성들을 감싸는 (함축하는)바, 정확히 말하면 신의 본질을 구성하는 한에서의 속성들에 고유한 그 형상으로 속성들을 함축한다. 이는 결국 속성들이 양태들의 본질들을 포함하며, 그것들을 탁월하게 표현하지 않고 형상적으로 포함한다는 말이다. 따라서 속성들은, 〈그들이 그의 본질을 구성하는 신〉과 〈필연적으로 그들을 함축하는 양태들

혹은 피조물들〉의 공통적인 형상들이다.[8]

인간의 본질, 혹은 더 넓게 말해서 피조물들의 '본질'은 무엇인가? 최소한, 속성이라고 말할 수는 없다. 인간의 본질이 사유속성과 연장속성에 의해 구성됐다고 할 수 없는 까닭은 그 속성들 자체가 무한하기 때문이고 동시에 분할 불가능하기 때문이며, 그 속성들은 인간만이 아니라 모든 양태들에 공통되는 것들이기 때문이다. 만약 연장이나 사유를 인간의 본질이라 하게 되면 우리는 다른 양태들과 인간을 구분할 수 없게 될 것이다. 따라서 속성 자체는 인간의 본질을 구성하지는 않지만 신의 본질은 표현한다. 신과 인간의 본성상의 차이, 이 차이만큼 스피노자가 강조하는 것도 없지만[9], 이 차이에 대한 무지만큼 인간에 대한 오해와 신에 대한 오해, 그리고 신에 굴종하는 인간을 만들어내는 것도 없다.

우리 인간은 생식 활동을 통해서 종족의 계속성을 유지하는 존재이므로 한 인간은 다른 인간 실존의 작용인인 셈이다. 하지만 우리는 다른 인간이 갖고 있는 '본질'의 원인일 수는 없다. 우리는 인간을 낳을 수는 있지만 인간이라는 본질 자체를 낳을 수는 없는 것이다. "한 인간의 실존이 정지된다고 해서 다른 인간의 실존이 사라지는 것은 아니다. 그러나 한 인간의 본질이 파괴되어 허위가 된다면 다른 인간의 본질도 역시 파괴될 것이고 [허위가 될 것]"(1부, 정리17, 주석)이기 때문이다. 모든 양태들은 실존 상에서는 다른 양태들에게 의존하지만 본질은 의존하지 않는다. 나는 살기 위해서 밥을 먹어야 하지만 그렇다고 인간이라는 본질이 쌀이라는 본

질에 의존하는 것은 아닌 것이다. 인간이라는 본질이 삼각형이라
는 본질에 의존하는 것이 아니듯이. 우리가 실존하는 원인도 신이
고 인간이라는 본질의 원인도 신이지만 우리의 실존이 다른 양태
들의 실존에 의존할 수는 있어도 본질들 사이엔 그런 의존관계가
없는 것이다. 양태들의 본질들은 실존하는 양태들이 만들 수도 파
괴할 수도 없는 것이고, 오직 신만을 원인으로 갖기 때문이다.

이처럼 양태들의 실존은 연장이나 사유가 아니라 연장과 사유
의 변용에 의해 구성된 것들이다. 그런 점에서 양태들의 본질과
실체의 본질은 전혀 다른 것이다. 하지만 그럼에도 속성은 양태와
실체의 공통성의 형식으로 기능한다. 무한하고 분할 불가능한 속
성들은 신의 본질을 표현하지만 양태들의 본질을 표현하지는 않
는다. 하지만 양태들은 속성들을 감싸고는 있다. 다시 말해 인간
들은 육체와 정신을 통해 연장속성과 사유속성을 함축하고 있다
는 말이다.

스피노자는 이 점에 대해 자신의 독창성을 강하게 의식한다. 피
조물들이 실존 상 신과 다른 만큼 본질상으로도 신과 다르다는
구실로 사람들은 신이 피조물들과 형상적으로 공통적인 것을 전
혀 갖지 않는다고 주장한다. 그러나 실은 정반대이다. 동일한 속
성들이, 〈그들 속에 자신을 펼치는 신〉과 〈그들을 함축하는—신
에 적합한 형상과 동일한 형상으로 그들을 함축하는—양태들〉에
대해 얘기된다. 게다가 형상적 공통성을 용인하지 않는 한 본질
들은 혼동될 수밖에 없는바 그것들은 유비에 의해 혼동된다. 그

러나 형상의 공통성을 상정하는 순간 본질들을 구별할 수단이 주
어진다.[10]

신은 만물을 창조했지만 자신과 무관한 형상으로 창조하지도
않았다. 즉 속성이라는 공통성을 통해 창조했다는 말이다. 그렇다
고 신이 인간과 비슷한 형상을 소유한다고 해서도 안 되는데, 신
의 본질과 인간의 본질이 전혀 다르기 때문이다. 신은 무한하고
분할 불가능한 속성들이라는 본질을 갖지만, 인간의 본질은 그런
속성들이 아니며, 인간은 오직 속성들의 변용에 의해서만 구성될
뿐인 것이다. 이런 본질상의 차이에도 불구하고 신은 자신의 속
성들을 양태들로 펼치고, 양태들은 자신 속에 속성들을 함축한다.
이 속성들의 공통성에 대해 들뢰즈는 이렇게 말하면서 그 의미의
중차대함을 강조한다. "만일 깊이 숨겨진 이론으로서의 이 방법에
끝내 이름을 부여해야 한다면 거기서 위대한 일의성(univocity, 一義
性)의 전통이 어렵지 않게 확인될 것이다."[11]
　만물이 신 안에 있다는 것은 신이라는 울타리 안에 양들처럼
존재하는 것이 아니라 바로 속성의 공통성을 통해 신의 변용으로
서 존재한다는 말이다. 신 안에 있다는 것은 각 양태가 신의 본질
을 구성하는 속성들을 감싸면서 존재한다는 뜻이다. 따라서 신과
피조물들은 다의적(多義的)인 방식이 아니라 속성의 공통성에 의
해 동일한 의미로, 공통의 형식으로 말해진다는 것, 이것이 바로
'일의성'의 의미이다. 그래서 신은 피조물 바깥에 존재하는 외재
적이고 타동적이며 초월적인 원인이 아니라 만물에 내재하는 원

인이라고 말할 수 있는 것이다. 철학사에서는 대체로 '무한'이 유한에 대해 배타적이고 외재적인 방식으로 정의되어왔다고 한다. "완전히 무규정적이어서 존재의 세계에서 추방되어야 할 열등한 것(아페이론)으로, 아니면 그 반대로 존재의 세계보다 한없이 우월한 초월적인 것(신)으로 말이다." 그런데 스피노자 철학의 특이성이란 이 무한이 내재적인 것으로 자리매김해왔다는 점이라고 한다. 즉 무한이 "어떤 본성의 존재에 대한 절대적 긍정"이라면, 유한은 "이에 대한 부분적 부정"(1부, 정리8, 주석1)으로서 "유한은 무한과 공약 불가능한 것이 아니라 무한의 '부분적 부정'에 불과하게" 되고, "무한과 유한은 신(실체)과 양태 각각에 배타적으로 귀속되는 것"[12]이 아니라는 점이다.

　만약 신과 피조물 사이에 속성상의 공통성이 없었다면 우리는 신과 아예 만날 수도 없었을 것이다. 일의적인 대신 다의적이라면 우리가 어찌 신을 인식하고 신의 '뜻'을 이해할 수 있을 것인가. 이해할 수도 없고, 인지할 수도 없는 신, 그런 신이 어찌 우리에게 공포의 신이 되지 않을 수 있으며, 그의 말씀대로 살지 않으면 일벌백계하겠다는 도덕적이고 전제군주적인 신이 되지 않을 수 있겠는가. 양태들이 감싸고 함축하고 있는 속성들을 신은 자신의 본질로 펼치기 때문에 우리는 스피노자의 속성 개념과 더불어 신과의 공포스런 도덕적 관계를 끝내고 훨씬 더 긍정적이고 명랑한 관계 속으로 들어갈 수 있게 되는 것이다. 우리는 유한하지만 그럼에도 속성이라는 공통성을 통해 신을 이해할 준비가 되어 있는 것이다. 이제 죄와 벌이라는 끔찍한 해석의 체계는 우리 인간의 삶을 재단할 수 없게 된다. 스피노자의 신은 이렇게 인간을 도덕이라는 무능력과 공포로부터 해방하는 긍정의 신이다.

스피노자의 유머:
탁월한 삼각형과 탁월한 원의 오류

신과 피조물이 본질과 실존의 차원에서 다르다는 것을 구실로 신과 피조물 사이의 공통성을 부정하는 견해들이 모든 신학을 지배해왔다. 당연한 얘기겠지만 신과 인간(만물)의 공통성처럼 저들을 기분 상하게 하는 이론은 없을 것이다. 저 숭고한 신이 이 타락하고 왜소한 인간과 공통된 특성을 갖는다는 주장이야말로 참으로 지독한 신성모독일 테니 말이다. 자신의 형상대로 인간을 지었다는 신이 어찌 인간이 아닌 다른 만물들과도 공통성을 공유한단 말인가. 이것 또한 신성모독이다. 그런데 저들이 이해하지 못하는 게 있다면 그것은 바로 스피노자의 '공통성'이라는 개념이다. 그것은 인간 형상과의 공통성도 아니고 만물 형상과의 공통성도 아닌, 우리 유한한 인간의 상상력으로는 도무지 정확히 그려내기도 어려운, 속성상의 공통성이 아닌가. 무한하고 분할 불가능한 속성은 어떤 양태도 감히 닮을 수도 없는 그런 것이다. 인간주의적으로 채색된 공통성을 지워야 비로소 보이는 게 스피노자의 신이고 인간이다. 스피노자의 공통성을 이해할 수단도 없이 이 신과 인간의 공통성을 부정하는 자들이 가장 경계하는 것이 있으니, 그것은 바로 신인동형론anthropomorphism이다. 어떻게든 피해야 하는 것이 신인동형론이었고, 그래서 인간과 신이 결코 비근해지지 않는 방식으로 신을 사유하려 노력해왔던 것, 그것이 신학의 역사였을 것이다.

신과 인간, 혹은 만물 사이의 공통성을 부정하는 이들은 도대체 신을 어떻게 이해하고 있으며 신을 어떻게 인식하는 것일까? '유비추론analogy'이라는 방식이 있으니 그야말로 교묘한 속임수가 아닐 수 없다.[13] 수학 공식처럼 표현하면 '신 : 무한한 선(善)=인간 : 유한한 선', 이렇게 된다. 신과 무한한 선의 관계는 인간과 유한한 선의 관계와 같다. 단, 신의 '선'과 인간의 '선'은 결코 같은 의미가 아니어야 한다는 조건 속에서(즉 다의성). 신과 인간이 선을 공유하는 데 있어 무한성과 유한성에서만 차이가 날 뿐이라고 하게 되면 양적 차이만 존재하는 신인동형론이 되고 말기 때문이다. 신의 속성인 절대적인 선과 인간의 속성인 유한한 선은 절대 동일한 의미에서(즉 일의적으로) 해석되어서는 안 된다.

그런데 문제는 이렇게 다의적으로 해석해야 한다는 조건을 받아들이는 순간, 우리는 신이 갖고 있는 그 절대적인 선을 이해할 방도가 없다는 사실이다. 인간들의 선한 행위는 대충 이해할 수 있다. 그러나 인간적인 의미의 선이 아닌, 신적인 선이 무엇인지, 인간의 선과 비교하지 않고, 즉 일의적으로 해석하지 않고 도대체 어떻게 알 수 있단 말인가. 그래서 저들이 신인동형론을 피하기 위해 만들어낸 유비추론도 결국 신인동형론이 되고 만다. 신의 선을 이해할 수 있는 방법은 단지 인간적인 선을 이해하고 그 인간의 선을 신에게 투사해야 하기 때문이다. 신의 선을 아예 이해하지 못하거나 아니면 신인동형론이 되거나.

　이런 패착은 선이라는 속성[14]에만 해당하는 것이 아니다. 저들은 인간의 지성보다 훨씬 "탁월한eminent" 지성을, 인간의 의지보다 탁월한 의지를, 인간의 지혜보다 탁월한 지혜를 전지전능이라는 이름 아래 신에게 부여한다. 인간의 지성보다 탁월한 지성은 인간의 이성적 인식보다 더 완벽한 이성이라는 말로 이해될 수밖에 없는데, 이러면 저들은 신인동형론을 들어 비판한다. 탁월한 지성은 그런 의미가 아니라고. 인간과 지성의 관계는 신과 탁월한 지성의 관계와 같을 뿐이라고. 하지만 이들의 설득에도 불구하고 다의적인 방식으로는 신의 지성을 이해할 방법이 도무지 없다. 신에 대한 유비추론적인 인식 방법은 정확히 볼 때 "피조물들에게서 몇몇 특징들을 따와서 그것들을 신에게 다의적으로 귀속시키거나 탁월한 것으로 귀속시킨"[15] 것에 불과하다. 따라서 들뢰즈의 말처럼 "위험하고도 교묘한 신인동형론"이라 하지 않을 수 없다.

　신과 인간의 공통성을 부정하고자 하는 이런 신학적 입장들, 그렇지만 결국 교묘한 신인동형론으로 추락하고 마는 신학적 입장들에 대해 스피노자는 다음과 같은 유머로 응수한다. 만일 삼각형이 말을 할 수 있다면 그 삼각형은 신이 마치 탁월한 삼각형과 같다고 말할 것이고, 원은 신의 본성이 탁월하게 둥글다고 말할 것이다.[16] 이런 농담이 잘 이해되지 않는다면 다음과 같은 것은 어떤가? "인간을 완전하게 만드는 그러한 속성들을 신에게 귀속시키는 것은 코끼리나 당나귀를 완전하게 만드는 속성들을 인간에게 귀속시키는 것만큼 잘못된 일이 될 것이다."¹⁷ 코를 잘 쓰는 코끼리가 자신의 완전성을 코의 완전성에서 찾고, 평소 자신이 존경하는 인간에게 그 코의 완전성을 부여하면서 인간의 위대함을 상상한다면 그 어찌 인간에 대한 곡해이자 모독이 아니겠는가. 마찬가지로 말을 하는 삼각형이라면 탁월하게 삼각형적인 것을 신이라 부를 테고, 말을 하는 원은 탁월하게 둥근 것을 신이라 부를 터이다. 도대체 '탁월한 삼각형'은 어떻게 생긴 삼각형이고 '탁월한 원'은 또 어떻게 생겨먹은 동그라미인가. 이등변삼각형에 비해 정삼각형이 더 탁월한 삼각형이라고 누가 말할 수 있을 것이며, 인간이 행한 선한 행위보다 더 탁월하면서도 인간이 이해할 수 없는 신적인 선함이 무엇인지 누가 알 것인가.

> 유비의 방법은 신과 피조물들에 공통적인 형상들이 있다는 것을 부정한다. 그러나 그 방법은 자기가 비난하는 위험을 피하기는커녕 피조물들의 본질과 신의 본질을 계속해서 혼동한다. 그것은 어떤 때는 사물들의 질들을 신에게만 본래적으로 적합한 규정들로 환원해 사물들의 본질을 제거하고, 또 어떤 때는 피조물들이 형상적으로 소유하는 것을 탁월한 것으로 신에게 돌려 신의 본질을 제거한다.¹⁸

신과 피조물 사이에 그 어떤 공통성도 없다면서 신과 피조물(인간)의 거리를 무한히 벌려 신의 숭고함을 고양시키는 대신 인간의 누추함은 더욱 강조하는 이들은 유비의 방식으로 신을 규정할 수 있을 것이라 생각한다. 그럼에도 자가당착 속에 빠질 수밖에 없다. 왜냐하면 저들이 유비의 방식으로 전하는 신의 속성은 실상 인간이나 피조물들의 특징을 확대하거나 과장한 것에 불과하기 때문이고, 이를 통해 오히려 신의 본질을 제거하는 우를 범하는 일이 되기 때문이다. 최고의 선과 최고의 지성과 최고의 의지와 최고의 지혜와 최고의 완전함 등 이들이 신의 본질이라고 생각한 모든 것들은 실상 인간적인 특질을 과대 포장한 것에 불과한 것이다. 아무리 탁월한 지성과 탁월한 의지를 갖는다고 해도 그것은 이미 인간적인 본성의 지성이자 의지라는 사실은 숨길 수 없는 노릇이다.

이렇게 "우리는 신에 무한한 정의와 자비를 부여한다. 무한한 입법적 지성과 창조적 의지, 심지어는 무한한 목소리, 손, 발까지도 신에 부여된다."[19] 그래서 스피노자는 신의 본질과 피조물의 본질을 착각하지 말지며, '별자리의 개'와 '짖어대는 개' 사이에 닮은 점이라고는 그 '개'라는 명칭밖에는 없듯이 신의 본질과 피조물의 본질 사이에도 아무런 공통점이 있을 수 없다고 주장하는 것이다(1부, 정리17, 주석). 신의 본질과 인간의 본질을 명확히 구분하려고 했던 저 유비추론의 신학자들은 도리어 둘 사이의 본질을 혼동하고 혼합해버리고 말았던 것이다. 들뢰즈에 따르면 지금까지 신의 본질이라고 얘기됐던 모든 '속성들'은 사실 신의 속성들이 아니었다는 것이다.

들뢰즈는 신에 대한 그런 가짜 속성들을 세 범주로 분류해서 일목요연하게 제시하고 있는데[20] 이 들뢰즈의 설명과 더불어 이제 본질상 더 이상의 착각은 금물이다. 첫 번째 범주는 모든 속성들에 대해 얘기되는 무한함, 완전함, 불변함, 영원함, 그리고 사유나 연장과 같은 특정 속성에 대해 얘기되는 전지함, 편재(遍在)와 같은 성질들이다. 지금까지 이런 자질들이 신의 본질에 속하거나 신의 본질을 표현한다고 얘기됐는데 실은 그것은 신도 아니고, 심지어 신의 속성도 아니며 단지 속성의 한 양상modality에 불과하다는 것이다. 가령 '무한함'이 실체(신)의 본질이 아니라 각 속성의 한 양상이라면(왜냐하면 실체는 절대적으로 무한하므로), '전지함'은 실체의 본질이 아니라 사유속성의 무한한 양상에 불과하며, 편재함이라는 특징은 연장속성의 무한한 양상이라는 것이다.

두 번째 범주는 생산하고 창조하는 원인으로서 신에 관련되는 특성들인데, '만물의 원인'이나 '예정조화', 혹은 '섭리'와 같은 것들이 그에 해당하는 개념들이다. 그러나 만물의 원인이라는 개념은 신이 아니라 신에 속한 모든 속성들의 특정한 양상들이고, 섭리는 특히 사유속성만의 무한한 양상에 불과한 것이다. 세 번째 범주는 아예 신에게조차 속하지 않는 것들인데 '최고로 선한 자로서의 신', '최고로 자비로운 자로서의 신', '최고로 정의로운 자로서의 신'과 같은 설명들이다. 사실 이런 규정들은 신의 본질이 아니라 "피조물들이 신을 상상하는 방식만을 지시하는 비본질적 규정들"에 불과하다. 특히 이 세 번째 범주가 큰 문제를 야기하는데 왜냐하면 바로 이런 규정들이 우리로 하여금 신에게 복종하게 하고 신을 섬기도록 만들며, 동시에 인간을 비하하도록 하는 상상적 통념들이기 때문이다. 누구를 우리 삶의 모델로 삼을 것인가. 바로 최고로 선한 신. 누구에게 복종하는 게 가장 이로울 것인가. 바로 최고로 정의로운 신. 우리의 구원을 위해 누구를 믿을 것인가. 바로 최고로 자비로운 신.

최고로 선하고 자비롭고 정의로운 신에 대한 숭배는 오히려 인간에 대한 부정에 이른다. 인간의 고유한 자질이라고 말해지는 정의justice보다 더 탁월한 정의를 갖는 신, 따라서 인간에 대한 궁극적인 '부정'. 인간과 유한한 자비의 관계는 신과 무한한 자비의 관계와 같다? 인간의 자비라는 자질이 긍정됐음에도 그런 자비는 신의 자비에 비해 그 의미에서도, 질적인 가치에서도 턱없이 모자란다는 '부정'. 신의 선 속에서 차지하는 인간적 선의 무한한 비루함을 강조하고 마는 인간의 선. 이처럼 "긍정되는 것 안에 유비가 도입되기 때문에 그릇된 부정 개념이 형성된다." 더 중요한 것은 "긍정은 일의적이기를 멈추거나 그 대상들에 대해 형상적으로 긍정되기를 멈출 때 더 이상 긍정이 아니"[21]라는 사실이다. 신의 본성을 인간적인 자질을 통해 유추할 때 우리는 세계에 대한, 그리고 인간에 대한 부정적인 규정에 빠져들고 마는 것이다.

들뢰즈는 신의 본성이 언제나 저런 가짜 속성들과 혼동됐기 때문에 신이 정의된 적이 없다는 게 스피노자의 주요 테제 가운데 하나라고 한다. 스피노자의 속성 개념은 결코 부정과 관계하지 않는다. 유비에 의한 긍정에 속하지도 않고 탁월성에 의한 부정에도 속하지 않는다. 신과 피조물이 속성이라는 공통성을 중심으로 구성된다는 것, 신이 속성을 탁월하게 소유하는 것도 아니라는 것, 이 모든 것이 긍정의 철학을 만든다. 만물을 구성하는 속성들, 바로 그런 속성들로 구성된 게 신이라는 것. 이것이야말로 만물에 대한 긍정, 이 세계에 대한 완전한 긍정이 아니고 무엇이겠는가. 들뢰즈의 말처럼 "긍정은 《에티카》 전체가 의존하고 있는 사변적 원리이다."[22] '자체 내에 존재하는 실체'와 '타자 안에 존재하는 양태들' 모두에 대해 속성의 공통성을 부여함으로써 신에 속한 것과 인간과 만물에 속한 것이 동일한 의미로 이해되고, 그럼으로써 일의성의 철학은 긍정의 철학이 된다. 이렇게 우리보다 더 완전하고 고고하게 저 멀리 존재하는 신이 피조물의 삶으로 하강한다. 일의성의 의미에 따르면 신은 자신을 구성하는 속성들을 변형시켜 피조물을 만들고 있다고 하지 않는가.

3

신에 대한 오해와 스피노자의 성서해석학

《신학정치론》과 성서해석학

수많은 신학자들과 철학자들은 한결같이 완전성, 전능, 편재, 최고선, 최고의 자비와 같이 양상들에 불과한 것들을 신의 본질인 것처럼 이해해왔다. 신은 이처럼 스피노자 이전까지 그 본질 속에서 정당하게 파악되지 않았던 것이다. 그런데 아무리 신에 대해 이성적으로 규정하자고 해도, 모든 사람들이 보편적으로 받아들일 수 있는 신에 대한 규정이 필요하다고 주장해도 신학자들을 설복할 수 있는 힘은 없다고 스피노자는 절망했던 것 같다.[1] 보편적이고 참된 인식인 이성적 인식이 신학자들과 대중들에게는 통하지 않는다는 절망감, 이런 절망감과 더불어 스피노자는 신의 본성이 지금까지 오해되어왔던 이유를 탐색하면서 오히려 성서를 그 돌파구로 삼아 작업하기 시작한다. 모든 신앙의 기초인 성서에 있는 내용만을 정확하게 분석해서 제시한다면 최소한 이것은 받아들이지 않겠는가 하는 희망 속에서. 저들이 진리의 근거로 삼는 성서에 기초한 신에 대한 규정이야말로 이성적 증명을 거부하고 있는 자들이라고 할지라도 감히 거부할 수 없지 않겠는가 하는 희망 속에서. 그렇게 해서 쓴 책이 바로《신학정치론》(1670)이다.

　그렇다면 사태는 스피노자의 뜻대로 됐던가? 익명으로 출판된 이 책이 스피노자의 저서라는 사실은 금방 알려졌고, 당장 금서로 지정됐으며, 모든 사람이 스피노자를 비난하고 나섰다. 스피노자를 비난하지 않는다는 비난을 받을까봐, 스피노자에 대한 비판이 약하다는 소리를 들을까봐 앞서서 비난하고 비판하는, 비난의 악순환이 이어졌다. 스피노자는 다시 침묵 속에 빠질 수밖에 없었다. 그는 다시 고독 속으로 침잠했다. 신중하게 사람을 가려서 만났고, 신중하게 서신을 교환했다. 라이프니츠에게《에티카》초고를 보여주자는 친구들의 제안에도 불구하고 라이프니츠가 어떤 사람인지를 먼저 확인할 정도였다. 이 모든 것은 신의 본성에 대한 오해 속에서 빚어진 일이었다. 이 본성에 대한 오해를 풀기 위한 책마저 그 오해 속에서 저주의 대상이 됐고 오해는 결코 풀리지 않았다. 스피노자 생전에 자신의 이름으로 출판된 책은《데카르트 철학의 원리》(1663)가 유일했다.《에티카》는 인쇄에 들어가려 했으나 이런 증오의 분위기 속에서 좌절됐고, 사후에도 아주 은밀히, 그리고 가까스로 전집의 출판이 가능했다. 출판인에 대한 신변 위협 속에서 출판지와 출판인의 이름도 기록되지 않은 채로 말이다.[2]

　도대체 왜 그렇게 신의 본성이 오해되어왔던 것인가. 왜 오해는 쌓이고 쌓여 그 어떤 이성적인 방법도 해결의 실마리를 찾을 수 없었던 것인가. 오해를 풀고자 하는 스피노자로 하여금 그 오해의 희생자가 되도록 만든 이 증오의 연쇄는 도대체 어떻게 해서 만들어진 것이란 말인가. 우리는 그 이유를 찾아야 한다. 스피노자가 풀어냈지만 결코 받아들여지지 않았던 그 오해, 그것은 지금 우리 시대에도 진행형이다. 스피노자가 보기에 그것은 성서 해석의 오류, 즉 성서를 해석하는 참된 방법의 부재에서 기원한다. 저들은 성서에 등장하는 것이야말로 신의 말씀이고, 신의 표현이며, 신의 현시라고 생각했다. 과연 그런가? 성서에 나타나는 신에 대한 규정이나 신의 말씀이라고 간주된 것들은 정말 신이 몸소 표현한 것인가? 신성한 텍스트라 할지라도 그것은 결국 인간이 저술한 것이 아닌가. 인간의 저술이라면 인간적인 해석이 개입하지 않았겠는가. 그러므로 성서 해석의 참된 방법은 성서의 정체와 의미, 성서의 목적에 대한 비판적 고찰, 다시 말해 "저 신성한 텍스트의 기획"에 대한 "역사적이고 비판적이며 내적인 방법"[3]을 요하는 것이다.

성서 속의 신이 신의 본질의 표현이라면 성서에는 왜 그토록 신에 대한 모순적인 표현들이 많은가? 신은 자신의 의지를 결코 바꾸지 않는다고 했다가 어떨 때는 바꿀 수 있다고 했다. 신이 절대적인 존재라면 이런 모순은 존재해서는 안 되는 것일 텐데, 그렇다면 이런 모순을 어떻게 해석해야 하는 것인가? 성서가 혹시 신의 본성을 계시하는 책이 아닐지도 모른다면 어떻게 되는가? "종교적 계시는 신의 본성을 대상으로 하는가?" "그것은 우리에게 신의 본성을 인식시키는 것을 목적으로 하는가?"[4] 이런 성서에 대한 질문을 오직 성서를 기초로 해서 풀어간다는 것, 이것이야말로 그 어떤 신학자도 달성하지 못한 스피노자만의 위대한 업적이자 전략이라고 할 것이다. 도대체 이 신성한 책은 어떤 책인가? 다른 모든 외적인 권위나 초월적인 비평의 방법을 떠나 철저히 성서에 기초해 내재적으로 해석해보자. 성서에 없는 것은 결코 받아들이지 말자. 성서에 있는 것만을 말하자. 그럼에도 이 해석을 받아들일 수 없다면 이제 우리가 어떻게 할 수 있는 방법은 없다. 왜냐하면 성서에 기초한, 성서에 대한 역사적이고 내재적인 비판적 해석 말고 이 신학적 증오의 연쇄를 끊을 수 있는 스피노자 식 방법 이외에 우리에게 남은 방법이 없기 때문이다.

스피노자의 분석 방법을 보자.[5] 예를 들어 성서에서 모세는 '신은 불이다'고도 하고 '신은 질투심이 많다'고도 말한다. 그렇다면 신은 불의 속성을 갖는 존재라고 해석해야 하는가? 물론 이런 해석은 유치하기 그지없는 엉터리다. 정확한 해석을 내리려면 모세가 성서의 다른 구절에서 신에 대해 어떻게 규정하고 있는지 비교해보는 것이 급선무이기 때문이다. 모세는 신이 하늘이나 땅이나 물에서 눈에 보이는 사물과 닮지 않았다고 여러 차례 얘기하고 있으니 '신은 불이다'는 구절은 신의 본성에 대한 표현이 아니라 비유적인 표현으로 읽어야 한다. 그런데 관용적으로 '불'은 노여움이나 질투의 의미로 성서의 다른 구절에서 자주 사용되고 있으므로 '신은 불이다'와 '신은 질투심이 많다'는 두 진술은 사실상 동일한 진술이라고 할 수 있겠다. 물론 우리가 보기에 신이 질투한다는 모세의 말을 이성적으로 받아들이기는 어렵다고 해도 모세가 신이 질투와 같은 정념에 빠지지 않는다고 말한 적도 없기 때문에, 우리는 신에게 질투하는 본성이 있다는 것이 아니라, 최소한 모세의 경우에는 신이 질투하는 존재라고 믿었다고 결론을 내릴 수 있다.

바로 이런 것이 스피노자가 말하는 성서에 대한 내재적 해석 방법이다. 성서의 의미를 우리의 선입견이나 이성에 의해 단정하지 않고, 제아무리 기묘한 내용일지라도 성서 내적으로 합당하다면 받아들이는 것. 이렇게 성서에 대한 인식을 오직 성서에 대한 탐구에서만 찾는 것. 이것이 스피노자가 모든 불필요한 신학적 논쟁과 신의 본질에 대한 오해를 불식시키기 위해 사용한 텍스트 해석학인데, 이런 방법은 역사적인 분석술까지 포함하고 있어 스피노자의 해박한 지식과 함께 논증의 정밀성까지 돋보이게 한다. 헤브라이어로 쓰인 성서가 번역되는 와중에 그 의미의 변천이 많다는 점, 그리고 원저자에 대한 지식도 거의 없다는 점, 저자가 누구를 대상으로 설교했는지 정확히 알 수도 없다는 점 등 성서에 대한 우리의 역사적 지식 자체의 불충분함 때문에 성서에 대한 해석은 신중해야 한다는 것이다.

예를 들어 그리스도가 '만일 누군가 너의 오른쪽 뺨을 때린다면 그에게 왼쪽 뺨도 내밀어라'고 했을 때 이 언명이 통용될 수 있는 역사적 문맥은 무엇일까? 만약 판관의 입장에서 이런 말을 했다면 국가의 법질서는 유지되지 못했을 것인데, 범죄 행위에 대한 정당한 징벌, 그것이 국가의 정의와 법을 유지하는 기본일 테니까 말이다. 따라서 그리스도의 언명을 이해하는 방법은 그리스도가 과연 판관의 처지에서 발언했던 것인지 아닌지 따져볼 것을 요청하고, 동시에 성서에 그와 같은 언명이 어떤 용법으로 쓰이고 있

는지 비교하는 일도 요청한다. 그러나 우리가 익히 알듯이 그리스
도의 사명은 법률을 제정하는 입법자가 아니라 도덕적인 교사로
서 도덕적 가르침을 설교하는 것이었으니 당연히 인간의 외면적
인 행동보다는 영혼을 개선하는 데 전념했을 것이다. 그리고 성서
의 다른 구절, 가령 예레미야도 당장 멸망할 것 같은 도시에서 그
리스도와 동일한 가르침을 보여주고 있다는 점도 참조해야 한다.

이를 통해 내릴 수 있는 결론은 율법으로서는 어디에서도 발표
된 적이 없는 이 교의를 (예수를 비롯한) 예언자들이 가르쳤다면 그
것은 오직 압제의 시기에만 통용되는 명제라는 사실이다. 반면 헤
브라이 민족국가의 탄탄한 기초를 마련하고자 했던 모세는 이웃
에 대한 복수를 비난하고 이웃에 대한 사랑을 권하기는 했지만 그
럼에도 '눈에는 눈, 이에는 이'라는 복수의 원칙을 요구하고 있었
다. 판관으로서 예언자에게 필요한 것이 정의의 확립이라면 도덕
교사로서 예언자에게 필요한 것은 위법 행위에 대한 관용이나 악
한 자에 대한 복종일 것이다. 그러므로 그리스도와 예레미야의 언
명은 국가적 기초가 탄탄할 때나 국가적 기초를 마련하고자 할 때
의 가르침이라 할 수 없다. 오히려 국가가 소멸되는 상태이거나
국가적 정의가 무시되는 압제의 시기에만 적용되는 가르침이라고
할 수 있을 것이다. 이렇게 성서의 구절을 해석할 때 그 구절이 기
초하는 역사적 문맥을 제대로 고려하지 못하면 성서의 의미는 왜
곡되고 해석 간의 다툼과 증오로 인해 사회적 불화가 발생하게 될
것이다.

신의 본성에 대해서도 마찬가지다. 신은 존재하고 유일하며 전

능하다는 것, 그리고 신만이 숭배의 대상이고 신은 모두를 보살 핀다는 것, 신을 숭배하고 이웃을 자신처럼 사랑하는 사람을 신 이 특히 사랑한다는 것, 이것이 성서에 나타난 신에 대한 묘사들 이다. 신에 대한 이런 다양한 표현들은 성서 도처에서 명확히 확 인할 수 있기 때문에 신이 이렇게 말했다는 것, 혹은 신의 성격이 그렇다는 주장을 거부할 수는 없다. 그러나 성서의 그 어떤 구석 에서도 결코 밝혀낼 수 없으며 성서가 공식적으로도 가르치지 않 고 있는 사항이 있다면 그것은 존재하는 신이 도대체 어떤 존재인 지, 전지전능한 그가 만물을 어떻게 생각하고 규정하는지 하는 것 들이다. 정확히 말해서 성서는 결코 신의 본성을 이성적이고 철학 적으로 규정하지 않았던 것이다. 대신 성서는 인간에게 '계시'의 형태, 즉 인간적 표상이나 상상적 형태, 상상적 관심의 방식으로 만 신을 보여준다. 불이나 칼, 권좌에 앉은 존재로 말이다. 이는 신 의 상상적 이미지이지 신의 본성의 표현일 수 없다. 만약 이런 '계 시'들을 신의 본성으로 간주하게 되면 우리는 성서가 말하지 않은 것, 즉 철학적 관심의 대상일 뿐인 신의 본성을 오해하게 되는 것 이다.

성서의 목적:
오직 대중을 위한 복음서

성서는 유일한데도 성서를 둘러싼 종교적 갈등은 끊이지 않는다. 이런 사태를 마르크스주의와 비교해보면 어떨까? 마르크스주의도 마르크스와 레닌의 텍스트에 대한 해석을 둘러싸고 수많은 이론들이 존재했고, 이를 둘러싸고 격렬한 노선 투쟁이 있었다. 이렇게 보면 하나의 텍스트에 대한 다양한 해석은 어쩌면 당연한 현상일지도 모르겠다. 하지만 그럼에도 신학적 텍스트와 마르크스주의 텍스트 사이엔 차이가 있는데, 성서가 (베스트셀러답게) 대중들도 이해할 수 있는 쉬운 텍스트라면 마르크스의 원전은 전문가들이 봐도 쉽지 않은 텍스트다. 난해한 텍스트가 여러 갈래의 해석을 낳는 것이 당연하다면 대중들의 지적 수준에 맞춘 텍스트는 일정하게 해석의 동일성이 보장되어야 하는 것이 아닐까? 그런데도 왜 이렇게 다양한 해석과 종교적 갈등이 발생하는 것일까? 그 이유는 분명 텍스트 자체에 있다기보다는 그 텍스트를 해석하는 자의 분석 능력 때문이라고 해야 할 것이다. 텍스트 상의 모순을 모순이 해결되는 방식으로 해석할 수만 있으면 텍스트의 의미는 분명해질 터인데도 그렇지 못한 까닭을 스피노자는 성서의 해석자들이 철학적 관심의 대상과 신학적 관심의 대상을 혼동하고 있기 때문이라고 생각한다.

사람들은 일반적으로 성서의 가르침에 따라 살려는 노력이 도대체 없는 듯이 보이기 때문이다. 우리가 보고 있는 것은 거의 모든 사람들이 그들 스스로의 생각을 신의 말씀으로 과시하려 드는 것이며, 그들의 주요 목적은 종교를 핑계 삼아 자신들이 생각하는 대로 다른 사람들 역시 똑같이 생각하도록 강요하는 것이다. 말하건대 대체로 신학자들의 주요 관심은 성서에서 자신들이 멋대로 날조한 생각들을 억지로 끌어내는 것이었는데, 그들은 이것들에 대해 신성한 권위를 주장한다.[6]

성서에 정확히 표현되지도 않은 자신만의 생각을 신의 말씀이나 신의 본성으로 간주하도록 강요하는 신학자들. 신의 (철학적이고 이성적인) 본성에 대한 '인식'과 신의 본성에 대한 '믿음' 사이의 "본성적 차이"에 대해 무지한 신학자들. 따라서 성서가 말하지 않은 것은 결코 말하지 말 것, 더 정확히는 성서가 목표로 하는 것 이상을 결코 성서의 의미로 주장하지 말 것, 이것이 종교에 의해 발생하는 인간들의 증오와 전쟁을 예방하기 위해 스피노자가 사용한 해석 방법이다. 그렇다면 스피노자가 생각하는 성서의 목적은 무엇인가? 그에 따르면 성서의 주요 목적은 "단지 복종을 가르치는 것"이기에 성서는 "복종을 위한 훈련"이고 "복종을 촉진하는 수단들"이지 결코 "지식을 전하는 수단들"이 아니라는 것이다. 성서는 순종을 위한 신성한 교육서인 까닭에, 성서의 목표는 오직 신의 가르침에 따라 살 것, 즉 이웃에 대한 사랑만이 신에 대한 순종이라는 것이다. 따라서 성서가 비난하는 점은 결코 무지가 아니라 신을 사랑하지 않고 이웃을 사랑하지 않는 어떤 "완고함"이다. 성서가 이런 목적을 달성하는 방법으로는, 모세의 경우 "서약, 맹세들, 공여 받은 이익들로 그들을 묶어두"고, "처벌의 위협 아래 사람들이 계율에 복종하도록" 만들고, "한편으로 보상을 약속함으로써 사람들에게 그것을 권유"하는 식이다.[7] 죄와 벌, 선행과 보상, 이런 것이 성서를 지배하는 인간 관리의 테크닉이므로 성서는 진리/비진리와 같은 이성적 영역이 아니라 순종/처벌과 같은 도덕적 영역에 관련된다고 할 수 있다. "정의와 자선을 사랑하는 지고한 존재가 있으며, 모두는 구원받기 위해 그분에게 복종해야만 하고, 정의와 자신의 이웃에 대한 자선을 실행함으로써 그분을 숭배해야만 한다는 것."[8] 이성의 영역이 "진리와 지혜"라면 신학의 영역은 "경건과 순종"이다. 이 둘 사이에 대한 정확한 분별, 혹은 본성적 차이에 대한 인식, 이것이 스피노자가 《신학정치론》에서 찾아낸 절묘한 답이라 할 수 있다.

그렇다면 많은 사람들이 (신의 본질에 대한 스피노자의 철학적 규정을 비난하는 것처럼) 이성을 경멸하는 것은 물론 모든 불경의 근원으로 이성을 지목하고 있는데, 이것이 과연 성서에 기초한, 성서가 가르치고자 하는 내용일 수 있는가? 무엇보다 중요한 것은 인간의 모든 불화의 근원에 성서에 대한 해석이 가로놓여 있다는 사실이다.[9] 그래서 스피노자는 당시 광범위하게 받아들여지는 데카르트의 어법과 철학적 방법을 빌려와 성서에서 명확하게 이끌어낼 수 없는 그 어떤 것도 자명한 것으로 받아들이지 않을 것임을 맹세한다. 예언은 무엇이고, 예언자는 어떤 사람이고, 신이 예언자에게 계시될 때 어떤 방식으로 계시되는지, 그리고 기적이 자연 법칙의 예외로서 신의 표현인지, 성서가 이성을 부정하도록 가르치는지 하는 여러 논쟁적 사안에 대해 오로지 성서만을 기초로 해서 해답을 제시하려 한다. 예언자들은 모든 대중들이 쉽게 이해할 수 있는 매우 단순한 교리만을 가르쳐왔다는 것, 따라서 성서가 이성을 거부한다거나 철학의 영역에 들어올 수 있는 게 아니라는 것. 신학과 철학의 영역이 전혀 별개라는 사실.[10] 성서를 논할 때는 철학을 괄호 쳐야 하고, 반대로 철학(이성)을 논할 때는 신학을 괄호 쳐야 한다는 것.

삼각형의 내각의 합이 2직각이라는 것은 보편적인 명제다. 즉 이성적 인식은 보편성을 갖는다. 그런데 문제는 이런 인식에 도달하기가 매우 어렵다는 사실이다. 길게 연결된 명제들을 하나하나 이해해야 하고, 그 연결들에 논리적인 빈틈은 없는지 확인하는 신중함과 예리함과 자제의 능력도 요청되기 때문이다. 대부분의 사람들은 이런 까다로운 이성적 인식보다는 경험이나 전해들은 풍문으로부터 확인할 수 있는 손쉬운 배움을 더 좋아하는 법이다. 그러니 만약 국민 전체나 인류 전체를 대상으로 어떤 깨달음이나 중대한 가르침을 전하고자 한다면 당연히 보통 사람이 받아들일 수 있는 이해력을 고려해야 할 것이다. 성서가 먼저 한 국가의 국민에게 계시됐고 나중에 인류 전체를 위해 계시됐다는 명백한 사실은 성서의 문체나 성서의 내용이 이미 보통 사람들의 이해력에 맞춰 기술됐으며 보통 사람들의 경험에만 호소할 수밖에 없었다는 사실을 분명히 말한다.[11] 소수가 아닌 다수를 위한 복음이라는 것, 이것이 성서에 대한 해석적 토대이자 시금석이다.

그렇다면 이 다수는 성서에서 무엇을 보고, 주로 무엇에 반응하는가? 당연히 이성적인 보편성보다는 자신들의 정신에 강렬하게 다가오는 것들이나 자기 삶에 유익하게 보이는 교훈들일 것이다. 더 쉽게 말해서 어렵기보다는 쉽고, 지루하기보다는 경이로운 것들, 이런 것들이 대중들을 잠식하는 법이다. 경이로움, 그것만으로도 대중들은 신앙심을 갖게 되어 있다.[12] 성서는 이렇게 대중들의 이성보다는 상상력을 자극해서 순종과 신앙의 삶을 가능하게 하는 사건과 교훈들만을 이야기한다. 신에 대한 이성적 개념보다는 믿고 의지할 교리가 필요한 사람들에게 적응한 것이 성서이기 때문이다. 이렇게 신이 의로운 자들을 보살피고 그렇지 못한 자들을 벌한다는 논리, 순종과 보상의 논리, 악행과 징벌의 교리만이 다수의 제한된 지성에 전달되는 효과가 있는 것이다. 그러니 신학은 오직 순종을 확보하는 데 충분한 정도로만 종교적 교리들을 한정하는 경향이 있을 수밖에 없다. 그 교리가 진리인지 아닌지는 이성적 작업의 영역이기 때문에 성서에 무엇보다 필요한 것은 "최선의 행실"이지 "최선의 논거"가 아닌 것이다.

그렇다고 이런 도덕적이고 계몽적인 영역의 의미를 스피노자가 무시하는 것은 아니다. 대부분의 사람들은 이성을 획득하기 어렵기 때문에 좋은 행실에 대한 권유와 나쁜 행실에 대한 처벌의 방식으로 구원에 이르게 할 수밖에 없다는 불가피함을 스피노자는 인정한다. 대중을 위한, 대중의 도덕적인 행실을 위한, 대중의 구원을 위한 텍스트, 그것이 성서이므로 성서가 이성적 원칙에 맞춰 기술될 필요는 하등 없는 것이다. 신학이 계시에 의한 인식이라면 철학은 자연적이고 이성적인 인식이다. "자연적 원인들을 통해 사물을 가르치는 것이나 순수한 철학에 관계하는 것은 성서의 역할이 아니기 때문이다."[13] 둘은 명확히 분리되어 있어야 하고, 신학이 철학을 지배해서도 안 된다. 바로 여기서 철학하는 자유,

사유의 자유가 비로소 확보된다. 신학과 철학은 인식의 종류가 다르다는 것. 이 구별이야말로 스피노자가 그 무엇보다 중요하게 여기고 누누이 강조하는 것이다.

예언자들과 대중들:
약한 지성, 강한 상상력

대중들의 삶을 구원으로 인도하기 위한 성서에 등장하는 신의 '특성들'은 철학만이 밝힐 수 있는 신의 '본질'을 표현하지 않는다는 것, 이것이 앞으로 우리가 결코 잊지 말아야 할 스피노자의 테제이다. 그런 것들은 신에 대한 일종의 인간주의적인 상징이나 비유들로서 강한 상상력과 복종의 정신을 요구할 뿐 이성적 인식과 이해를 필요로 하지 않는다. 이렇게 지성보다 상상력이 우월한 비이성적인 정신은 하늘을 나는 새 한 마리에서도 신의 뜻을 보거나 신의 명령을 읽어내기도 한다. 그들에게 새는 신의 전령일 수도 있고, 신의 말씀일 수도 있으며, 신의 징벌일 수도 있다. 말씀이라면 따라야 하고, 징벌이라면 회개해야 하고, 전언이라면 널리 전파해야 할 것이다. 이런 상상 중심의 인식은 다름이 아니라 성서에 등장하는 예언자들의 기본적인 특성이라고 스피노자는 말한다. 솔로몬은 지혜는 뛰어났지만 예언의 재능에서는 그렇지 못했는데 예언자에게 필요한 자질이란 지혜가 아니라 강력한 상상력이기 때문이다. 강력한 상상력에 수반되는 것은 당연히 낮은 지성이다.[14] 따라서 "예언자들의 책에서 자연적이고 정신적인 사물들의 인식 및 지식을 얻으려고 하는 사람들은 길을 잃고 헤맨다."[15]

예언자들은 늘 기적이나 징표를 통해 신의 표현을 확보하고자한다. 그런 점에서 예언은 이성적인 인식보다 하위의 것인데, 왜냐하면 이성적 인식은 징표 없이도 확실성을 확보하기 때문이다. 이 예언적 인식의 불확실성을 증명하는 것으로 예언자의 기질에 따라 풀어내는 계시가 달라졌다는 사실처럼 확실한 것은 없을 것이다.[16] 쾌활한 성정의 예언자들은 주로 승리나 평화, 즐거운 사건을 계시하지만 우울한 예언자들은 전쟁이나 대학살, 참화 등을 계시했다. 또한 시골 출신의 예언자는 수소나 암소와 관련된 환각에 민감했고, 군인 출신의 예언자는 지휘관이나 전쟁, 군대의 환각에 민감했다. 이처럼 나타나는 계시의 성격도 다르고 종류도 다른데 이런 계시들을 어찌 보편적이고 이성적인 인식이라고 할 수 있을 것이며, 신의 표현이라고 할 수 있겠는가. 예언자들에게 필요한 것은 상상적 능력이었기 때문에 이성적인 방식의 활동은 필요치않았다. 그런데도 우리는 이해하기 힘든 성경 구절을 만나면 거기서 예언자의 무능을 보기보다는 그 구절을 이해하지 못하는 우리의 무능을 보려 한다. 아니면 그 이면에 숨겨진 의미가 있다면서 구태여 그것을 찾아내 알 수 없는 구절의 의미로 삼으려 한다.

여호수아는 천동설을 믿었고, 심지어 천체를 운행하던 태양이 잠시 정지할 수도 있다고 믿었다. 이것이 그가 소유한 천문학적지식이고 당대의 천문학적 지식 수준이다. 그런데도 여호수아가어느 날 태양이 멈춰 햇빛이 평소보다 오래 지평선에 머물렀다면서 이것을 신의 계시라고 말할 때 우리는 과연 그것을 이성적인 것으로 받아들여야 하는 것인가? 이렇게 말도 안 되는 사건에 대한 구절을 보면서도 사람들은 거기에도 우리가 모르는 신의 뜻이 있을 것이라면서 예언자의 (지적인) 무능 대신 자신들이 이해하지 못한다는 데서 무능을 찾으려 하는 것이다. 예언자들은 분명 계시에 민감한 존재들이었지만 그럼에도 인간의 한계에 속박되어 있는 존재였고, 당대의 지적 수준이나 도덕적 감각의 한계를 넘어설 수도 없는 존재였다. 신이 인류를 멸망시키려 한다는 노아의 계시도 팔레스타인 너머에는 사람이 살지 않는다는 그의 협소한 지식에 의해 만들어진 것에 불과했다. 최초의 인류인 아담도 신을 피해 숨어 있었으며 신에게 자신의 죄를 변명하려고까지 했는데, 이는 그가 신의 속성에 대해 만물의 조물주라는 것 외에는 그 어떤 것도 알지 못했다는 사실을 잘 보여준다. 신이 자신을 찾지 못하게 숨어 있었다는 사실이나 신이 인간처럼 변명을 들어주는 존재였다고 믿었다는 일화에서 우리는 아담이 갖고 있는 신의 이미지가 과연 어떤 수준의 것인지 알게 되는 것이다.[17] 편재하는 신을 피해서 어떻게 숨을 수 있으며, 전지한 신에게 어찌 변명이 통하겠는가. 이처럼 신의 속성(본성)에 대한 예언자들의 가르침은 비범하지도 않았고 오히려 그 시대 절대다수의 믿음과 공유되는 수준일 뿐이었다.

예언자들과 당대의 대중들이 신에 대한 스피노자의 다음과 같은 난해한 정의를 이해할 수 있을까? "절대적으로 무한한 존재, 즉 제각각 영원하고도 무한한 본질을 표현하는 무한한 속성들로

구성된 실체." 시각적 이미지나 청각적 환청, 신체적 환각에 반응
하는 상상적 인식을 통해서는 신에 대한 본질적 규정을 이해할 수
없으며 이는 오직 "정신의 눈"이라고 할 수 있는 증명의 절차를
거쳐야만 비로소 이해되는 이성적 영역인 것이다. '절대', '무한',
'영원', '본질', '표현', '속성', '실체'라는 개념들 각각을 모두 이해
해야 위의 정의는 겨우 이해할 수 있다. 그런데 이 모든 개념들이
속하는 곳은 바로 상상할 수도 없는 증명의 영역인 것이다. 사물
을 참되게 이해하는 것은 말이나 심상(이미지) 없이 순수한 사유에
의해 인식하는 것이다.[18] 특히 눈에 보이지 않는 사물들, 예를 들
어 속성이나 실체와 같이 고도의 증명 절차에 의해서만 이해되는
것들은 그런 증명의 능력을 갖고 있지 못한 사람들에게는 전혀 알
려질 수 없는 것들이기도 하다.[19] 예언자들은 신에 대한 당대인들
의 인식과 믿음에 충실했기 때문에 찬미를 받은 것이지 대중들의
인식을 초월하는 이성적 인식 때문에 명성을 얻은 게 아니다.

> 성서 속에서 너무나도 심원해 그 어떤 인간의 언어로도 설명하지
> 못하는 불가사의를 찾아내서 종교 안에 철학적 본성을 가진 많은
> 문제들을 끌어들임으로써 교회가 마치 학회인 듯이 생각되게 하
> 고 종교가 학문인 듯이, 더 적절히 말하면, 논쟁의 주제인 듯이 생
> 각되게 하는 사람들-이들에 대해 나는 이미 이야기했다-이 드러
> 내는 교묘함에 나는 놀라고 있다.[20]

예언자들은 결코 비범한 지성의 소유자라 말할 수 없다. 그들

은 자기 신체가 자극되는 방식으로 인식하는 상상의 능력이 탁월
했을 뿐이었기 때문에 그들에게 신은 (불과 같은) 어떤 형체를 갖는
존재들이나 매우 단순한 본성의 존재들로 계시됐다. 그리고 성서
는 모든 사람들의 이해력에 맞춰 메시지를 전달해야 했기 때문에
공리와 정의, 정리와 연역적 추론과 같은 이성적 인식의 절차가
아니라 우화나 역사적 이야기들처럼 쉽고 단순한 방식을 주로 사
용했으며, (인식이 아닌) 신앙을 권유하기 위해 기적과 같이 사람들
의 정신에 강렬한 인상을 남기는 표현 방식을 자주 이용했던 것이
다. 따라서 "성서는 심원한 사변 또는 철학적 논증을 포함하고 있
는 것이 아니라 가장 활기가 없는 정신도 이해할 수 있는 매우 단
순한 문제들을 포함하고 있다는 결론이 내려진다."[21]

그렇다면 성서에 나타나는 신의 말씀은 정확히 무엇인가? 성서
의 많은 변경과 번역 과정 속에서도 그 메시지는 아주 명확해서
결코 훼손되지 않았다고 스피노자는 말하고 있는데, 그것은 바로
신을 사랑하라는 것, 이웃을 자신처럼 사랑하라는 것, 신은 존재
한다는 것, 그는 전지전능하다는 것, 구원은 신의 은총에 달렸다
는 것, 정의를 지지하라는 것, 불우한 이웃을 도우라는 것, 살인하
지 말라는 것, 남의 소유물을 탐내지 말라는 것이다.[22] 이웃과 더
불어 살아가는 사랑의 삶 속에 구원이 있다는 것, 이것이 평범한
대중들에게 성서가 가르치고 싶었던 핵심일 것이다. 이웃에 대한
사랑을 강조하는 것이지, 신의 본성에 대한 인식이 성서의 목적이
아닌 것이다. 그런데도 성서의 애매한 표현들, 모순되는 구절들,
기적들, 신의 본성에 대한 상상적 인식들을 신의 본성이자 신의

명령이라 주장할 때 그 숨겨진 의도는 무엇이겠는가. 바로 두려움을 통해 대중을 지배하기, 그리고 이를 바탕으로 대중을 선동하는 것이 아니겠는가.

이성의 영역을 벗어나면 그 순간 바로 도덕의 영역이 시작된다. 자연의 법칙이나 신의 본성을 모르는 순간 모든 것이 신의 명령이자 말씀이라는 왜곡된 상징이나 기호가 자리 잡게 되고, 그 비유적인 사물에 복종하는 도덕적 모델이 만들어지는 것이다. 까마귀에서 불길함을 보고, 까치에서 길함을 보는 그런 순진한 방식에 관련되는 것이 "기호"다. 당시 대중의 수준에서 얘기된 것들에서 신의 본성을 찾으려는 모든 노력은 신의 본질을 왜곡하고, 인간주의적인 기호들에서 신의 본질에 대한 표현을 보는, 뒤틀린 인식이 된다.[23] 그리고 예언자들의 강한 상상력에 맞춰 신의 본질이 파악될 때마다 신의 본질에 대한 이성적 탐구는 자신의 자리를 잃어왔다. 헤브라이어로 '존재하다'의 세 가지 시제, 즉 '존재했고, 존재하고, 존재할' 실체를 '여호와'라 하는데, 모세는 분명 신을 이런 존재라고 믿고 있었으면서도 신의 본성에 대해서는 자비롭고 인자하고 그러면서도 극단적으로 질투하는 존재(모세5경)라고 가르치기도 했던 것이다. 모세는 또한 신이 모든 것을 안다는 것, 그리고 인간의 모든 행동이 신의 섭리에 의해 결정된다는 사실의 의미를 완전히 이해하지도 못했다. 그는 신이 하늘에 거주한다고 생각하고 있었기 때문에 그의 말들에서는 신이 하늘에서 산으로 내려오는 것처럼 계시되고 있고, 신과 이야기하기 위해 산에 오르기도 한다. 이처럼 모세(를 포함한 예언자)가 신이 어디에나 실재하는 존

재(편재의 신)라는 사실이나 그 의미를 전혀 모르고 있었음을 우리
는 알 수 있다.

   약한 지성과 강한 상상력, 이것은 명령하고 복종하는 도덕적 삶
에 필요한 것이지 이성적인 삶에 필요한 것이 아니다. 그런데도
신학은 이 왜곡된 신의 본성을 신의 '표현'으로 간주했고, 철학자
들마저 이런 신학에 지배됐던 것이다. 심지어 합리주의자 데카르
트마저 '완전성'을 신의 본성이라고 믿었다고 하지 않는가. 사실
신의 본질은 본받을 수도, 귀감으로 삼을 수도 없는 것이다.[24] 성
서에 표현된 '자비로운', '공정한', '무서운', '굉장한'과 같이[25] 신
의 속성으로 오해된 특성들은 우리의 삶 속에서 모방하거나 경배
의 대상으로 간주하고 실천할 수도 있다. 그러나 절대적으로 무한
한 속성들로 이뤄진 실체로서의 신의 본질은 모방도, 존경도 불가
능한 이성적 규정인 것이다. 절대와 무한과 실체를 어떻게 존경하
고 모방하겠는가. 증명이라는 정신의 눈에 의해서만 파악 가능한
것을 일반 대중들에게 귀감의 대상으로 가르칠 수는 없는 법이다.
성서의 목적에 대한 오독, 이것이 스피노자가 종교적 반목과 신학
적 편견들, 대중들이 전쟁을 하는 원인으로 지목하는 핵심이다.

Ethica

2부　세계의 필연성에 대하여

Spinoza

4

신의 창조 방식과 목적론 비판

만물 없이 신은 자신의 능력을 표현할 수 없다

인간은 연장의 양태인 육체와 사유의 양태인 정신으로 구성되어 있으니 두 가지 속성만을 함축할 뿐이나 신은 단순히 몇 가지 속성으로 귀속될 수 없는데 이는 실재적으로 구별되는 속성들의 성격 때문이다. 각각의 속성은 다른 속성을 설명하는 개념 없이 자체적으로 파악되는 실체적인 것이고(1부, 정리10) 다른 실체로부터 산출될 수 없기 때문에(1부, 정리6) 모든 속성들은 서로 무한한 점에서(1부, 정리8) 그리고 그 본성에 존재가 속한다는 점에서(1부, 정리7) 서로 간에 우열이 있을 수 없다. 한마디로 모든 속성들은 서로 대등한 것이다. 따라서 무한히 많은 속성 중에서 신에게 단 한 속성만 귀속되더라도 나머지 모든 속성도 동시에 대등하게 신에게 귀속될 수밖에 없는 것이다. 그래서 하나씩의 속성을 품은 실체들의 결합으로서 신이 아니라 동시에 무한히 많은 속성들을 품은 유일 실체, 그것이 스피노자의 신이다.

• 더 많은 실재성reality이나 존재being를 가질수록 각 사물에 더

많은 속성이 속한다.(1부, 정리9)

• 신 혹은 각각이 영원하고도 무한한 본질을 표현하는 무한한 속
성들로 구성된 실체는 필연적으로 존재한다.(1부, 정리11)

다시 인간을 보자. 실존하고 있다면 그 인간은 실재한다고, 혹
은 (스피노자 식으로 말해서) 실재성이 있다고 말한다. 즉 그 실존은
가능적이거나 가상적인 실존이 아니라 실재적인 실존이라는 말
이다. 그렇다고 무한히 실존할 수는 없는데, 까닭은 (무한한) 속성
을 함축하고는 있으나 속성의 변용인 유한한 양태의 방식으로 실
존하기 때문이다. 따라서 인간은 실재하기는 하지만 그렇다고 해
서 필연적으로 무한히 실재하는 것은 아니다. 그렇다면 신은 어떤
가? 신은 무한한 속성들을 무한히 소유하고 있는데, 속성들의 본
성에 이미 존재가 속하므로(1부, 정리7) 신은 분명히 실재하지만 그
것도 절대적이고 무한한 방식으로 실재할 것이다. 다시 말해 신의
존재, 혹은 실재성에는 그 어떤 작은 유한성도 포함되어 있지 않
을 것이다. 이 신의 필연적이고도 영원한 실존을 보장하는 게 바
로 속성들의 무한성과 속성들의 실재적 구별, 그리고 그들의 대등
성이다. 어떠한 속성도 "다른 것보다 열등하거나 우월하지 않"고
"동등하므로" "신은 다른 것들을 소유하지 않으면서 어느 하나를
소유할 수 없다."[1] 필연적 실재성을 갖는 속성들로 구성되므로 신
은 반드시 실재하고 그 실재성도 영원해야 한다.

그런데 우리에게 직접적인 문제는 신이 실재한다는 것의 의미
이다. 신이 존재한다는 사실에 대한 이런 힘겨운 증명들은 도대

체 어디에 쓸모가 있을까? 그것은 바로 데카르트를 비롯한 기존의 신 존재 증명 방식이 신의 존재를 확증하지 못한다는 스피노자의 의구심 때문이다. 데카르트의 신 존재 증명은 엉성한 '완전성'이라는 개념에 의존하는데, 완전하기 때문에 신이 존재한다고 할 때[2], 도대체 완전함이 존재를 보장하는가에 대해서는 일찍부터 회의적이었다. 익히 알다시피 거미는 거미로서 완전하고 인간은 인간으로서 완전하다. 거미가 인간과의 비교를 통해서 완전한 것도 아니고 인간도 거미와의 비교를 통해서 완전한 것도 아니다. (거미로서) '완전한' 거미라고 해서 과연 그 실존이 필연적이고도 실재적이라고 할 수 있겠는가. 라이프니츠의 논법을 빌려서 말해보자면, 한 사물이 모순율에 위배되지 않는 한 존재할 가능성이 있다고는 해도 실제로 존재할 수 있는 충족이유율을 만족시키지 못하는 한 그 존재는 한갓 우연적인 것일 수밖에 없는 것이다.[3] '완전한' 거미는 완전하기 때문에 존재 불가능은 아니지만 그렇다고 그 존재의 실재성에 있어 우연성을 벗어난 존재도 아니라는 것, 다시 말해 거미는 존재할 수도 있고 존재하지 않을 수도 있는 우연적인 존재라는 것이다. 이것이 바로 완전성을 갖고 있다는 데카르트의 신이 면치 못하는 궁지이다. 이렇게 증명 절차로서도 불완전한 데카르트의 방식은 그렇게 존재가 가능적인 방식으로밖에 증명되지 못한 신과 비교되면서 다시 인간의 불완전함이나 만물의 결손이 주장되기까지 한다. 그렇다면 이런 데카르트의 신 존재 증명 방식을 비판한 스피노자는 우리에게 그 실재적이고 필연적인 신의 존재에 대한 증명을 어떻게 성공적으로 이룰 수 있었던 것일까? 스피노자의 신 존재 증명은 여러 가지 방법으로 행해졌는데(1부, 정리11과 여러 증명들) 그중에서 능력power에 의한 증명을 살펴볼 필요가 있겠다.

> 존재 불가능한 것은 무능력이고 반대로 존재 가능한 것은 능력이다(그 자체로 이해되듯이). 그래서 만약 지금 필연적으로 존재하는 것이 오직 유한한 것일 뿐이라면 유한한 것들은 절대적으로 무한한 것보다 더 유능할powerful 것이다. 그러나 이것은 그 자체로 이해되듯이 터무니없다. 그래서 그 어떤 것도 존재하지 않거나 절대적으로 무한한 것이 존재한다. 그러나 우리는 우리 안에 존재하거나 필연적으로 존재하는 다른 것 안에 존재한다.(공리1과 정리7을 보라) 그러므로 절대적으로 무한한 것, 즉 (정의6에 의해) 신은 필연적으로 존재한다.(1부, 정리11, 제3증명)

실존하는 것은 능력이고 실존하지 못하는 것은 무능력이다. 바다 속에서 익사하는 것은 파도의 힘을 이기거나 그것을 이용할 수 없는 무능력에서 기인하므로 스피노자의 이 명제는 일종의 공리처럼 받아들여도 무방하다. 실존하는 것이 능력인데 우리처럼 유한한 인간들이 이미 실존하고 있으니 절대적으로 무한한 존재가 실존하지 않는다면 그는 우리보다 더 무능한 존재라 할 것이다. 따라서 절대적으로 무한한 존재는 필연적으로 실존하는데 그것도 오로지 자신의 능력에 의해서일 것이다. 이것이 바로 스피노자의 후험적인 신 존재 증명 방법이다. 여기서 중요한 것은 먼저, 인간들(만물)처럼 유한한 존재자들도 능력을 갖고 있다는 점이고, 다음으로 이 유한자의 실존 능력은 자신이 아니라 외적 원인인 신에 의존한다는 점이다. 여기서 우리는 다시 들뢰즈의 논의를 참고하고자 한다.

"어떤 조건에서 우리는 자신에 의해 실존하지 않는 유한한 존재에 그것의 본질과 동일한 것인 어떤 실존 및 활동 능력을 귀속시키는가?"[4] 데카르트와 달리 스피노자의 증명은 인간(만물)을 불완전한 존재로 만들지 않는다. 인간이 비록 스스로 실존하지는 못하지만 그럼에도 신이 갖고 있는 것과 정확히 동일한 종류의 '능력'을 갖고 있는 것이다! 여기서 중요한 것이 바로 앞에서 언급했던 속성의 공통성이다. 신은 무한히 많은 속성들로 구성되어 있는데, 그 속성들의 변용태가 바로 유한한 존재들, 즉 양태들이라는 것. 이렇게 해서 양태가 실체(속성)의 변용이라는 말이 이제 더 구체적인 수준에서 이해되기 시작한다. 양태는 실체의 변용인데, 그것은 (데카르트처럼) 완전/불완전의 방식이 아니라, 즉 다의적인 의미의 변용이 아니라 정확히 실체가 갖는 그 능력의 변용이라는 것이다.

유한한 존재의 능력은 자체적인 능력이 아니라 반드시 실체의 한 부분으로서 능력이어야 하며, 실체가 갖는 한 속성의 양태로서 능력이어야 한다. 유한한 존재가 적극적인 의미에서 능력을 소유하기 위해서는 반드시 실체라는 전체의 부분이어야 한다는 것. 이처럼 실체의 능력이 양태들로 전달되는 것은 바로 양태가 품고 있는 속성이라는 공통의 매개를 통해서이다. 여기서 제3증명의 후험적 방법에 연이어 선험적 증명이 등장한다. "존재할 수 있는 것은 능력이기 때문에 더 많은 실재성이 그 사물의 본성에 속할수록 스스로 존재하는 더 많은 능력이 속한다. 그러므로 절대적으로 무한한 존재 또는 신은 스스로 절대적으로 무한한 존재의 능력을 갖는다. 이런 이유로 그는 절대적으로 존재한다."(1부, 정리11, 주석) 모든 속성들(즉, 실재성들)을 갖고 있으므로 신은 절대적으로 무한한 실존능력을 갖는다는 것이 이 선험적 증명의 핵심이다. 그런데 우리의 통념은 이것과 전혀 다르게 구성되어 있다. 귀속되는 속성들이 많으면 많을수록 생성되고 존재하기가 더 어렵다고. 짐을 나르는 수레보다 여러 복잡한 연산과정을 해내야 하는 컴퓨터를 만들기가 더 어려운 것처럼 유한자보다 더 많은 속성을 포함하는 신은 존재하기가 더욱 힘들 것이라고.

> 그런데 단지 외적인 원인에서 생겨나는 사물들을 생각하는 데 익숙하기 때문에 이 증명의 명백함을 쉽게 이해하지 못할 사람들이 많을 것이다. 이런 것들 속에서 빨리 생성되는 것이 쉽게 존재하고 쉽게 소멸되는 것을 본다. 그리고 역으로 포함하고 있는 것이 더 많다고 생각하는 것들은 생성하기 어렵다고, 즉 쉽게 존재할 수 없다고 판단한다.(1부, 정리11, 주석)

우리가 사용하는 '쉽다'나 '어렵다'는 말은 대개 자체적으로 존재할 수 없는, 다시 말해 그 본질이 존재를 포함하고 있지 않은 유한한 양태들에 대해서만 적용되는 것이라, 수많은 외적인 원인이 필요한 복잡한 컴퓨터는 단순한 컴퓨터보다 만들기가 더 어려운 것이 사실이다. 그러나 신은 다른 것 안에 존재하는 게 아니라 스스로 존재하는 실체, 즉 외적 원인이 없는 자기원인이다. 따라서 쉽다/어렵다와 같이 인간적인 한계를 갖는 개념을 신에게 적용해 속성들이 더 많은 신은 만들어내기가 어렵고, 그래서 신이 과연 존재할 수 있는지 확신할 수 없다고 말하는 것은 커다란 착각이다. 사실 이 쉽다/어렵다의 문제는 데카르트가 신 존재를 증명하는 방식에서 사용한 것이었고 동시에 스피노자가 격렬히 비판했던 부분이기도 하다. '쉽다'나 '어렵다'와 같은 말은 결코 절대적인 의미로 쓰일 수 없는데도 데카르트는 "신의 실존은 '신의 관념을 가지고 있는 우리 자신이 실존한다'로부터 증명되기도 한다"고 하면서 "더 크거나 더 어려운 것을 해낼 수 있는 것은 이보다 덜한 것도 해낼 수 있다"는 명제를 그 증명으로 사용한다. 여기에 대해 스피노자가 불만을 터뜨린다.

• 이것들을 가지고 그가 무엇을 가리키려 하는지 나는 모르겠다. 그는 도대체 무엇을 쉽다고 하고 무엇을 어렵다고 하는 것인가? 쉽다, 어렵다는 말은 절대적인 뜻에서가 아니라 오로지 원인에 관해서만 이야기된다. 그리하여 동일한 일이 서로 다른 원인들에 관해서 동시에 쉽고 어렵다고 이야기될 수 있다.

• 거미는 쉽게 그물망을 짜는 데 반해 사람들은 굉장히 어렵게 짠다. 반대로 천사들은 못할지도 모를 많은 일들을 사람들은 쉽게 한다.[5]

그물망 짜는 일이 거미에겐 쉽지만 인간에겐 어렵다. 악행은 인간에겐 쉽지만 천사들에겐 어렵다. 인간에게 쉬운 일이 거미에게 어려울 수도 있고, 거미에게 쉬운 일이 천사들에겐 아주 어려운 일일 수도 있다. 따라서 쉽다/어렵다는 개념은 너무나 상대적인 개념이라 신의 존재 증명에 대한 절대적인 근거가 될 수 없다. 그래서 스피노자가 사용하는 방법이 모든 속성들의 보유, 그로 인한 절대적인 존재 능력이라는 선험적 증명인 것이다. 속하는 속성들이 많으면 많을수록 더 많은 실재성을 가지므로 그것의 존재능력은 더 커진다. (만들기) 쉽다/어렵다가 아니라 (실재성의) 많음/적음이 문제인 것이다. 신이 존재한다는 것, 그것은 속성들을 무한히 많이 소유한다는 그 신의 본질이 갖는 절대적인 능력의 표현인 것이다. "신의 능력은 신의 본질 자체이다."(1부, 정리34)

그런데 신이 본질로 보유하고 있는 속성을 양태들도 나눠서 함축하고 있는 한 양태도 자신의 본질에 해당하는 능력을 갖는 것은 너무나 당연한 일이다. "신은 그의 고유한 속성들을 통해서 모든 피조물들에게 고유한 능력을 전달하는 것이다."[6] 다시 말해 "개개의 사물들은 신의 속성의 변용들 혹은 신의 속성들이 일정하고 certain 결정된determinate 방식으로 표현된 양태들일 뿐이다."(1부, 정리25, 보충) 신의 변용이란, 신이 자의적으로 창조한 것도 아니고, 신과 아무런 관계없이 다의적으로 변모한 것도 아니다. 양태들은 바로 신의 속성들을 전달받으며 신의 속성들이 일정하게 변화된 것들인 것이다. 양태는 신의 속성을 떠나서 양태일 수 없고, 신의 속성을 떠나서 다의적으로 존재하지도 않는다. 양태는 오직 신의

117

변용이라는 자격 속에서만 그 능력을 부여받는 것이다.

> 존재하는 모든 것은 신의 본성 혹은 본질을 일정하고 결정된 방
> 식으로 표현하는데(정리25, 보충에 의해) 다시 말해 (정리34에 의해)
> 존재하는 모든 것은 만물의 원인인 신의 능력을 일정하고 결정된
> 방식으로 표현한다.(1부, 정리36, 증명)

이제 만물은 구원받게 된다. 만물은 신의 능력의 부분적 표현
이다. 다시 말해 만물은 신의 능력을 나눠 갖고 있고, 그것도 신
이 갖는 능력 그대로, 그 속성 그대로 나눠 갖고 있는 것이다. 그러
므로 "인간의 능력은, 그의 현실적actual 본질에 의해 설명되는 한
에 있어서 신 즉 자연의 무한한 능력, 즉 (1부, 정리34에 의해) 그 본
질의 일부분이다."(4부, 정리4, 증명) 신의 본질에 해당하는 절대적
으로 무한한 능력, 만물의 본질에 해당하는 각각의 능력. 스스로
존재할 수 없는 이 유한한 양태들도 자기 본질에 해당하는 능력
을 갖는다! 그것도 정확히 신이 갖고 있는 그 형식 그대로. 여기
서 우리는 더 위대한 스피노자 사상으로 도약하게 된다. 스피노자
는 이렇게 말한 적이 있었다. "존재하는 것은 어떤 것이든지 자체
적으로 존재하거나 아니면 다른 것 안에 존재한다."(1부, 공리1) 자
체적으로 존재하는 게 실체라면 다른 것 안에 존재하는 것은 양
태다. 그리고 이 세상에는 실체와 양태 이외에 그 어느 것도 존재
하지 않는다. 그렇다면 신은 자신의 본질을, 혹은 자신의 절대적
으로 무한한 능력을 어디서, 어떻게 펼쳐야 하는가? 바로 저 스스

로 존재할 수 없어 다른 것 안에 존재한다는 유한하고 미천한 양
태들로의 변용이 아니라면 도대체 이 세상에 자신을 펼칠 방법이
어디에 있단 말인가! 이 순간 양태들은 구원받게 된다. 스피노자
적인 구원. 신이 자신의 능력을 펼치는 데 그 무엇보다 필요하고
더 없이 필수적이고 필연적인 존재들은 바로 양태들이라는 사상.
"가장 위대한 사상이야말로 가장 위대한 사건"이라고 니체Friedrich
Nietzsche(1844~1900)가 말했던가. 그렇다면 이 순간 우리는 실로 엄
청나게 위대한 사건을 맞이하는 셈이다. 스피노자의 이 위대한 사
상을 더 단도직입적으로 말해보자. 우리들 없이 신은 자신을 표현
할 수도, 존재할 수도 없다!

신의 창조 방식

신이 절대적으로 무한한 능력을 이 세상 만물을 통해 펼친다는
말을 더 쉽게 이해해보면 그것은 곧 신이 만물을 생성한다는, 신
이 만물의 작용인efficient cause이라는 사실이다. 신은 만물을 생산하
면서만 자신의 절대 능력을 표현하기에 그의 능력은 곧 이 세상
만물의 '생성'에 다름 아닌 것이다. "신성한 본성의 필연성으로부
터 무한히 많은 사물들이 무한히 많은 방식modes으로, (즉 무한한 지
성 아래 포함되는 모든 것이) 생겨나야 한다."(1부, 정리16) 신의 존재,
그것은 유한한 양태들로의 절대적인 능력의 표현이자 유한한 양
태들의 창조이다. 이 명제에 대한 스피노자의 설명을 들어보자.

지성은 어떤 사물이든지 그 주어진 정의로부터, (즉 그 사물의 바로 그 본질로부터) 필연적으로 도출되는 많은 특성들을 추론한다는 사실, 그리고 그 사물의 정의가 더 많은 실재성을 표현할수록, 즉 정의된 사물의 본질이 더 많은 실재성을 포함할수록 더 많은 특성들을 추론한다는 사실에 주목하는 한 이 정리는 누구에게나 명백해야 한다. 그러나 (정의6에 의해) 신성한 본성은 절대적으로 무한한 속성을 소유하고, 각 속성은 또한 자신의 장르 내에서 본질을 무한히 표현하므로 그 필연성으로부터 무한히 많은 방식으로 무한히 많은 사물(즉, 무한한 지성 아래 포함되는 모든 것)이 생겨나게 된다.(1부, 정리16, 증명)

이 증명에서 핵심적인 것은 지성이 어떤 사물의 본질과 특성을 '이해하는' 방식이다. 가령 원(圓)에 대한 정의가 있다고 할 때 우리는 이 정의를 바탕으로 원의 여러 가지 특성을 도출하게 되는데, 만약 원에 대한 정의가 부정확하다면 거기서 원이 갖는 특성이 산출되지 못할 것이다. 평면 위의 한 점으로부터 같은 거리에 있는 점의 집합을 원이라 하면, 이런 정의로부터 원의 중심에서 현에 내린 수선은 그 현을 이등분한다든지 원의 외부에 있는 한 점에서 그 원에 그은 두 접선의 길이는 서로 같다든지 하는 여러 특성이 도출되는 것이다. 이렇게 원의 본성(즉 정의)으로부터 필연적으로 여러 특성들을 연역하는 것, 이것이 이성의 이해 방식이다. 원의 본성 외에 사각형의 본성, 삼각형의 본성, 접선의 본성, 원주각의 본성 등 다양한 사물의 본성(정의)을 적절하게 규정하면

할수록, 즉 "사물의 정의가 더 많은 실재성을 표현할수록" 그 다
양한 본성으로부터 원과 관련된 다양한 특성들이 필연적으로 도
출되는데, 우리는 이런 방식으로 사물을 이해하는 것이고, 이런
이해만이 이성적인 이해에 해당되는 것이다.

　마찬가지로 우리는 신의 본성을 절대적으로 무한한 속성들로
이해하고 있으니, 그 절대적으로 무한하다는 속성에 의해 본성으
로부터 절대적으로 무한한 것들(수학적으로는 특성, 철학적으로는 양
태)이 생겨나지 않을 수 없는 것이다. 사물의 정의 안에 더 많은 실
재성이 있을수록 사물에 대한 특성들이 더 많이 산출되듯이 신의
본성 안에 무한히 많은 속성들(실재성들)이 속하니 당연히 무한히
많은 양태들이 생겨나는 것이다. 만약 우리가 데카르트가 하던 방
식대로 신의 본성을 '완전함'으로 규정했다면 이 완전함의 본성에
서는 무한한 양태들의 생성이 도출되지 않았을 것이다. 이처럼 신
은 이 세상 모든 양태들의 생성 원인이므로 "신은 무한한 지성에
포함될 수 있는 모든 것의 작용인"(1부, 정리16, 보충1)이며, "절대적
으로 제1원인the first cause"(1부, 정리16, 보충3)이라 할 수 있다. 신은
존재하는 순간 이미 그 본질에 해당하는 절대적인 능력으로 인해
절대적으로 무한한 방식으로 수많은 양태들을 생산한다. 신이 존
재한다는 것, 그것은 곧 양태의 생산이다. 이제 우리는 신의 창조
방식에 대한 통념적 이해에서 벗어날 계기를 마련하게 됐다. 목수
가 책상을 만들거나 도예가가 도자기를 만드는 그런 생산은 신의
창조와는 아무런 관련이 없다. 이런 생산의 이미지는 그야말로 인
간주의적인 것에 불과한데, 왜냐하면 목수가 만든 책상은 비록 목

수의 능력이 표현된 것이기는 하더라도 목수와 아무런 공통성도 지니지 않으며 그렇게 생산된 책상도 목수 바깥에 존재해야 하기 때문이다. 그러나 신적인 생산은 신의 본질을 구성하는 속성의 변용을 통해서만 이뤄지고, 그 생산의 결과물인 양태들도 속성을 신과 공유하면서 신 안에 신과 함께 존재해야 하는 것이다.

스피노자는 1부 정리22와 23에서 다음과 같이 이야기한다. "신의 속성으로부터 생겨난 것은 무엇이든지 그것이 동일한 속성을 통해 필연적이고 무한히 존재하는 변양modification에 의해 양태화되는modified 한에서 또한 필연적이고 무한히 존재해야 한다." "필연적으로 그리고 무한히 존재하는 모든 양태는 필연적으로 신이 가진 속성의 절대적 본성으로부터 생겨나거나 아니면 필연적이고 무한히 존재하는 어떤 변양에 의해 변화된 어떤 속성으로부터 생겨나야 한다." 여기서 우리는 스피노자가 생각하는 신적인 창조의 의미를 엿볼 수 있는데, 그것은 바로 mode화하는 방식으로서 무(無)로부터 창조된 유(有)와는 아무런 관련이 없다는 점이다. 신이 만물을 창조했다고 할 때 그 만물에 속하는 것으로 우리는 대개 인간, 책상, 의자, 컵, 구름과 같이 공간적으로 구획된 사물의 이미지를 떠올리는 경향이 있는데 이는 신의 생산 방식을 보여주는 데 적합하지 않은 측면이 있다.

사실 창조된 인간도 그 창조된 상태 그대로 머물러 있는 건 아닌데, 한 인간의 하루를 살펴보면, 잠을 자는 인간, 밥을 먹는 인간, 공부를 하는 인간, 웃는 인간, 슬퍼하는 인간, 증오하는 인간 등 여러 측면을 모두 포함하고 있다. 그런데 이 인간의 다양한 모

습은 모두 동일한 한 인간의 양상들, 즉 mode들이라 말할 수 있
는데, 신이 창조한다는 것은 정확히 이렇게 양태화하는 방식으로
서, 매순간의 변화들 자체가 이미 신의 속성의 양태적 측면인 것
이다. 그래서 우리의 mode가 순간순간 바뀔 때 어떤 의미에서는
신이 매번 생산하고 있는 셈이고, 이때의 생산도 (닭이 알을 낳는 것
과 같은) 새로운 사물의 창조가 아니라 동일한 인간의 mode 변환
이라고 생각하는 게 좋다. 신은 자신의 본질을 구성하는 속성들의
다양한 mode화를 통해 수없이 많은 것들을 생산한다. 그래서 들
뢰즈는 이를 "변용 능력pouvoir d'tre affecte"이라고 부르고 있는데, 우
리는 이 용어를 신의 생산과 인간의 mode 변화를 더 정확히 설명
해주는 것으로 볼 수 있다. 신은 그 절대적으로 무한한 능력에 의
해 자신의 속성이 갖는 여러 mode를 변화시키고, 그 변화가 곧 만
물의 mode 변화이자 만물의 생산이 되는 것이다. 만물의 생산은
무에서 출현하는 유가 아니라 신의 변용affection, 곧 속성들의 양태
로의 변환이다. 스피노자가 "개개의 사물들은 신의 속성의 변용
들 혹은 신의 속성들이 일정하고 결정된 방식으로 표현된 양태들
일 뿐이다"(1부, 정리25, 보충)라고 할 때 여기서 "표현"이나 "변용"
이라는 말이 바로 신의 생산 방식을 가리키는 것이라 이해하는 게
옳을 것이다.

신의 절대적인 실존 능력, 그것은 곧 변용 능력과 동일한 것이
고, 신의 변용은 곧 만물의 생성이며, 만물의 생성은 또한 만물의
수많은 변용이 된다. 존재한다는 것, 혹은 살아간다는 것, 그것은
고정된 채로 요지부동인 게 아니라 여러 가지 방식으로 움직이고

123

바뀌고 변화되고 반응하고 창조하는 것이다. 절대적으로 무한한 실존능력을 갖는 신은 무한히 많은 방식으로 변용될 수 있는 능력을 동반한다. 신이 모습을 바꾸고 창조하고 반응하는 것, 그것은 바로 무한히 많은 사물들의 생산, 그리고 그 사물들의 모드 전환에 다름 아니다. 신의 변용은 곧 만물의 생산이라는 테제, 이것은 정말 우리 양태들에겐 더할 나위 없이 중요한데, 여기에 신과 양태(인간들) 간의 스피노자적인 관계가 모두 숨어 있기 때문이다. 신은 자신의 능력을 어떻게 표현하는가? 앞에서도 말했듯이 바로 무한히 많은 사물들의 생산을 통해서다. 그렇다면 사물들을 생산하지 않는 신이란 아예 존재할 수도 없으며 신일 수도 없을 것이다. 신은 반드시 만물의 생산과 더불어서'만' 무한한 실존능력과 변용 능력의 존재라 말해야 한다.

> 절대적으로 무한한 실체의 본질은 전능이다. 왜냐하면 실체는 우리가 어떤 것에 능력을 귀속시키는 조건들 모두를 선험적으로 소유하기 때문이다. 그런데 양태들이 그들 능력에 의거해서 실체와 관계되어 얘기되는 것이 사실이라면, 실체는 그의 능력에 의거해서 양태들과 관계되어 얘기된다. 실체는 절대적으로 무한한 실존능력에 상응하는 변용 능력을 무한히 많은 사물들을 통해 무한히 많은 양태로 실현하지 않고서는 그 절대적으로 무한한 실존능력을 갖지 못한다.[7]

절대적으로 무한한 실체의 실존능력은 무한히 많은 양태로 표현되지 않고서는 능력일 수도 없으며, 무한히 많은 양태들 없이 자체적으로 실존능력을 보유하는 신도 존재할 수 없다. 유한한 양태들의 본질도 절대적으로 무한한 실체와 관계가 있는 한에서만 자신의 능력을 갖게 되고, 유한한 양태들에 능력을 나눠주지 않고서는 신도 자신의 절대적인 변용 능력을 표현하지 못한다. 이렇게 신과 양태는 서로 결코 분리될 수 없는 묶임 속으로 결합해 들어가게 된다. 양태들이란 신의 변용 능력의 표현 그 이상도, 그 이하도 아니다. 마찬가지로 신도 양태들 전체 그 이상도, 그 이하도 아닌 것이다. 오직 바로 이런 맥락에서만 "존재하는 모든 것은 신 안에 있으며, 신 없이는 그 어떤 것도 파악될 수도 존재할 수도 없다"(1부, 정리15)는 명제의 의미를 파악해야 한다. 생산된 양태들은 결코 신의 속성들 바깥에 실존하지 않는다. 신도 자신이 생산한 양태들을 자기 바깥에 독립적으로 두지 못한다. 양태들은 신 안에 있고, 신도 양태들 전체로 변용해서만 존재한다.

신은 자기 외부에 그 어떤 실체도 두지 않으므로 유일하게 자기원인인 실체이다. 그런데 이 신은 만물의 제1원인이자, 사물들이 서로 작용하고 반작용하는 관계들에서 작용인의 역할도 한다. 자기원인으로서 신은 곧 만물을 생산하는 신이다. 신이 스스로 존재한다는 것은 만물의 생산 없이 존재한다는 것이 아니라 오직 만물의 생산과 더불어서만 존재한다는 의미이다. 따라서 "신은 자기원인이라 불리는 것과 동일한 의미에서 만물의 원인이라고 불려야 한다."(1부, 정리25, 주석) 신이 스스로 원인인 것은 만물의 생산원인인 한에서이고, 만물의 원인인 한에서만 자기 원인일 수 있다.[8] 만물은 신 없이 존재할 수 없다는 명제는 주지하는 바이지만 신도 만물의 생산 없이 신일 수 없다는 스피노자의 명제에 이르게 되면 우리의 사유는 놀라움으로 가득하게 된다.

신이 양태들 바깥에 양태들과 무관하게 혹은 양태들에 대해 초월적으로 존재하지 않는다는 것, 다시 말해 신이 양태들에 대해 내재적이라는 것, 이것이야말로 "유한양태를 구제하는 방식"[9]이 된다. 스피노자의 사유를 접한 우리의 놀라움을 담아 다시 표현해 본다면 이렇게 될 것이다. 신 없이 만물은 존재하지 않지만, 양태들 없이 신도 존재할 수 없다. 신 안에 양태들이 존재하지만 양태들도 신을 함축하고 있다. 신은 만물을 포괄하지만 만물도 각각 신을 감싸고 있는 것이다. 자기원인인 신은 반드시 만물의 원인으로서만 자기원인일 수 있다. 따라서 피조물 없는 신, 피조물을 위협하는 신, 그런 신은 아예 존재할 수도 없는 것이다. 만물의 생산과 더불어서만 신은 존재하고, 신과 더불어서만 만물은 존재한다. 만물로 표현되지 않는 신도 신이 아니며, 신의 능력을 갖지 않는 만물도 없다. 만물은 모두 신의 능력들이다. 이렇게 능력에 의한 스피노자의 신 존재 증명은 만물의 존재와 실존에 대한 절대적 긍정에 이르게 된다. 만물이 신의 능력의 부분들이며 신의 변용 능력의 표현인데 어찌 그 안에 배제되거나 추방되거나 학대되어야 할 존재가 있을 수 있겠는가. 신이 자신이 갖고 있는 능력 중 어떤 부분을 배제하고 추방하고 학대한다는 사실은 있을 수 없는데, 왜냐하면 신은 자신 안에 그 어떤 부정도 품을 수 없는, 절대적인 긍정의 존재이기 때문이다. 따라서 신 안에서 배제되고 폭력의 희생

물이 될 수 있는 존재는 없다. 절대적으로 무한한 능력의 신에게
도 이는 본성상 불가능한 일이다. 진정 스피노자는 위대한 긍정의
철학자가 아닐 수 없다. 신이 인간주의적인 형상에서 분리되는 순
간 신의 본질이 구원되고, 동시에 만물이 신의 능력들의 부분으로
서 온통 긍정된다.

신이 만물을 생산하는 목적은 없다

　신의 생산 방식을 검토함으로써 우리는 문제적인 통념 하나에
서 완전히 벗어날 수 있게 됐다. 우리 삶을 병들게 하는 것, 그것
은 바로 신이 이 세계를 자유로운 의지로 창조했다는 통념, 그리
고 이 자유의지 안에 세계 창조의 목적이나 이유가 있으리라는 통
념이기 때문이다. 신의 뜻대로 창조했으므로 신의 뜻대로 멸망시
킬 수도 있고, 신의 뜻대로 다른 세계를 창조할 수도 있다는 통념.
절대 정치의 전제군주와 같은 신의 이미지는 우리를 은연중 공포
스럽게 하면서 우리의 삶을 신에 굴종하는 노예적인 삶으로 만든
다. 도대체 신은 왜 우리를 창조한 것일까? 스피노자적인 신 개념
속에서는 성립 불가능한 이런 질문이 인간의 영혼 속에 생겨나면
서부터 우리는 미궁에 빠지기 시작한다. 창조 당사자인 신이 직접
얘기해주지 않는 한(물론 신은 얘기할 수 있는 그런 인간적인 존재가 아
니지만) 그 모든 설명들은 인간들의 해석일 뿐이기 때문에 저마다
다른 해석들의 경쟁으로 인해 도대체 뭐가 정답인지 알 수 없게

되어버린다. 저마다 정답이라고 우기는 해석들 간에 다툼이 발생하기도 하고 심지어 동일한 해석을 공유하고 있는 그룹이라고 생각하고 있었는데 어느 순간 서로 너무나 다른 위치에 있다는 사실에 놀라기도 한다. 정통과 이단의 난립. 이단에서 확립되는 정통. 다시 이 정통에서 갈라지는 이단들. 해석들의 전쟁. 인류의 심각한 질병.

참된 문제와 거짓 문제를 분별하는 일이 곧 철학의 과제라고 베르그송은 말했다. 거짓 문제에 빠져 있는 한 거기서 찾는 정답이 아무리 그럴싸해도 그건 잘못된 결론이 될 뿐이다. 따라서 거짓 문제를 버리고 참된 문제를 발견하는 일처럼 중요한 것이 없을 터인데, 스피노자는 정확히 바로 그 일을 해낸 것이다. 문제만 잘 발견하면 답은 저절로 도출되는 법이라 우리가 해결하지 못하고 있는 모든 난맥상들은 해답을 못 찾아서라기보다는 제대로 구성되지 못한 문제로 인해서 벌어지게 마련이다. 해답의 오류를 볼 게 아니라 문제의 오류를 보아야 하는 것이다. 자유로운 의지를 갖고 있는 신이 그 전지전능한 힘으로 우리를 창조했으며, 그 창조의 이유가 분명 존재하는데도 우리는 그 까닭을 알지 못한다는 것. 이 문장 모든 것이 다 잘못 구성된 문제이다. 이유를 찾는다는 것, 이는 인간의 본성에 속하지 신의 본성에는 속하지 않는다.

신의 본질은 절대적으로 무한한 실존 역능이자 변용 능력이고, 이는 곧 만물의 생산에 다름 아니다. 본질이 있으면 그 본질에서 '필연적으로' 특성들이 산출되기 마련이다. 삼각형의 정의(본질)로부터 도출되는, 내각의 합이 2직각이라는 특성. 신이든 만물이든 모든 것을 삼각형처럼 이해하라. 거미줄 치는 거미의 행위(특성)가 거미의 '의도'에 따른 게 아니라 거미의 본성이 '필연적으로' 표현 되는 변용 능력일 뿐이듯이, 삼각형이 내각의 합을 2직각으로 만 들기 위한 '의도'로 세 선분을 교차시키는 게 아니듯이, 신도 누군 가를 '위해' '의도적으로' '자유의지에 따라' 이 세계를 창조한 것 이 아니다. 생각하는 신, 창조하는 신, 창조한 만물 앞에서 휴식하 는 신, 신에 대한 이런 이미지들이 신을 오도하고 세계를 오도하 는 것이다. 이 세계는 곧 신의 변용 능력의 표현이고, 신의 변용 능 력은 이 세계 만물의 다양한 mode로 표현될 뿐이다. 신과 세계 사 이에 존재하는 것은 자유의지가 아니라 필연성이다. 인간이 거미 줄을 치지 않는 것이 인간의 자유로운 의지에 의한 '의도'가 아니 듯이, 거미도 자유로운 의지를 갖고 '의도적으로' 말을 하지 않는 게 아니다. 모든 것들은 그 '본성'에서(!) '필연적으로'(!) 도출된다. 들뢰즈의 아름다운 표현이 있다.

> 표현은 신 안에서는 신의 삶 자체다. 그렇기 때문에 신이 자신을 표현하기 위해서 세계나 우주나 소산적 자연을 생산한다고 말할 수 없을 것이다. 충분 이유는 모든 목적성 논의를 배제하면서 필 연적이어야 하며, 뿐만 아니라 신은 그 자신 안에, 그 자신의 본성 속에 그를 구성하는 속성들 속에 자신을 표현한다. 그는 아무것 도 결여하고 있지 않기 때문에 생산할 "필요"가 전혀 없다.[10]

생산할 '이유'가 있었다거나 '필요'가 있다는 것은 무엇인가가 부족하다는 말과 다름없다. 우리가 밥을 먹어야 하는 '이유'가 고픈 배 때문이듯이, 즉 신체적인 영양의 결핍 때문이듯이 활동이나 변용의 '이유'가 존재한다면 그것은 결핍된 본성에 의한 것이라 해야 한다. 그런데 신이 결핍된 존재라고 한다면 도대체 어떻게 신일 수 있단 말인가. 절대적으로 무한한 능력을 갖고 있고, 그 안에 어떤 제한이나 모순도, 결핍도 없는 순수 긍정의 존재가 말이다. 따라서 "표현은 신 안에서는 신의 삶 자체다." 신은 인간을 '위해서' 생산하지 않으며 신 자신을 '위해서도' 생산하지 않는다. 그렇다고 신이 무엇을 표현하기 '위해서' 생산하는 것도 아니다. 신의 삶, 그것이 표현이기 때문에, 다시 말해 절대적으로 무한한 실존능력의 표현이 곧 만물의 생산이기 때문에 신은 곧 생산의 존재인 것이다. 만물의 원인이라는 의미에서만 자기원인일 수 있는 존재, 그것이 신이다. "스피노자 증명의 근본적 측면은 바로 일체의 목적론에 대한 근원적 거부다." 그러므로 목적성 대신에 "스피노자가 구성하는 인식의 과정은 절대적으로 인과적이다."[11]

5

오직 하나인 세계,
그 천변만화의 필연의 세계

필연성이라는 자유

우리는 통념상 필연성에 따라 움직일 때 자유롭지 않다고 생각
하는 경향이 있다. 기계적 필연성 대 생명적 자유. 이런 대립이 잘
못된 통념의 전형적 구도이다. 거미의 거미줄 치는 행위가 본성에
묶인 기계적 행위라는 점에서 자유가 없듯이 우리는 신이 본성의
필연성에 따라 생산한다면 신이 부자유스러운 존재가 될 것이라
생각한다. 기계적 필연성을 신에 부여하는 신성모독. 신의 자유,
혹은 신의 자유의지를 보호하기 위해 신에게서 필연성을 제거해
버리는 오류, 이것이 우리 통념의 기초이다. 그렇다면 문제는 필
연성과 자유가 대립적인 개념인지 살펴보는 일이 되겠다.

먼저 '필연성'과 '자유'에 대한 스피노자의 정의를 보자. "본
성의 필연성necessity에 의해서만 존재하며, 자신에 의해서만 작용
하도록 결정되는 것은 자유롭다고 불린다. 그러나 다른 것에 의
해 존재하도록 결정되고, 일정하고 결정된 방식으로 작용하도
록 결정되는 것은 불가피하다고necessary, 아니 오히려 강제됐다고

compelled 일컬어진다."(1부, 정의7) 우리의 통념과 달리 스피노자는 본성의 필연성에 따라 행위하는 것을 오히려 자유라고 말하고 자기 본성이 아니라 다른 것의 본성에 의해 강제된 것을 부자유라고 말한다. 스피노자의 정의를 자세히 분석해보면 자유에서 중요한 것은, 주체에게 어떤 제약도 가해지지 않은 상태 속에서 행해진 작용이 아니라, 그 행위가 행위 주체의 본성에서 나온 것이냐, 아니냐는 점이다. 제약의 유무에 중점이 있는 게 아니라 본성에 따른 것인지 아닌 것인지 하는 것에 중점이 가 있는 것이다. 비록 나무나 여러 자연적 조건의 제약이 있음에도 거미가 거미줄을 치는 것은 오직 거미의 본성을 따르는 행위이므로 그것은 자유이자 필연성이라고 말할 수 있다. 스피노자에게는 필연성, 그것이 곧 자유이다.

한 그루 나무는 비록 땅에 붙박여 있어 행위에 제약이 있지만 꽃을 피우고 열매를 맺는 과정은 오직 나무 자신의 본성에 따른다. 한 그루 나무가 가장 아름다울 때는 이렇게 정확히 자기 본성의 필연성에 맞춰 사계절을 살아갈 때이다. 땅에 뿌리를 둔 나무가 자유롭지 않아 보이는가? 그럼 나무를 자유롭게 해보자. 땅의 제약으로부터 자유로워지는 순간 나무가 어떻게 될지 우리는 이미 알고 있지 않은가. 나무가 나무로서 가장 자유로울 때는 자신의 본성에 맞춰 살 때, 즉 땅에 단단히 뿌리를 두고 위로도 옆으로도 가지를 뻗고 꽃을 피울 때 아니겠는가. 개미도 협동 생활하는 자신의 본성에 맞춰 살 때 가장 행복할 것이고, 거미도 거미줄을 치면서 파리를 잡아먹고 사는 자신의 본성이 발휘될 때 가장 자유로울 것이다. 이 세계의 모든 아름다움은 모든 피조물들이 자신의 본성을 필연적으로 발휘할 때에만 존재한다. 무지개가 우리 눈에 아름답게 보이기 위해 발생한 것이 아니듯이 거미가 파리를 '위해' 거미줄을 치지 않을 때 그 삶이 처참해지는 것은 당연한 일 아닌가. 남녀 간의 사랑이 아름다운 것도 그것이 인간의 본성을 필연적으로, 즉 자유롭게 발휘한 덕분이 아니겠는가. 이처럼 본성의 필연성에 따라 사는 것, 거기에 바로 세계의 천변만화가 있고 자유가 있으며 아름다움이 있는 것이다. 네그리Antonio Negri(1933~)는 이 절대적 필연성과 절대적 우연성(혹은 자유)의 일치를 스피노자 철학의 의미이자 현재성으로 읽는다.

그는 세계를 절대적인 필연성으로, 절대성의 현전으로 기술하고 있다. 그러나 바로 이 현전이야말로 모순적이다. 그것은 그 즉시 우리에게 필연성을 우연으로서 되돌려주며, 절대적 필연성을 절대적 우연으로서 되돌려준다. 왜냐하면 절대적 우연이야말로 윤리적 지평으로서 이 세계를 지칭하는 유일한 방법이기 때문이다. 존재의 안정은 존재의 혁신적인 급변과 동일한 외연으로, 그리고 일상적인 혁신의 가장자리에 위치하는 모습으로 나타나기에 이런 안정의 필연성은 혁명과 동일한 외연을 갖게 된다. (…) 세계의 필연성과 그것의 소여적 현전은 결정론과 어떤 연관도 갖고 있지 않다. 그것들은 절대적 우연이다. 단지 오늘날에 와서야 우리는 물리학의 용어로, 유물론적인 용어로, 필연은 자유라는 것을 이해할 수 있게 된 것이다. 세계는 다시금 우리의 품속에 자유

의 모습으로 안기고 있다. 이것이 바로 세계를, 즉 자유의 가능성
과 집단적 창조의 가능성으로서의 세계를 우리에게 되돌려준 파
국의 의미인 것이다.[1]

본성의 필연성에서 기계적인 결정론의 이미지를 떠올리면서
자유의 영역이 본성으로부터 벗어나는 것에 있다고 생각하는 것,
이것이 바로 자유의지라는 아주 못된 도덕적 개념을 만들게 되
는 이유이다. 또한 이것은 그 개념을 신에게 투사해 세계를 심판
하는 신이라는 공포의 신을 만들게 되는 이유이기도 하다.[2] "세계
universe의 본성은 혈액의 본성과 달리 제한되지 않고 절대적으로
무한하기 때문에 각각의 부분들은 무한한 방식으로 이 무한한 능
력의 본성에 의해 지배되며, 무한한 변화를 겪도록 되어 있다."[3]
이 무한한 변화, 그것은 제약 없는 자유의 영역이 아니라 바로 본
성의 필연성에서만 나오는 변화인 것이다. 각자 자신의 본성에 맞
춰 살기 때문에 다채로운 사건들이 등장하고 인간사의 굴곡도 생
겨나는 것이다. 어린아이는 무엇인가 먹고 싶은 욕망을 참지 못하
고 손을 뻗어 물건을 잡을 때에만 자유로움을 느낀다. 하지만 자
유의지론자들은 이런 것은 오히려 본성(욕망)에 의해 강제된 것이
라 기계적인 행위일 뿐이지 자유라고 하지 않으려 한다. 그렇다면
그들에게 자유는 어디에 있는 것일까? 본성을 따르는 것에 기계
적 부자유가 있다면 본성을 따르지 않는 것, 즉 본성에 대한 억압
이야말로 자유가 아니겠는가. 따라서 자유의지론자들은 대개 엄
격한 금욕주의자인 경우가 많다.

　우리는 통상적으로 자유란 무엇을 뜻대로, 그리고 마음대로 할 수 있는 상태라고 생각한다. 이렇게 할 수도 있고, 저렇게 할 수도 있고. 돈을 쓸 수도 있고, 안 쓸 수도 있고. 죽일 수도 있고, 살릴 수도 있고. 즉 우리의 의지에 대립하고 거스르는 다른 의지와 만나지 않는 상태, 즉 제약^{constrained}이 없는 상태를 자유롭다고 보는 것이다. 이런 자유 개념은 데카르트적인 의미의 자유이기도 한데[4] 만약 자유를 이런 의미로 받아들인다면 우리는 사실 자유를 자주 경험한다고 하겠고 자유의지도 갖고 있다고 해야 할 것이다. 방 안에 혼자 있으면서 하고 싶은 대로 하는 순간, 가부장적인 남성이 여성을 마음대로 학대하는 순간, 제약이 있어도 그런 제약쯤은 무시하고 폭력을 휘두르는 폭력배의 순간, 이런 순간들은 진정 자유의 데카르트적 순간일 것이다.

　그런데 정말 그것이 제약 없이 행해지는 것인가? 여성에 대한 남성의 학대는 이미 가부장주의라는 것에 의해 지배받고 있는 것 아닌가. 하고 싶은 대로 하게 하는 그 '욕망'도 모방된 것 아닌가. 폭력배는 그렇게 폭력을 휘두르지 않으면 안 되는 절박한 이유가 있는 것 아닌가. 인간은 자기원인도 아니고 만물의 원인도 아니다. 인간은 자기 외부에 수많은 원인을 둔 유한한 양태에 불과하다. 외부의 제약으로부터 자유로운 인간은 존재하지 않는다. 그런 점에서 이런 자유 개념은 개념상으로도 자격미달이다. 제약 없는 자의성에 자유라는 개념을 부여하면서 우리는 신의 전지전능함을 자의성의 극단으로 간주하기 시작한다. 다시 말해 "신이 모든 것을 파괴해 무로 만들 수 있는 능력을 지니고 있다고 말"하면서 "자주 신의 능력을 왕의 능력과 비교한다."(2부, 정리3, 주석) 무로 만들어버리는 능력, 그런 능력이 과연 신에게 있을까? 그렇다면 신은 삼각형의 본성에서 세 각의 합이 2직각이 되지 않게도 만들 수 있겠다. 그러나 그 놀라운 신도 (기하학적인 추상에 불과한) 삼각형의 점 하나, 선분 하나도 바꾸지 못한다.

자유의지 비판

"신은 본성의 법칙에 따라서만 활동하고 어떤 것에 의해서도 강제되지 않는다."(1부, 정리17) 법칙적인 활동, 혹은 본성상의 필연적인 표현, 이것이 스피노자로 하여금 신을 유일한 "자유원인 free cause"으로 간주하게 한다. 다른 모든 양태는 혼자서 존재할 수 없으므로, 다시 말해 자기 본성의 필연성에 따라 살아갈 수 없으므로 결코 자유원인일 수 없다. 이런 관점에서 스피노자는 신에게 자유의지를 부여하는 모든 논의들에 대해 단호히 전투를 전개한다. 그렇다면 신의 본성에 자유의지를 귀속시키는 이런 신학적 개념들은 어떤 문제를 일으키는가? 우리는 신에게 최고의 지성과 최고의 의지를 귀속시키고는 신은 이미 창조한 것이든 아직 창조하지 않은 것이든 그 모든 것을 알고 있으며, 알고 있는 모든 것을 언제든 원할 때는 만들어낼 수 있다고 생각한다. 그런데 신의 자유를 군주의 자유처럼 생각하는 사람들이 주저하는 게 있는데, 신이 현실적으로 최고의 인식자이기는 해도 현실적으로 인식하는 모든 것들을 창조해버리면 더 이상 창조할 수 있는 능력이 남아 있을 수 없으므로 신이 모든 것을 다 창조하지는 않았다는 게 바로 그것이다. 신의 전능이 소진되어 불완전한 전능이 되지 않도록 하기 위해 신이 아직 창조할 여지를 남겨뒀다는 것 말이다.

> 사실—솔직히 말해서—나의 반대자들은 신의 전능을 부정하는 것 같다. 왜냐하면 그들은 신이 무한히 많은 창조 가능한 것들을 알고 있으면서도 결코 창조할 수가 없다고 고백할 수밖에 없기 때문이다. 왜냐하면 그렇지 않고 만약 신이 [창조 가능하다고] 알고 있는 모든 것을 창조한다면 신은 (그들에 따르면) 자신의 전능을 소진해 불완전한 것이 되기 때문이다. 그러므로 신이 완전하다는 사실을 유지하기 위해 그들은 신이 자신의 능력이 미치는 모든 것을 만들 수는 없다고 동시에 주장할 수밖에 없다. 나는 이것보다 터무니없는 것 또는 이것보다 더 신의 전능과 모순되는 것을 꾸며낼 수 있는지 알 수 없다.(1부, 정리17, 주석)

알고 있는 모든 것을 창조해버리면 더 이상 창조할 수 없는 존재? 창조의 능력을 소진하지 않기 위해 알고 있으면서도 창조할 것을 몰래 남겨두는 신? 창조 능력이 소진된다는 생각, 이런 생각이야말로 신에 대한 신성모독적인 언사가 아니면 무엇인가. 이들은 이렇게 무능력에 의해 신의 능력을 증명한다는, 말도 안 되는 증명 방식을 사용하고 있는 것이다. 또한 이들은 이렇게도 말한다. "만일 신이 원했다면 현재 완전한 것을 아주 불완전한 것으로 만들 수 있으며, 반대로 [현재 사물 안에 있는 불완전한 것을] 가장 완전하게 할 수도 있다."(1부, 정리33, 주석2) 원하기만 하면 삼각형을 사각형으로 바꿀 수도 있고, 사각형의 원을 존재하게 할 수도 있다는 신. 모든 것은 오직 신의 의지에 의존하고 신의 자유재량에 달려 있다는 것이다. 이렇게 신을 아주 변덕스러운 존재로 바꿔놓고는 이것이야말로 신의 전능이라고 주장하는 셈이다. 사실 신을 무능력한 존재이자 일관성 없는 존재, 더 극단적으로 말해서 히스테리컬한 존재로 만들고 있는 것은 저 자유의지론자들인 것이다.

여기서 더 나아가 사람들은 자연이 정상적일 때는 신은 쉬고 있는 것이고, 신이 활동하는 동안은 자연의 정상적인 과정이 일시 중지된다고까지 생각한다.[5] 즉 신이 존재한다는 가장 확실한 증거는 자신들이 생각하는 것과는 다른 자연의 질서를 관찰했을 때, 즉 자연이 자신의 본래의 질서에서 벗어난 것처럼 보일 때라는 것이다. 갑자기 해가 달 뒤로 숨을 때, 엄청난 폭우가 쏟아질 때, 병충해가 극성일 때, 비가 오랫동안 내리지 않을 때 등등. 이제 이런 예외적 현상들도 자연 속에서는 결코 자연의 법칙을 어긴 것이 아니라는 것, 다 원인이 있어 발생하는 자연적인 현상이라는 사실을 알 정도로 우리의 앎은 진보했다. 그런데도 저들은 이런 '자연스러운' 현상에서 자연의 '정지'를 보고는 그것이 신의 진노이거나 신의 기쁨이라고 얘기하려 하는 것이다. 이렇게 되면 그러한 자연적 현상이 생겨나는 원인을 밝혀 설명하려는 노력은 모두 신을 모독하고 신의 섭리를 없애는 것이라는 믿음이 생기게 된다. 이렇게 사람들은 신의 능력과 자연의 능력이 전혀 다르며, 신의 능력은 왕의 자유로운 통치와 같은 것이라 자연의 능력을 정지시킬 수도 있다고 생각한다.

이해할 수 없는 것, 그런 것들만이 이들의 경탄을 자아내며, 자연현상의 원인을 알고자 하는 과학적 노력은 자신들의 믿음과 신앙의 기초인 '무지'를 파괴하는 세력, 혐오의 세력이 된다. 본성의 필연성의 관점에서 사태를 보는 것, 혹은 자연현상에 대한 자연학적인 앎, 이것에 대한 경멸 속에서 인간 이성은 상당 기간 진보의 기회를 놓치게 된다. 자유의지의 존재로서의 신, 이것이야말로 자연현상을 왜곡하는 기초이다. 그렇다면 신은 왜 그렇게 자주 자신의 생각과 의지를 마음대로 바꿀 수 있는 존재로 간주되는가? 여기에는 어떤 목적성이 관여하는데, 신이 어떤 특정한 목적(예를 들어 지고의 선(善))을 실현하기 위해 세상에 대한 태도를 바꿀 수밖에 없었다는 게 그것이다. 그런데 이렇게 함으로써 저들은 "신이 활동하는 데 있어 모범으로 관심을 갖고 어떤 특정한 목적으로서 지향하는, 신에게 의존하지 않는 어떤 것을 신 바깥에 두는 것처럼"(1부, 정리33, 주석2) 보인다. 선이라는 목적에 종속되고 만 신. 이렇게 저들은 "신을 운명에 종속시키"고 마는 것이다. 만물의 원인인 신이 신 바깥에 존재하는 다른 목적 아래 종속되어 있다는 생각처럼 신성모독적인 것도 없을 터이다.

따라서 신에 대한 인간적 규정이나 비유적 표현에 속아서는 안 된다. '신의 인도'나 '신의 지시'는 "자연의 확고하고도 불변하는 질서"에 다름 아니며, '신의 영원한 섭리'도 자연의 보편적인 법칙

을 뜻하는 것에 다름 아니다. 마찬가지로 '신의 선택'이라는 것도
자유의지적 재량이 아니라 자연의 인과적 질서로 표현된 신의 본
성을 뜻하며, '운명'이라는 것도 인간이 쉽게 이해할 수 없는 자연
의 필연적 인과에 지배되는 상황을 뜻할 뿐이다.[6] 자연의 능력이
곧 신의 능력이다. 자연의 법칙, 이 영원히 불변인 자연의 법칙에
서 벗어날 수 있는 존재는 없다. 그것이 곧 신이며, 신의 능력이란
자연의 필연적 인과법칙에 다름 아니다. 자연의 보편적 법칙에 대
한 위반은 자연 안에서는 발생할 수 없으며, 자연의 법칙에서 발
생하지 않는 자연현상은 단 하나도 없다.

  그래서 스피노자는 신의 '의지'와 신의 '지성'을 사실상 동일한
것의 다른 표현이라고 말한다.[7] 신의 지성이라는 말은, 예를 들어
(내각의 합이 2직각이라는) 삼각형의 본성이 영원한 진리로서 신의
본성 속에 영원히 포함되어 있다면, 우리가 그것을 신이 삼각형
에 대한 '관념을 갖고 있다'고 말하거나 신이 삼각형의 본성을 '알
고 있다'는 식으로 인간적인 입장에서 바꿔 말할 때 사용된다. 신
의 의지도 마찬가지다. 삼각형의 본성은 신이 창조한 것이다. 따
라서 삼각형의 본성이 신의 본성의 필연성에 의존한다는 철학적
규정을 인간적인 방식으로 말해서 신의 의지나 명령에 의해 삼각
형의 본성이 생겨났다고 하는 것이다. 신이 삼각형의 본성으로 하
여금 내각의 합이 2직각이어야 한다고 영원히 '명령'했다고 말하
든 신이 이런 삼각형의 본성을 '이해'하고 있다고 말하든 둘은 동
일한 사태에 대한 두 가지 표현에 불과하다. 따라서 신의 '의지'나
'지성', 신의 '본질'이나 '본성'은 사실 동일한 것의 다른 표현인 것

이다.[8] 일반 대중의 언어 관습에 따라 사용하는 신의 '명령'이나 신의 '의지', 혹은 신의 '뜻'은 그 안에 자의성이나 자유의지와 같이 부적절한 개념을 포함하고 있기 때문에 절대적으로 무한하며 필연적인 본성에 따라 활동하는 신에 적합할 수 없다. 신이 우리의 말을 '들었다'든지 무엇인가를 '뜻했다'든지와 같은 모든 표현은 철저히 인간적인 어법일 뿐이라는 사실에 유념해야 한다.

스피노자는 자유를 자유로운 결정이나 결단free decision이 아니라 자유로운 필연성에 위치시킨다.[9] 신에 부여된 자유나 의지, 명령이라는 인간주의적으로 오염된 개념을 신에게서 제거해야 한다. 마음만 먹으면 인류를 벌할 수도 있다는 자유재량의 군주와 같은 신이 인간으로 하여금 명령과 도덕에 종속되게 만드는 공포와 위협이 되지 않을 도리는 없다. 이런 신을 필요로 하는 자들이 인간을 사랑하는 자들일 리는 없을 테고, 종교적으로 위장된 공포를 통해 지배하고자 하는 자들일 것이다. 복속시키고 지배하고 굴종시키는 것만을 목적으로 하는 자들. 인간의 지성을 신의 지성에 귀속시키거나 인간의 의지를 신의 의지에 대입해서는 안 된다. 그렇다고 신에게 우리가 알지 못하는 목적이나 뜻이 있다고 생각해서도 안 된다. 신이 만물을 창조했다고 한다면 그것은 특정한 목적에 종속된 행위가 아니라 본성의 필연성에서 나오는 자연스럽고도 자유로운 행위인 것이다.

우리가 신 즉 자연이라고 부르는 저 영원하고 무한한 존재는 자신이 존재하는 것과 동일한 필연성에 의해 활동한다. (…) 그러므

141

로 신 즉 자연이 활동하는 이유나 원인은 신이 존재하는 이유와 동일한 것이다. 신이 어떤 목적을 위해 존재하지 않는 것처럼 어떤 목적을 위해서 활동하지도 않는다. 오히려 그가 존재의 원칙이나 목적을 갖지 않듯이 활동의 원칙이나 목적도 없다. 소위 목적인final cause이라는 것은 사물의 원칙이나 제1원인으로 간주되는 한에서 인간의 충동에 불과한 것이다.(4부, 서론)

우연도 불가능도 없는 필연의 세계

신적인 본성의 필연성에서 무한히 많은 것이 무한히 많은 방식으로 생겨나고, 그렇게 생겨난 모든 것들은 신성한 법칙에 의해서만 활동한다. 왜냐하면 "신은 사물들의 존재만이 아니라 본질의 작용인"(1부, 정리25)이기 때문이고, "신에 의해 작용하도록 결정된 사물은 자신으로 하여금 결정되지 않게끔undetermined 할 수가 없"(1부, 정리27)기 때문이다. 모든 양태들, 즉 "어떤 작용을 하도록 결정된 사물은 신에 의해 필연적으로 그렇게 결정됐"고, "신에 의해 결정되지 않은 사물은 스스로 작용하도록 결정할 수가 없다."(1부, 정리26) 신이 만물의 원인이라면 그것은 오직 신이 자기 자신의 원인이라는 의미에 한에서이기 때문에 만물의 인과는 곧 신의 인과인 것이고, 신의 인과는 만물의 인과인 것이다. 신에게 주어진 본성의 필연성은 만물의 필연성과 정확히 같은 의미이다. 물이 위에서 아래로 흐르는 게 물의 본성, 즉 신에 의해 주어진 필연적인 활동이듯이, 우리가 바람직한 욕망에 따라 사는 것도 결정된 것이고 반대로 헛된 욕망에 따라 사는 것도 결정된 것이다. 모든 것은 필연이다! 다른 말로 하면 "자연 안에는 우연적인contingent 것은 없으며 모든 것은 일정한 방식으로 존재하고 작용하도록 신적인 본성의 필연성으로부터 결정되어 있다."(1부, 정리29)

이 자연 속에 우연은 없다. 이 세계는 필연의 질서이다. 길에서 평소 친분이 있었지만 근래에 얼굴을 볼 수 없었던 사람을 '우연히' 만났다고 우리는 말한다. 그런데 이 만남 어디에 우연이라는 현상이 자리 잡고 있는 것인가. 우리가 그 길을 걸어간 것, 그 길에 그 사람이 걸어온 것, 둘이 만난 것. 이 모든 행위와 작용, 혹은 우리의 변용과 그의 변용, 그리고 두 변용의 합성, 그 어디에도 우연은 없다. 다시 말해 우리가 누군가를 '우연히' 만난 행위 안에는 자연의 질서나 법칙을 어긴 그 어떤 일도 개입하지 않았다. 자연의 법칙에서 벗어나면 우리는 아예 변용할 수도 없고, 누군가를 만날 수도 없는 것이다. 우연은 없다.

그런데도 우연이라는 개념이 쓰이는 까닭은 스피노자에 따르면 두 가지 경우에 한정된다. 그 사물의 본질이 모순을 포함한다는 사실을 모르거나 원인들의 연쇄를 모르는 경우에. 예를 들어 '영원히 사는 인간'이 우연히 가능할 수도 있지 않을까? 먼 미래에 개발될 과학기술의 힘으로 가능할 수도 있는 것 아닐까? 그러나 스피노자의 신을 공부한 우리는 인간이 다른 외부 원인에 의존하는 양태이며 유한한 존재라는 사실을 알고 있으니 영원성과 인간 사이에는 엄청난 모순이 가로놓여 있다는 사실을 안다. 따라서 영원히 사는 인간은 그 자체로 모순인, 불가능한 존재이다. 그런데도 이렇게 인간의 본성과 영원성의 본성에 대한 앎이 없는 사람들은 인간이 영원히 살 수도 있다고 말하거나, 사각형으로 된 원이 있을 수 있다고 말하거나, 신이 마음만 먹으면 다른 세계를 창조할 수도 있다고 말한다. 본성의 모순에 대한 무지 속에서만 우연이라는 사건은 발생한다.

마찬가지로 어떤 일이 발생한 인과관계를 잘 모를 때 우리는 우연히 그런 일이 생겨났다고 말하는 경향이 있다. 어떻게 그렇게 거대한 지진과 해일이 생겨날 수 있었을까? 신의 징벌이 아니고서는 도저히 설명할 수 없다고 말이다. 이렇게 기적이 존재한다는 생각, 혹은 우연이 존재한다는 생각은 자연현상과 그 자연의 인과 현상에 대한 무지에서 비롯되는 망상일 뿐이다. 지진은 지구 지각판의 움직임 때문에 발생하는 현상이고, 해일은 지진 현상에 의한 바닷물의 움직임일 뿐이다. 이 자연적인 현상 어디에도 신의 (징벌적) 의도는 개입하지 않는다. 이처럼 우리가 우연이라는 현상을 자연의 질서 속에 개입시키는 것은 자연의 인과 질서에 대한 우리 인식의 결함 이외에 그 어느 것도 아니다. 부족한 것은 인식과 이성의 능력이지 사물의 인과 질서가 아닌 것이다. 우리가 찾아야 할 것은 우연이라는 현상 이면에 존재하는 필연적인 인과의 계열이지 우연을 낳는, 보상하거나 징벌하고자 하는 신의 의도가 아니다. 이 자연 질서 안의 모든 것은 필연적이다. 따라서 우연도 없고 불가능도 없다. 일어나는 모든 것은 가능한 일이었고 그것도 현실적으로 가능한 일들이었다. 사각형의 원은 불가능하지만 그것은 현실적으로 불가능한 것이다. 우리가 불가능한 일의 가능성을 논한다는 것은 이처럼 본성상의 모순을 알지 못하거나 인과 연쇄를 알지 못할 때뿐이다. 신은 자신의 실존능력을 우연이나 불가능성 속에서 표현하지 않는다. 이 세계는 필연적인 질서의 세계이다. 니체라면 이렇게 말했을지도 모르겠다. "우연의 주사위 통을 흔드는 필연성의 저 철로 된 손"[10]이라고.

이제 이 논의를 앞에서 살펴본 '의지'에 적용해보자. 신은 필연성이라는 자유를 향유할 뿐이지 자유의지적인 재량권을 행사하지는 않는다고 말했다. 스피노자에게 의지란 데카르트와 달리 우리의 지성 범위를 벗어나 마음대로 활개치는 그런 자유의지가 아니다. 마음만 굳게 먹으면 안 되는 일은 없다고, 중요한 것은 '정신력'이라고 말하는 사람들도 아무리 의지를 다지고 다져도 대개 작심삼일인 까닭을 자신의 허약한 의지에 돌린다. 의지를 다졌는데 그 의지가 허약하다? 참 이상한 논법인데, 이런 이율배반이 발생하는 까닭은 의지를 외부 원인의 작용으로부터 자유로운 것으로 설정하기 때문이다. 의지의 자유, 이는 곧 인과관계로부터 자유로운 의지를 뜻하는 것으로서 이때 의지는 데카르트가 믿었듯이 신처럼 스스로 활동하는 무한의 능력을 갖는 것으로 간주된다. 그런데 인간은 유한한 양태이고 다른 것 안에 존재하며, 다른 것의 작용을 받아 변용하고 변화되는 존재다. 그런데 인간 안에 있는 어떤 것, 즉 의지만은 신적인 것이다? 양태 안에 존재하는 실체적인 것이다? 이런 것은 철학적으로 결코 성립할 수 없는 개념이다.

스피노자는 의지를 특정한 양태, 그것도 정신 속에 존재하는 사유 양태라고 생각한다. 주지하다시피 우리 신체가 연장속성의 특정 양태라면 우리 정신도 사유속성의 특정 양태이다. 신체가 여러 이질적인 부분들의 합성으로 구성되듯이 우리 정신도 당연히 다양한 것들로 구성되어 있다. 책상을 재현하는 '관념'도 있고, 사랑하는 대상을 재현하는 '관념'도 있으며, 이 대상을 생각할 때마다 느껴지는 '감정'도 있고, 이 대상에게 달려가고 싶은 '욕망'도 있다. 관념, 감정, 욕망이 모두 사유속성의 특정 양태이듯이 의지도 정신 속에 존재하는 사유 양태의 일종이다. 우리 신체가 외부 신체에 영향을 받을 수 있듯이 우리 정신도 외부 정신에 영향을 받을 수 있다. 이는 정신이든 신체든 속성의 변용인 양태인 한에서 스스로 존재할 수 없고 자연의 인과 지배 속에 놓여 있기 때문이다. 외부 원인의 지배를 받는 데 있어 의지도 양태인 한에서 결코 예외가 아니다.

스피노자에게 인간이라는 주체는 결코 자율적이고 주권적인 주체가 아니다. 인간은 태생 자체가 다른 무수한 원인들에 의해 지배받을 수밖에 없는 유한한 양태이다. 그런 점에서 스피노자적인 주체는 철저히 타동적인, 혹은 타율적인 존재라 할 수 있다. 그렇다면 이런 주체의 타율성 이론이 인간에 대한 모독이자 인간 해방의 위대한 기획에 찬물을 끼얹는 철학적 반동인 것일까? 그렇지 않다. 인간의 해방은 인간의 자율성에 대한 미신적 믿음에 기초하지 않는다. 오히려 그런 미신과 환상이야말로 종교적 전제주의의 지배 속에 인간을 더욱 강하게 굴종시키고 말았다는 게 역사적 현실 아닌가. "이런 가상에서 벗어나 주체의 근원적 타율성을

적합하게 인식하는 것이야말로 해방의 참된 조건"이자 철학자의
참된 과업인 것이고, 그런 점에서 스피노자의 자유의지 비판은 해
방적 주체의 기획에 있어서도 중차대한 작업인 것이다.[11]

　그런데도 우리는 신체가 타율적인 조건 속에서 수동적으로 존
재하지만 정신만은 대개 자유롭고 자발적이라고 생각하는 경향
이 강하다. 따라서 우리의 정신이 얼마나 타율적인지, 혹은 우
리의 욕망이나 의지가 얼마나 비주체적인지 확인할 수만 있다
면 정신적 자율성이라는 우리의 통념은 더 이상 존립하지 못
할 것이다. 19세기 위대한 사회학자였던 가브리엘 타르드Gabriel
Tarde(1843~1904)는 우리의 욕망과 의지가 기본적으로 타인의 욕
망과 의지에 의해 감염된 "최면 상태"와 같은 방식으로 작동하고
있다는 말로 욕망(의지)의 타율성을 명확히 보여준다. 인간이 사회
적 동물이라는 것, 그것은 이미 모방의 방식으로 존재하는 것이라
고 타르드는 단정적으로 말한다. 내가 갖고 있는 생각, 이것이 정
말 내가 형성한 고유의 것인가? 미개사회와 달리 현대사회에서는
만인이 평등하고 개인이 모든 권리의 근거인 한에서 많은 사람들
이 인간의 생각이라는 것이 기본적으로 고유하고 자발적인 것이
라 여긴다. 그러나 타르드는 이런 자유의지론과 비슷한 생각에 대
해 여지없이 비판적이다. 예를 들어 예전의 이집트인이나 스파르
타인, 히브리인들은 조상이나 정치 지도자, 혹은 예언자들의 말과
생각에 "매혹되어" 최면 상태에나 빠진 듯이 그들의 생각을 자신
의 것으로 여기고 복종했다고 한다.

　람세스에서 알렉산더, 알렉산더에서 마호메트, 마호메트에서 나

폴레옹에 이르기까지 정말로 얼마나 많은 위인들이 이처럼 그들 백성들의 혼을 집중시켰는가? 한 인간의 영광이나 재능이라는 이 빛나는 점에 대한 오랜 시선 고정이 얼마나 자주 사람들 전체를 강경증에 빠지게 했는가! 마비 상태란 우리가 알고 있는 것처럼 최면 상태에서는 겉으로 보이는 것에 불과하다. 그 마비 상태는 극도의 과도한 흥분을 숨기고 있다. (⋯) 자세하게 보면 이 신으로서의 왕은 모든 인간 왕조와 모든 신화의 공동 원리인데, 그들은 발명자였거나 외부 발명의 도입자였다. 한마디로 하면 선도자였다. 그들이 보여준 최초의 기적들은 사람들에게 깊고 확고한 마비를 일으켰다. 이 때문에 그들의 주장과 명령 하나하나는 그들이 탄생시킨 어찌할 바를 모르며 막연하기만 했던 무수한 갈망들, 즉 맹목적인 믿음 욕구와 행동 수단이 없는 활동 욕구에 거대한 출구를 열어주었다. (⋯) 원시적인 복종은 전혀 다르다. 최면술사가 최면 상태에 있는 사람에게 울라고 명령하면 그는 운다. 여기에서는 자아만이 복종하는 것이 아니다. 몸 전체가 복종한다. 군중이 선동가에게 복종하거나 군대가 지휘관에게 복종하는 것도 종종 거의 마찬가지로 기이하다.[12]

즉 고대인들의 생각은 기본적으로 예언자들이나 조상들이 가진 생각의 모방이자 반복이라는 것이다. 따라서 여기서 자발적인 관념, 즉 자유의지를 논한다는 것 자체가 어불성설이다. 저들이 온몸으로 울고 있을 때 그 울음이 어찌 자발적인 것이겠는가. 최면술사가 울라고 명령하면 우는 그들이. 그렇다면 현대는 어떨까?

타르드는 어린아이를 예로 들어 설명하는데 아이가 학교에 가면 부모에 대한 최면 상태에서 빠져나와 자율적인 주체가 되는 것이라고 생각하겠지만 사실 이 아이는 또 다른 최면 상태에 빠진 것이다. 즉 아주 멋진 선생님에게 매혹되어 그 선생님을 모방하고 그 선생님의 지시만을 따르고자 애쓰는 것, 그것이 그 아이의 학교생활인 것이다. "이른바 잠에서 깨어났다는 것은 잠의 변화나 누적에 불과하다." 현대인들이 고대인들보다는 합리적이고 개인적인 방식으로 매혹의 대상을 선택하기는 하겠지만 그것이 모방이자 최면이라는 사실 자체는 변화가 없다는 말이다. 현대사회는 권위적인 지도자에 의한 일반적인 모방보다는 상호간의 모방, 그리고 이 모방의 연쇄를 통해 사회적인 유행 관념들을 형성한다. 도대체 누구의 생각이 유일하게 자유롭고 자발적이며 기원적일 것인가. 그 누구도 이 모방의 계열에서 빠져나오지 못한다. 우리는 태어나면서부터 부모의 생각을 모방하며, 학교에서는 선생님, 친구들, 정치 지도자들, 위인들에 최면당해 대단히 빨리 잠에 빠져든다. 이런 점에서 우리의 생각이나 행위는 최면술사에 의해 조종되는 상태, 한마디로 "일급 몽유병자들"의 생각이자 행위라고까지 극단적으로 말할 수 있는 것이다.

우리는 탁월한 모방자들이다. 우리의 관념도, 욕망도, 의지도 이미 모방된 것이다. 사회적으로 존재한다는 것 자체가 이미 관념과 신앙과 욕망에 대한 모방과 전염에 빠져들지 않을 수 없게 하는 것이다. 심지어 우리 욕망을 지배하는 어떤 관념조차 자유로운 관념일 수 없다. 의지가 자유롭다는 생각, 그것이야말로 일종의 독단론이자 사회적 현상에 대한, 그리고 우리 정신의 본성에 대한 무지에 바탕을 두고 있는 것이다. 하나의 생각은 다른 생각으로 전염되고, 다른 생각은 또 다른 생각으로 전염되는 연쇄반응을 겪는다. 이것이 정신의 법칙이자 욕망의 법칙이다. 자유로운 욕망도, 자유로운 정신도 없다. 신체와 마찬가지로 욕망이나 정신도, 그러므로 의지도 인과의 법칙 속에서만 존재하는 것이다. 따라서 "의지는 자유로운 원인이 아니라 단지 강제된^{necessary} 원인이라 일컬어질 수 있다."(1부, 정리32) 자연 속에 존재하는 사물들이 일정하게 결정된 방식으로 작동하듯이 우리의 의지도 자신을 촉발하고 변용시키는 원인들의 영향을 받는다.

스피노자가 의지를 인간 사유의 특정한 양태라고 규정해야 했다면 그 까닭은, 이 의지를 신에게 귀속시켜 신의 자유의지를 주장하면서 이 세계를 신이 좌지우지할 수 있는 것처럼 생각하는 사람들이 많기 때문이다. 이 세계는 필연적인 세계로 이 세계에 우연은 없으며, 있는 것은 본성과 법칙에 대한 우리의 인식 부족일 뿐이다. 신은 오직 자신의 본성의 법칙에 의해서만 활동하는 존재이고, 따라서 만물도 이 법칙에서 예외일 수가 없다.

그리고 이 자연의 질서는 영원한데, 왜냐하면 신은 스스로 존재하는 실체라 외부에 자신을 산출할 다른 실체를 갖지 않기 때문이다. 여기서 말하는 영원이란 "'언제'라는 것도 없고, '이전'이나 '이후'도 없는 것"(1부, 정리33, 주석2)이다. '이전'을 아무리 길게 늘여 그 끝에 이르게 해도, '이후'를 아무리 길게 늘여 그 끝이 보이지 않게 해도 그것은 시간의 길이가 늘어난 것이라고 보지 영원하다고 말하지는 않는다. 이를 시간의 '지속duration'이라고 말하는데, 신의 영원성은 시작도 끝도, 언제도 없는 것, 그래서 오래 계속되는 질서가 아니라 영원한 질서인 것이다. 그러니 이 영원한 질서가 도대체 어떻게 다른 질서로 바뀔 수 있겠는가. 신이 마음만 먹으면 이 자연의 질서를 정지시키고 다른 세계를 만들어버릴 수 있다는 것은 신이 자신의 본성을 스스로 제한한다는 말인데, 이는 절대적으로 무한한 신의 본성에는 모순적인 말이다. 니체의 용법을 따서 말하자면 저편의 다른 세계는 존재하지 않는 것이다.

"사물들은 산출된 것과는 다른 그 어떤 질서나 방식으로도 신에 의해 생산될 수 없다."(1부, 정리33) 지금 산출된 사물들의 질서, 즉 자연의 질서가 신의 질서이고 신의 본성이며 신의 명령이다. 따라서 다른 질서는 없다. 오직 이 세계, 이 세계만이 영원하다. 사물의 본성이 달라지면 자연의 질서가 달라지고, 자연의 질서가 달라지면 이 세계를 만든 신의 본성도 달라져야 한다. 본성이 달라진 신? 모든 것이 본성에 의해 결정된다고 할 때 본성이 달라진 신이라면 우리가 알고 있는 신이 아닐 것이고, 그렇다면 신은 이미 둘 이상이라는 말인데(1부, 정리33, 증명) 이야말로 신성모독이 아닌가. 이 세계의 질서는 영원하고 결코 다른 질서로 바뀔 수 없다. "신은 영원하다. 혹은 모든 신의 속성은 영원하다."(1부, 정리19)

다른 세계를 꿈꾸면서 이 세계를 저주해서는 안 된다. 이 세계를 부정하면서 다른 세계를 긍정한다는 것, 그것은 유일한 신을 둘 이상의 다신(多神)으로 만드는 일임을 유념해야 할 것이다.

신이 만든 이 세계에는 우연도 없고 불가능도 없으며 자유의지도 없다. 우연과 불가능(가능성)과 자유의지는 무지의 소산이거나 이 세계에 대한 부정이거나 신성모독이다. 신은 만물이고, 만물은 신이다. 스피노자의 어법으로는 "신 즉 자연God or Nature." 자연, 그것이 신이다. 그렇다면 스피노자의 '자연'은 무엇일까? 자연은 우선 만물들일 것이다. 공기, 물, 불, 땅, 하늘, 인간, 동물, 식물, 미생물, 책상, 바람, 생각, 욕망, 감정 등등. 그러나 우리는 스피노자의 자연이라는 개념 속에는 사물들과 함께 그 사물들의 본성에 따른 모든 법칙적 활동에 대한 규정까지 포함되어 있다고 생각한다.[13] 공기는 공기의 본성에 따라 움직이고, 불은 불의 본성에 따라 활동한다. 인간이 자신의 본성에서 벗어나 미생물의 본성에 따라 살 수 없듯이 책상은 책상의 본성에 따라, 전쟁도 전쟁의 본성에 따라 발생하고 사라진다. 신이 만든 이 세계 안에서 모든 것은 오직 그 본성에 따라 변용한다. 본성에 어긋나게 살 수 있는 게 도대체 이 자연 속에 어디 있는가. 본성이 변할 수 있다는 것, 그것은 곧 세계 질서의 변화이자 신을 둘 이상으로 만드는 노릇인데 말이다. 자연Nature, 즉 自然은 '스스로 그러함'이다. 스스로 그러함이란 곧 본성의 필연성에 의해서 활동한다는 스피노자의 말과 다를 바가 없다. 물이 물의 본성을 거스를 수는 없듯이, 중력은 중력의 본성을 따르고, 사랑도 사랑의 본성을 따르며, 증오도 증오의 본성을 따른다. 이 세계 전체는 각 사물과 사건들이 자신의 본성의 필연성에 따라서 움직이는 신이다. 이 세계가 인간의 눈에 예측 불가능하고 혼란스럽게 보이는 것은 만물이 자유의지대로 움직여서가 아니라 만물이 정확히 자신의 본성의 '필연성'에 따라 활동하

기 때문이고, 이 세계가 인간의 눈에 아름답게 보이는 것도 만물
이 자신의 본성의 '필연성'에 따라서 활동하기 때문이다. 기묘하
면서도 아름답고, 끊임없이 새로운 사건을 낳는 세계, 그것이 바
로 신의 세계, 즉 본성의 필연성의 세계, 자연의 세계인 것이다.

세계에 대한 인간주의적 환상의 정체

이런 [증명들]로 나는 신의 본성과 성격properties을 설명했다. 그
는 필연적으로 존재한다는 것, 그는 유일하다는 것, 그는 그 본성
의 필연성에 의해서만 존재하고 활동한다는 것, (그리고 어떻게) 그
가 만물의 자유원인인지 하는 것, 모든 것은 신 안에 있으며 그토
록 신에게 의존하기에 신 없이는 존재할 수도 파악될 수도 없다
는 것, 그리고 마지막으로 만물은 의지의 자유나 절대선이 아니
라 신의 절대적 본성 혹은 무한한 능력으로부터 신에 의해 예정
되어 있다는 것.(1부, 부록)

신'에 의해' 존재하고 신'에 의해by' 활동하는 만물, 하지만 우리
가 늘 오해하는 것이 있으니 바로 '~에 의해'라는 말의 의미이다.
신이 절대군주와 같이 자의적으로 권력을 행사하는 존재가 아니
라 삼각형의 정의에서 삼각형의 특성이 도출되듯 본성의 필연성
에 의해 활동하고 생성한다는 사실을 아무리 강조해도 우리가 자
꾸 오해하는 까닭은 바로 '~에 의해'라는 언어가 갖는 함정 때문

이다. 그렇다면 우리는 왜 자꾸 신을 어떤 자유의지의 존재라고 생각하고, 어떤 목적의식 속에서 활동하는 존재라고 생각하는 것일까? 신과 세계에 대한 이 인간주의적 환상의 근원 혹은 정체는 무엇일까?《에티카》1부 마지막에 실린 부록을 살펴보도록 하자.

신의 본질과 세계의 작동 원리에 대한 오해의 배경에는 다름이 아니라 바로 인간 삶의 방식, 즉 세계 내 존재로서 살아갈 수밖에 없는 인간의 삶이 있다. 어떤 잘못된 주입에 의해서라기보다는 인간이 일상적으로 살아가는 삶, 그것 자체가 근본적으로 오해에 기초하는 것이다. 알튀세르Louis Althusser(1918~1990)의 말에 의지하자면 이런 오해와 오독들은 "낯선 부가물"이 아니라 우리가 살아가는 "직접적 생활 세계lebenswelt" 그 자체이다. "그것은 세계가 상상과 분해 불가능하고 분리 불가능할 정도로 상상이 세계를 관통하고 있다는 것을 뜻한다."¹⁴ 특정한 목적을 위해 자유의지의 재량에 따라 활동하는 신, 혹은 인간. 이런 오해는 단순한 날조가 아니라 인간의 삶 자체에 내장되어 있는 도식과 같은 것이다. 우리가 이런 오해 속에서 벗어나기 어려운 까닭이 바로 이것이다. 그렇다면 이런 오해를 낳는 우리의 "직접적 생활세계"는 어떤 방식으로 구성되어 있는가?

들뢰즈의 용어로 하면 여기에는 모두 세 가지 망상, 혹은 환상illusion이 개입한다.¹⁵ 먼저 인간이 자신을 자유로운 존재라 생각하는 환상이 있다. 미개사회든 현대사회든 인간들은 대개 어떤 상황이나 사건의 발생 원인은 잘 모르면서도 자기 이익은 열심히 추구하고, 또 그런 이익에 대한 자신의 욕망을 충분히 알고 있다. 자신의 욕망은 인지하지만 욕망의 원인을 탐색해본 일은 거의 없기 때문에 인간은 자신이 자유롭게 그런 욕망을 가지고 있는 것이라 생각하게 된다. "자유의지라는 환상." 다음으로 인간은 사건이나 자기 욕망의 인과관계를 따지지 않고 자신을 자유로운 존재라 생각하기 때문에 여기서 모든 일을 자신을 중심으로, 다시 말해 자신의 필요나 목적을 중심으로 생각하게 된다. 이에 따라 만물은 자기를 중심으로 자기 이득과 목적에 유용한 것과 불필요한 것으로 나뉘고, 인간이라는 목적과 자연이라는 수단의 구분까지 생겨나게 된다. "목적인이라는 환상."

　이렇게 두 가지 환상을 기본적으로 내장한 인간이 세계를 둘러보고 있다. 물고기도 있고, 염소도 있고, 과일도 있으며, 태양도, 바다도, 땅도, 비도, 동료들도 있다. 눈은 왜 존재할까? (내가) 보기 위해서. 이는? (내가) 씹기 위해서. 그렇다면 저 많은 동물과 식물은 바로 '우리'의 식량이 되기 위한 목적 아래 존재하는 수단이다. 태양은 우리의 시야를 밝게 비추기 위해 존재하고 바다는 우리의 식량인 물고기를 기르기 위해 존재한다. 우리는 이처럼 모든 자연물을 우리의 필요(목적)을 위한 수단으로 간주하는 것을 아주 당연하게 여긴다. 여기서 자연은 두 영역으로 나뉘게 되는데, 목적을 갖고 자유의지에 따라 활동하는 인간과 "창조 역량을 가지지 못해 수단으로만 개입할 수 있는, 말하자면 자기 존재를 정당화하기 위해 한 방식이나 다른 방식에서 의지로 귀결시켜야만 하는 물질적 필연성의 질서"가 그것이다. 한마디로 "의지를 갖는 것과 의지를 갖지 않는 것."[16] 이처럼 환상을 바탕으로 사는 인간들은 계속해서 자신을 자연 안의 예외 상태로 간주한다.

　자유의지와 목적성의 환상은 새로운 오류와 환상으로 이어지면서 최고조에 달한다. 이런 모든 자연물을 우리가 직접 만들지는 않았지 않은가. 따라서 우리가 사용하도록 이런 자연물을 우리에게 제공한 누군가가 분명히 있었을 것이다. 이처럼 인간은 자신을 제1원인이라고 상상할 수 없을 때는 새로운 제1원인을 만들어낸다. 바로 "신이라는 환상." 그런데 인간보다 위대한 이 새로운 제1원인에 대해 들어본 적이 없으므로 자신들에 비추어 그 위대한 존재를 판단할 수밖에 없다. 이제 신의 성정(性情)과 본성은 철저히 인간적으로 규정된다. 신을 위해 인간에게 의무를 지우고, 인간에게 존경받기 위해서 모든 것을 인간으로 하여금 사용하게 했다는.

　신이 우리로 하여금 존경받기 위해 인간에게 소용되는 만물을 만들어놓았다는 이 인간중심적인 세계 인식은 여기서 그치지 않는다. 생각해보자. 이 자연에는 인간에게 유익한 것도 있지만 해로운 것도 존재한다. 폭풍우, 지진, 질병 등은 어떤가. 인간을 위해 자연물을 마련한 신이 왜 이렇게 해로운 것들을 준비해두셨을까? 자연의 인과를 정확히 파악할 능력이 없는 인간들, 세 가지 망상으로 무장한 인간들은 이제 최악의 해석술을 발명해낸다. 이 모든 추하고 고통스러운 것들이 인간의 악행과 과실 때문이 아니라면 무엇이란 말인가. 고통은 죄에 대한 응분의 벌이다! 인간은 벌을 받아야 할 존재이다. 자유의지와 목적론 속에서 자연의 예외적인 존재로 우월감을 갖던 인간이 이제 그 예외성 속에서 무가치함 속으로 추락한다. 이런 망상과 해석술을 갖고 있는 사람들을 계몽하기란 거의 불가능하다. 왜냐하면 죄는 조금도 짓지 않고 오직 신을 경배하면서 신실하게 사는 사람들도 불경한 사람들과 마찬가지로 질병과 고통 속에 빠진다고 말해도 저들은 자신의 편견을 고치기보다는 그 망상을 보완할 수 있는 또 다른 해석술을 가동하기 때문이다. 이것마저 신의 '섭리'라면서 또 신에게 어떤 목적을 끼워 넣는다. 왜 경건한 인간들조차 신의 징벌을 받아야만 하는 것인지 이해할 수 없다고? 맞아, 타락하고 죄를 진 우리가 어찌 신의 섭리를 알 수 있단 말인가. 이해할 수 없어도 믿겠다는, 오히려 이해할 수 없기 때문에 숭배하겠다는 광기. 니체 식으로 표현하면 불합리하므로 믿는다는 광기.

신의 의중은 인간이 결코 알 수는 없다는 것, 이는 인간의 겸손이 아니다. 자연의 인과에 대한 무지 상태를 유지하면서 신에게 맹목적으로 복종하기 위한 나태한 인간들의 처세술이다. 이들에게 인과적인 자연적 지식은 전혀 힘을 쓰지 못한다. 스피노자가 이야기한 유명한 예가 있다. 지붕에서 돌이 하나 떨어져 지나가던 사람이 죽었다고 할 때, 이들은 돌이 그 사람을 죽이기 '위해서' 떨어졌다고 말한다. 왜냐하면 돌이 그렇게 신의 의지에 따라 죽이기 위한 목적으로 떨어지지 않고서는 그토록 많은 전후사정이 일치할 수 없을 것이기 때문에. 이에 대해 바람이 부는 날 그 밑을 지나갔기 때문에 그런 일이 일어났다고, 즉 바람이 원인이라고 우리가 반박하면 저들은 왜 그때 하필 바람이 불었느냐고 묻는다. 바다가 거칠어져서라는 원인을 제시하면 왜 그때 바다가 거칠어졌는지 추궁한다. 친구의 초대 때문에 그 길을 가고 있었다고 하면 왜 그때 초대를 받았느냐고 묻는다. 대답할 방법이 도대체 없다. 따라서 신이 돌을 떨어뜨려 그 사람을 죽이려 했다는 결론 없이는 수많은 우연들이 일치할 수 없다.

신의 의지가 모든 사건의 원인이라는 것은 실상 어떤 원인도 파악하고자 하지 않는 태도에 다름 아니다. "무지의 피난처." 알지 않으려고 작정한 이들에게, 무지로의 환원을 선택한 이들에게 통하는 인과적 인식은 없다.[17] 스피노자의 한탄이 절절히 이해되는 것은 이 때문이다. "목적에 관련되지 않고 단지 도형의 본질과 특성들에만 관계하는 수학이 진리에 대한 또 다른 규범을 제시하지 않았더라면 진리는 인류로부터 영원히 숨겨지고 말았을 것이다." (1부, 부록) 그 사람을 죽이기 '위해' 돌이 떨어지고, 그 사람을 죽이기 '위해' 친구의 초대가 행해지고, 그 사람을 죽이기 '위해' 바다가 거칠어지고, 그 사람을 죽이기 '위해' 그 사람이 그 순간 그 길을 지나가고. 돌, 바다, 길, 초대, 이 모든 것들에 목적을 설정하는 저들 앞에 그나마 우리가 할 수 있는 게 기하학적 항변밖에 없다고 스피노자는 절망한다. 사각형이 책상을 만들기 위해 존재하지 않듯이 기하학적 대상은 순수 추상이라 어떤 목적도 개입하지 않는 것이다. 이렇게 기하학적 진리가 있을 수 있다는 것, 다시 말해 목적인 없이 존재하는 진리가 있다는 것을 기하학이 아니었으면 우리는 영영 알 수 없었다는 스피노자의 탄식은 자유의지와 목적인과 신이라는 망상으로 무장한 인간들의 무지와 이해하지 않고자 하는 완고함에 대한 탄식이다. 인간의 환상은 정말 뿌리 깊다.

Ethica

3부 정신과 신체의 본성에 대하여

Spinoza

6

심신평행론과
반코기토적 신체론

신의 전지적 능력이란 무엇인가

절대적으로 무한한 변용 능력의 신이 만물의 생산을 통해 자신의 능력을 표현한다고 할 때, 그 생산의 절차는 어떻게 될까? 이제 신에서 양태로, 즉 "영원하고 무한한 절대자의 본질에서 필연적으로 생겨나지 않으면 안 되는 것들"로 우리의 눈길을 돌려보자. 신의 절대적인 무한성은 무한히 많은 것을 생산하는 까닭에 신의 모든 변용을 다 살펴볼 수는 없다. 그래서 우리 고찰의 대상을 사유속성과 연장속성에 한정할 수밖에 없는데, 그렇다고 우리 인식이 부족해지거나 열등해지는 것은 아닌데 그 까닭은 이 두 속성의 변용만을 정확히 고찰해도 나머지 속성들도 덩달아 이해할 수 있다는 스피노자의 평행론이 있기 때문이다.

우리 인간은 '생각하는' 존재이다. 따라서 '생각'은 분명 신이 갖고 있는 사유속성의 변용, 즉 사유속성의 한 양태일 것이다.("사유는 신의 한 속성이거나 신은 생각하는 존재이다."(2부, 정리1)) 그렇다면 '생각'이 아니라 속성으로서의 '사유'를 갖고 있는 신이란 무엇일까? 신이 사유속성을 갖고 있다는 말은 어떤 의미를 가질까? 자신의 무한한 능력을 통해 생산한 모든 것들에 대한 앎, 이것이 바로 신의 사유속성으로서 신은 자신이 만들어낸 모든 변용들을 알고 있어야 하는 것이다. 따라서 사유속성은 신의 앎, 신의 이해, 신의 무한한 지성이라고 할 수 있겠다. 그렇다면 자신이 창조한 것을 알고 있는 신, 이 신의 앎과 이해란 정확히 무엇인가? 도자기를 만들었다는 사실을 아는 도예가의 앎? 아니면 도자기의 형태나 성질을 아는 도예가의 앎? 신의 지성과 앎을 파악하기 위해 잠시 기하학으로 건너가보자. 원을 이해한다는 것은 무엇인가? 중심에서 동일한 거리에 있는 점들의 집합이라는 사실을 아는 것인가, 아니면 눈앞에 그려진 동그라미를 원이라고 말할 수 있다는 말인가? 스피노자의 이해나 앎은 그런 것이 아니다. 원을 이해한다는 것은 원의 본성(정의)에서 '도출되는(발생하는)' 다양한 특성들을 안다는 뜻이다. 원을 아는데도 그 특성을 모른다면 최소한 스피노자적인 앎은 아닌 것이다.

신의 이해도 마찬가지다. 신은 절대적으로 활동한다. 신의 활동은 신의 의지가 아니라 본질이다. 그리고 신의 활동은 만물의 생산이다. 신의 본질이라는 활동이 곧 만물의 생산이므로 신의 본질에서 만물이 필연적으로 생산되는 것이라 할 수 있을 것이다. 원에 대한 이해가 원의 본성에서 도출되는 다양한 특성들에 대한 앎이듯이 신의 앎도 신의 본성에서 도출되는 다양한 특성들(즉, 양태들)에 대한 앎이어야 한다. 신의 앎은 만물을 창조하고 나서 그 창조된 것에 대해 이름을 하나하나 부여해가면서 만물을 알아가는 그런 사후적인 앎일 수 없다. 그런 앎은 만물의 생산과 만물에 대한 이해가 신의 본성 속에서 서로 분리되어 있다는 느낌을 준다. 만물을 생산한 신, 그리고 그 만물을 알아가는 신. 혹은 만물을 미리 알고 있는 신, 그리고 아는 것 중에서 무엇을 골라서 만들고 있는 신. 앎에 대한 우리의 잘못된 인식에서 비롯된 이런 분리된 신은 신이 알고 있음에도 아직 창조하지 않은 사물이나 세계가 있어 인간을 위해서든 혹은 인간을 징벌하기 위해서든 언제든 그것을 만들어낼 수 있다는 미신으로까지 확산되는 것이다.

우리는 앞에서 신의 활동과 생산이 그 본성에서 나오는, 그것도 '필연적으로' 도출되는 것이라고 누누이 강조해왔다. 그런데 우리는 이 본성적 필연성을 신의 사유에까지 적용할 생각은 하지 않는다. 정신의 자율성, 혹은 의지의 자유와 같은 잘못된 인식이 여전히 우리를 지배하고 있기 때문이다. 사유하는 존재, 즉 사유가 그 속성이 되는 신은 사유속성의 특성상 "사유하는 능력에 있어서 무한하다." 그렇다고 이 무한성이 그 자의성에서 무한한 것은 아니다. 사유속성도 신적인 본질의 필연성과 그 법칙에 따라서만 무한해야 하는 것이다. "신은 자신을 이해하는 필연성과 동일한 필연성에 따라 활동한다."(2부, 정리3 주석) 신의 사유에서 우연성이나 불가능성(가능성)은 존재하지 않는다. 바로 이런 조건 속에서만 신의 앎과 신의 이해라는 의미가 포착되어야 한다.

우연과 자의성, 혹은 자유의지를 신의 활동과 신의 이해 속에서 완전히 제거한 채 신의 앎을 파악해보자. 신의 본질에서 필연적으로 만물이 생산된다. 만물의 생산은 신의 자유의지가 아니라 그 본성에서 나오는 것이다. 본성에서 발생하는 만물들. 원의 본성에서 발생하는 다양한 특성들. 둘 사이의 대응관계에 주목해 해석해보면, 신의 본질에서 필연적으로 생겨나는 만물이 있다면 이 발생된 모든 것들에 대한 관념도 반드시 신에게 존재해야 할 것이다. 이것이 바로 신적인 이해이자 앎인 것이다. 신의 앎은 아직 생산하지 않고 남겨둔 것(가능성의 영역)까지도 혼자 알고 있다고 할 때의 앎이 아니라 필연적으로 산출된 산물에 대한 필연적인 이해인 것이다. "신 안에는 자신의 본질에 대한 관념과 그 본질로부터 필연적으로 발생하는 모든 것에 대한 관념이 필연적으로 존재한다."(2부, 정리3) 이 명제를 잘 들여다보면 이렇게 된다. 본질→만물의 생산: 본질에 대한 관념→생산된 만물에 대한 관념. 신의 생산적 본질이 있다면 이 본질에 대해서도 신은 알고 있어야 하며(본질에 대한 관념), 생산적 본질에서 만물이 생산되어 나온다면 그 생산된 것에 대해서도 알고 있어야 한다(생산된 만물에 대한 관념). 따라서 이렇게 말하는 게 더욱 중요해진다. 신은 생산하지만 알지 않고는 생산하지 못한다. 역으로 신은 알고 있지만 생산하지 않고는 알지 못한다. 신의 생산은 생산된 것에 대한 관념과 함께 오직 그 본성의 필연성만을 따른다.

신이 스스로를 표현하는 한에서, 그는 스스로를 이해하지 않고서는 스스로를 표현하지 않는다. 신은 하나의 관념 속에서 표상적으로(objectively) 스스로를 이해하지 않고서는 그의 속성들 속에서 형상적으로(formally) 스스로를 표현하지 않는다. 신의 본질은 하

나의 관념 속에 표상적 본질로서 표현되지 않고서는 속성들 속에 형상적 본질로서 표현되지 않는다.[1]

사유속성이든 연장속성이든 모든 속성은 신 안에서 대등해야 한다. 신이 변용할 때 그 변용이 단지 연장속성에서만 나타나서 는 곤란할 것이다. 따라서 신이 한 번 변용할 때 그것은 모든 속성 들로 동시적이고도 동일하고 대등하게 표현되어야 하는데 이것 이 바로 "형상적으로 스스로를 표현"한다는 뜻이다. 신의 변용은 속성들의 질적인 성격에 맞춰 각각의 방식 속에서 형상적으로 표 현된다. 다시 말해 신의 변용은 연장속성에서는 연장의 방식으로, 사유속성 속에서는 사유의 방식으로, 그리고 우리가 모르는 속성 에서도 그 속성의 질적인 장르에 맞는 형상으로. 그런데 신은 이 해하지 않고는 활동하지 못하고, 활동하지 않고는 이해하지 못하 므로, 수많은 속성들 속에서 형상적으로 표현된 신의 변용은 사유 속성 속에서 관념의 형태로도 표현되어야 할 것이다. 관념은 기본 적으로 어떤 대상에 대한 표상(재현, representation)으로서 형상적으 로 표현된 신의 변용은 사유속성 속에서는 표상적으로 표현된다 고 말한다. "하나의 관념 속에 표상적 본질로서 표현되지 않고서 는 속성들 속에 형상적 본질로서 표현되지 않는다." 신이 (사유 속 에서 표상적으로) 이해하고 있는 것, 그것은 이미 다른 속성 속에서 (형상적으로) 생산되어 있는 것이고, 신은 이해하는 대로 생산하고, 생산하는 대로 이해한다. "사유하는 신의 [현실적] 능력은 활동하 는 신의 현실적 능력과 동등하다."(2부, 정리7, 보충) 신의 활동 능력

=신의 사유 능력. 이름하여 능력들의 평행론.

반영론적 인식론과 평행론적 인식론

'생산한 것'과 그 '생산한 것에 대한 관념'은 모두 신의 본성의 필연성에서 도출되는 것들이었다. 그런데 우리의 일상적 인식론은 이와 정반대의 결론을 갖고 있다. 다시 말해서 사물이 먼저 있고, 관념은 이 사물을 반영하거나 표상하는 것이라고. 관념의 '표상적' 성격은 사물의 '형상적' 존재 이후에 출현하는 것이라는 이런 반영론적 인식론은 스피노자적인 인식론과는 관계가 없다. 그리고 우리가 앞에서 사용한 '표상적'이라는 말도 이런 반영론적인 용법과는 관계가 없다. 만약 반영론적 인식론을 받아들이게 된다면 우리는 신이 먼저 만물을 창조하고 나서 이 창조된 것에 대해 차후에 관념을 형성했다고(즉, 표상했다고) 생각해야 하는데, 그렇게 되면 서로 동등하고 대등한 속성들에 대해 선후와 우열의 관계를 부여하는 잘못을 범하게 된다. 사유속성은 여타의 속성들에 비해 늦거나 차후에 발생하는 것일 수 없다. 모든 속성들은 무한성에서 서로 동등하기 때문에 형상적인 것들은 표상적인 관념에 의해 신 안에 동시에 존재해야 할 것이다.[2] 모든 속성들은 이미 자체적으로 파악되는 실체적 성격을 갖기 때문에 속성들 사이에는 그 어떤 반영적 관계도, 인과관계도, 선후관계도 없다. 이름하여 속성들의 평행론.

• 관념들의 형상적 존재는 신이 사유하는 존재로 고찰되는 한
에 있어서만 신을 원인으로 인정하고 신이 다른 어떤 속성에 의
해 설명되는 한에 있어서는 그렇지 않다. 즉 신의 속성에 대한 관
념과 사물에 대한 관념은 대상 자체나 지각된 사물을 작용인으로
인정하지 않고 신이 사유하는 존재인 한에 있어서 신 자체를 작
용인으로 인정한다.(2부, 정리5)

• 각 속성의 양태들은 자신들이 양태로 되는 속성 아래에서 신이
고찰되는 한에 있어서만 신을 그 원인으로 가지며 신이 다른 어
떤 속성 아래에서 고찰되는 한에 있어서는 그렇지 않다.(2부, 정리
6)

만물의 원인은 신이다. 따라서 관념의 원인도 신이고 사물의 원
인도 신이다. 하지만 관념과 사물 사이에는 (표상적) 인과관계가
없다. 관념의 원인을 사물로 볼 때 우리는 반영론적 인식론으로
향하게 되고, 이에 따라 속성들 사이의 대등성에서 멀어지게 된
다. 스피노자는 원인들의 계열을 속성들의 계열에 따라 정확히 분
리한다. 속성들의 평행론에 따라 사물은 (자신이 속한 속성의) 사물
끼리만 인과관계를 주고받으며 관념도 (자신이 속한 사유속성의) 관
념들끼리만 인과관계를 주고받는다. 따라서 모든 것은 신을 원인
으로 하지만 관념의 원인은 사물이 아니라 신을 사유하는 존재로
봤을 때의 신이다. 그리고 사물도 신을 원인으로 하지만 오직 신
이 그 사물이 속한 속성으로 고찰되는 한에서이다.

여기서 우리는 우리 정신이 활동하는 한 양상을 파악할 수 있

게 된다. 정신은 사물과 독립해서 관념들만의 인과관계 속에 존재한다. 이것이 바로 스피노자의 "정신적 자동 기계spiritual automaton"라는 개념이 뜻하는 바이다.[3] 관념들은 외부 사물을 반영하는 방식으로 활동하는 게 아니라 정신의 영역 내에서 자동 기계처럼 작동한다는 말이다. 마찬가지로 신체적 자동 기계라는 말도 성립할 수 있지만 이는 우리가 이미 신체에 대해 형성하고 있는 이미지이기 때문에 구태여 언급할 필요가 없다. 중요한 것은 정신적 자동 기계이자, 이것의 의미이다. 정신적 자동 기계는 정신이 기계처럼 움직인다는 뜻이 아니라 사물과 독립해서, 혹은 사물과 평행하게 관념들만의 인과관계를 통해 작동한다는 말로서, 반영론적 인식론에서 벗어나기 위한, 일종의 개념 발명인 셈이다. 이를 평행론적 인식론이라고 불러보자.

속성들은 실재적으로 구별되고 평행하기 때문에 모든 속성은 자신의 방식으로(즉, 형상적으로) 신의 본질을 표현한다. 따라서 신 안의 관념도 신이 만든 사물(즉 관념과는 다른 속성의 양태)을 원인으로 하는 게 아니라 사유속성으로서의 신을 원인으로 할 뿐이다. 어찌 보면 신은 동일한 한 존재 속에 두 측면을 갖고 있다고 할 수 있을 텐데, 형상적인 측면과 표상적인 측면, 혹은 활동 능력의 측면과 사유 능력의 측면이 그것이다. 사물에 관념이 대응한다면, 다시 말해 관념이 사물을 표상하거나 재현한다면 그것은 사물이 관념의 원인이기 때문이 아니라 신이 자신의 변용을 형상적 방식과 표상적 방식으로 동시적으로 표현하기 때문이다. 신의 활동은 곧 신의 이해(앎)이다. 신은 이해하지 않고서는(즉 표상적으로 표현하

지 않고서는) 생산적으로 활동하지 않는다(즉 형상적으로 표현하지 않
는다). 그리고 (사유속성 혹은 관념 양태로 표현되는) 표상적 측면이 항
상 참인 까닭은 그것이 신적인 관념이기 때문이다. "스피노자에게
관념의 원인은 개별 주체의 독특한 능력이 아니라 사유속성의 양
태가 지닌 영원한 특성으로 파악된 지성의 능력이며, '정신적 자
동장치' 이론이 의미하는 것이 바로 이것이다. 따라서 모든 관념
안에서 규정된 방식으로 표현되고 모든 관념을 '적합하게' 산출하
는 것은 실체의 무한한 속성으로서의 사유다."[4] 다시 말해서 양태
를 생산하고 나서 그것을 신이 인식한 게 아니라 인식이 곧 신의
활동이기 때문에 신 안의 관념은 모두 참된 것이다.

평행론의 함의

그래서 연장의 양태와 그 양태의 관념은 두 가지 방식으로 표현
된, 하나이자 동일한 것one and the same thing이다. 몇몇 유대인들이,
신, 신의 지성, 그리고 신에 의해 인식된 것들이 하나이자 동일한
것이라고 주장했을 때 비록 모호하기는 하지만 이 사실을 알고
있었던 것 같다. 예컨대 자연 안에 존재하는 원과 신 안에도 있
는, 그 존재하는 원에 대한 관념은 상이한 속성에 의해 설명되는,
하나이자 동일한 것이다. 그러므로 우리가 자연을 연장속성 아래
서 고찰하든 사유속성 아래서 고찰하든 혹은 다른 속성 아래서
고찰하든 우리는 하나이자 동일한 질서order나 하나이자 동일한

원인들의 연결connection을, 즉 같은 것이 다른 것을 뒤따라 발생
하는 것을 발견하게 될 것이다.(2부, 정리7, 주석)

속성들은 대등하다. 그리고 평행하다. 따라서 속성들 사이에는
인과관계가 없다. 만약 신이 연장속성에서 특정한 질서로 자신을
표현한다면 당연히 그것과 평행하게 사유속성에서도 동일한 '질
서'로 표현되어야 할 것이다. 신이 연장속성 속에서 E1-E2-E3의
순서로 자신을 표현하고 있다면 다른 속성에서도 지켜져야 하는
게 이 순서일 것이다. 사유속성 속에서는 T1-T2-T3. 우리가 모
르는 속성에서는? 거기서도 비록 속성은 다를 수 있어도(즉 형상적
으로는 달라도) 순서는 다를 수 없다. "순서의 동일성."

그러나 순서의 동일성만 있는 게 아니다. 그리고 들뢰즈에 따르
면 순서의 동일성은 스피노자만의 고유한 개념이 아니라고 한다.
연장속성 하의 E1-E2-E3와 사유속성 하의 T1-T2-T3에서 더
우월한 것은 무엇인가? 혹은 원과 원에 대한 관념 중에서 더 우월
한 것은 무엇인가? 최소한 스피노자의 평행론에서는 모든 속성들
의 대등성과 변용의 질서의 대등성이 존재해야 한다. 연장속성이
사유속성보다 더 우월할 수 없듯이 사유속성이 다른 속성보다 우
월할 수도 없다. 동일한 순서를 갖는 것들은 원리와 가치의 면에
서도 동등해야 한다. "원리의 동등성."

그런데 더 중요한 것이 있다. 연장속성 하의 E1-E2-E3와 사
유속성 하의 T1-T2-T3에서 차이 나는 것은 오직 속성이다. 한
속성이 신의 특정한 질적인 표현이라면 또 다른 속성은 전혀 다

른 질로 표현된 신이라고 할 수 있다. 따라서 연장속성 하의 E1-E2-E3와 사유속성 하의 T1-T2-T3는 동일한 신에 대해 질적으로만 달리 표현된 질서라고 할 수 있다. 자연 속에 '원'이 있고 '원에 대한 관념'이 있다고 할 때 우리는 이를 서로 다른 사물이라고 생각하지만 스피노자는 동일하고 하나인 사물이 서로 다른 속성 속에서 고찰된 것일 뿐이라고 말한다. 신이 (연장속성 속에서) 원을 만들었다면 그와 동시에 (사유속성 속에) 원에 대한 관념도 생성할 것이다. 신은 원래 생산하는 대로 이해하고 이해하는 대로 생산하기 때문에 신의 생산과 신의 이해는 동일한 것임에도 불구하고 그 질적인 성격상에서만 차이가 나는 것이다. 원과 원에 대한 관념은 속성의 차이에서만 구별되는, 즉 결코 분리되지 않는 하나이자 동일한 사물이다. "존재의 동일성."

　평행론에 대한 스피노자의 간명한 명제다. "신의 무한한 본성에서 형상적으로 발생하는 모든 것은 신의 관념으로부터 동일한 질서와 동일한 연결 속에서 신 안에 표상적으로 발생한다."(2부, 정리 7, 보충) 이 세상에 오직 원과 원에 대한 관념밖에 없다고 할 때 이 세상을 연장속성에서 보면 원이 보이고, 사유속성에서 보면 원에 대한 관념만 보이는 것과 같다. 하지만 둘은 신 안에서 결코 분리되어 있지 않다. 우리의 정신과 신체가 분리되어 있지 않은 것처럼. 이제 우리는 관념들의 질서는 사물들의 질서와 동일하다(2부, 정리7)고 말할 수 있고, 이 질서의 동일성은 두 계열의 동등성이라는 의미도 포함한다는 것, 그리고 하나의 동일한 존재를 속성의 차이 속에서 구별한 것일 뿐이라고 말할 수 있게 됐다. 이것이 스피노자의 평행론에 담긴 의미이다.[5] 신은 정확히 평행론의 공식을 따라 변용하고 만물을 생산한다. 가령 바람이 불어 나무가 부러지는 연장 계열에서의 사건의 경우 나무의 부러짐이 바람의 발생 앞에 있을 수 없듯이, 관념도 그렇게 관념들의 인과 질서 속에서 형성되고, 그런 점에서 "관념들의 질서는 관념들의 실제 생산의 질서"[6]라고 할 수 있다. 신이 생산한 사물, 그것은 사유속성 속에서는 관념이라 불릴 테고, 연장속성 속에서는 어떤 개체라 불릴 것이다.

사유의 계열이든 연장의 계열이든 모든 계열은 동일한 순서로 구성되어 있고, 서로 어떤 우열의 관계나 인과관계도 없이 동등하며, 모두 신의 변용이라는 동일한 존재를 다양한 속성으로 표현하고 있을 뿐이다.[7] 따라서 우리가 사유나 연장속성밖에 모른다고 해도 부족할 것은 없다. 우리가 알게 되는 사유 계열과 연장 계열의 질서는 우리가 모르는 미지의 속성들에서도 동일한 질서와 동일한 원리로 표현되어 있을 것이기 때문이다. 우리가 만약 사유의 (생산) 질서, 즉 사유 속의 자연 법칙만 정확히 정복한다 해도 우리는 우주의 질서이자 신의 질서를 이해하게 되는 것이다. 그러나 정신은 신체 없이는 활동할 수 없다는 점에서 스피노자의 문제는 더 복잡해진다. 이제 살펴봐야 할 것이 신체와 정신의 관계이다.

신체를 경유할 수밖에 없는 인간 정신

병아리가 실존하는 원인을 닭이라 할 수 있을 텐데 이를 스피노자의 평행론 공식에 따라 스피노자적인 방식으로 표현해보자. 만물의 원인은 신이므로 병아리의 원인은 신이 연장속성 속에서 닭이라는 양태로 변용된 '한에서의 신'이다. 마찬가지로 만물의 원인이 신이므로 해일의 원인은 신이 지진으로 변용된 한에서의 신이라 말할 수 있다. 유한한 양태들의 인과는 바로 이렇게 '~으로 변용된 한에서의 신'이라는 조건의 형식 속에서 표현된다. 이는 관념적인 양태들에 대해서도 마찬가지다. 스피노자의 평행론 공식에 따르면 한 관념(idea)의 원인은 그 관념이 표상하는 '대상'이 아니라 그 관념이 속한 사유속성의 신이다. 다시 말해 사물들이 사유의 양태들로 고찰된다면[8] 이 양태들의 인과관계는 다른 속성이 아니라 오직 사유속성 안에서만 설명되어야 하는 것이다. 해일이라는 관념의 원인은 지진이라는 사물이 아니라 신이 지진이라는 관념으로 변용된 한에서의 (사유 양태로서의) 신이다. 누군가에 대한 증오의 원인은 그 누군가(라는 사물)가 아니라 신이 그 누군가에 대한 관념으로 변용된 한에서의 신인 것이다.

현실적으로 존재하는 개체에 대한 관념은 신이 무한한 한에 있어서가 아니라 신이 현실적으로 존재하는 다른 개체의 관념으로 변용해 있는 한에서 신을 원인으로 가진다. 그리고 이 관념에 대해서도 신이 다른 제3의 [관념]으로 변용된 한에서 신이 또한 원인

이며, 기타 등등 이렇게 무한히 이어진다.(2부, 정리9)

관념들의 연쇄적 인과관계를 우리 정신 속에서 일어나는 사건과 연결해서 생각해보자. 칼에 대한 관념1, 칼을 들고 있는 사람에 대한 관념2, 그리고 피가 흥건한 어떤 방에 쓰러진 사람에 대한 관념3, 이런 관념들이 어우러지면 칼을 들고 있는 사람이 살인자라는 관념4가 형성될 것이다. 관념1, 2, 3이 관념4의 원인이지 대상으로서 칼이나 사람은 아니다. 이때 관념4의 원인은 신이 관념1, 2, 3으로 변용되어 있는 한에서 신을 원인으로 갖는다고 말한다. A라는 양태의 실존에 영향을 주는 원인1이 있고, 다시 여기에 영향을 주는 원인2, 또 원인3, 이렇게 무한히 이어질 수 있을 텐데, 그렇다고 A의 원인이 원인1, 원인2, 원인3, 원인4…… 이렇게 무한하다고 말할 필요는 없는데, 왜냐하면 원인1이 A의 원인인 까닭은 신이 무한한 한에서가 아니라 원인1로 변용된 한에서 신이 원인이기 때문이다. 이는 관념들의 연쇄에도 그대로 해당된다.

이로부터 인간 정신은 신의 무한한 지성의 일부가 된다. 그러므로 인간 정신이 이것저것을 지각한다고(perceives) 할 때 우리는 신이 무한한 한에서가 아니라 그가 인간 정신의 본성에 의해 설명되는 한에서, 혹은 그가 인간 정신의 본질을 구성하는 한에서 이런저런 관념을 갖는다고 말하고 있는 것이다. 그리고 신이 이런저런 관념을 갖는다고 우리가 말할 때 그가 인간 정신의 본성을 구성하는 한에서가 아니라 인간 정신과 함께 다른 것에 대한 관넘도 갖고 있다고 말하는 한에서 그때 우리는 인간 정신이 사물을 부분적으로 혹은 부적합하게 지각한다고 말한다.(2부, 정리11, 보충)

인간은 신의 능력의 일부분이므로 인간의 정신도 신의 무한한 지성의 일부라고 할 수 있다. 그렇다면 인간이 정신적으로 무엇을 생각하고 지각할 때는 신이 지각하고 있는 것이기도 한데, 이 때의 신은 무한한 신이 아니라 바로 무엇인가를 지각하는 우리 정신으로 변용한 신인 것이다. 우리의 관념은 신의 관념인데, 단 이 때 신은 만물에 대한 모든 관념을 갖는 무한한 지성이 아니라 우리 정신의 관념으로 변용한 신이다. 우리는 신이 무한한 한에서가 아니라 인간의 정신으로 변용된 한에서 신이 갖고 있는 그대로의 관념을 갖게 되는 것이다. 왜냐하면 신의 활동이 신의 관념과 동시적으로 이뤄지고, 또한 정신은 자동 기계라 외부 사물과 관계없이 신의 관념이 작동하는 방식대로 작동하기 때문이다. 그러나 우리가 여기서 조심해야 할 것은 정신이 자동 기계라고 해서 인간의 경우에 관념이 신체와 관계없이 자동적으로 생겨나는 것은 아니라는 사실이다.

인간 정신을 구성하는 관념은 특정한 성격을 갖고 있는데, 그 것은 관념들이 오직 자기 신체만을 대상으로 한다는 점이다. 다시 말해 신체 없이 관념은 형성될 수도 없다. 예를 들어보자. 우리는 태양의 실제 크기를 알고 있다. 즉 지구 크기의 109배라는 관념이 우리에게 있다. 그리고 지구와 태양의 거리가 1억 5,000만 킬로

미터라는 관념도 갖고 있다. 그런데 실제 태양을 보자. 태양은 동전만 하게 보이고, 거리는 겨우 200걸음 앞이다. 우리가 원래 갖고 있던 관념과 실제 관찰하면서 생겨난 관념은 차이가 크다. 이는 우리의 관념이 태양 자체가 아니라 우리 신체에 나타난 것, 예컨대 시신경에 포착된 것을 관념의 대상으로 삼기 때문에 발생하는 현상이다. 이처럼 우리는 외부 사물을 그 자체로 지각하는 대신 우리 신체를 매개로 외부 사물에 대한 관념을 형성하는 것이다. 이렇게 해서 "인간의 정신을 구성하는 관념의 대상은 신체다"(2부, 정리13)와 같이 위대한 명제가 등장하는 것이다.

책상이라는 양태가 있다고 해서 우리가 그 양태를 직접 지각할 수는 없다. 신체에 남겨진 흔적만이 오직 우리 관념의 대상일 수 있기 때문이다. 따라서 이런 관점에 서면 외부 대상과 우리 관념의 표상이 서로 일치하는지 일치하지 않는지를 따지는 일은 무의미해진다. 사실 정확한 비교 대상은 외부 대상과 우리의 관념이 아니라 신체와 관념이기 때문이다. 이 명제는 철학적으로도 그리고 신학적으로도 가히 혁명적인데 스피노자의 이 명제와 더불어 우리 인간 정신에 대한 데카르트적이고 신학적인 오류를 극복할 수 있기 때문이다. 우리 정신은 자립적이지도, 주체적이지도 않으며, 모든 것의 확실한 기초일 수도 없다. 들뢰즈에 따르면 스피노자의 이 명제는 온통 반데카르트주의적이며, 반기독교적이다.

데카르트를 조금이라도 기억할 수 있는 사람들에게 이것은 기본적으로 반데카르트주의적 명제일 것입니다. 왜냐하면 그것은 홀

로 사유하는 것의 모든 이해력, 즉 코기토의 모든 가능성을 배제
하고 있기 때문입니다. 나는 단지 신체들의 혼합물을 인식할 뿐
입니다. 그리고 나는 다른 신체들과 혼합물들에 의해 나 자신을
인식할 뿐입니다. 이것은 반데카르트주의일 뿐만 아니라 반기독
교적이기도 합니다. 왜 그렇겠습니까? 신학의 기본적인 문제 중
하나가 최초로 창조된 인간의 즉각적 완전성, 즉 이른바 신학에
서 아담의 완전성 이론이라 불리는 것이기 때문입니다. 아담이
죄를 짓기 이전에 그는 최대한 완전하게 창조됐습니다. 그래서
그의 원죄 이야기는 곧 타락의 이야기입니다. 그러나 타락은 피
조물인 한에서 완전한 아담을 전제합니다. 스피노자는 이런 관념
이 매우 재미있는 것임을 발견했습니다. 그의 관념은 이것이 불
가능하다는 것입니다. 최초의 인간의 관념이 주어진다고 가정한
다면 이런 관념은 가장 무능한 존재, 가장 불완전한 것으로 우리
에게 주어질 것입니다.[9]

데카르트의 코기토cogito는 신체를 완전히 제거한 정신, 즉 오로
지 '생각하는 나'를 중심으로 설계되어 있다. 그 누가 나를 속이든
속일 수 있는 대상, 즉 착각하는 대상은 있어야 하므로, 착각하고
의심하는 존재, 즉 생각하는 존재는 분명히 있다. 그 어느 것도 확
실하지 않은 상황에서 모든 것을 의심하는 존재는 분명 존재한다
는 것, 따라서 "나는 의심한다, 나는 생각한다, 그러므로 나는 있
다." 차라리 "나는 생각하는 동안 있다."[10] 존재의 근거, 확실성의
근거는 이제 생각이다. 생각하는 나, 이것이야말로 모든 학문의

초석인 것이다. 그런데 바로 이 코기토에 스피노자가 반기를 들고 있는 것이다. 생각이란 스스로 정초되는 게 아니라 신체 없이는 불가능하다는 것. 정신의 대상은 정신이 아니라 신체이고, 또한 외부 대상도 아니고 신체라는 것. 신체 없이 도대체 생각이라는 것이 가능하기나 하단 말인가. "인간의 정신을 구성하는 관념의 대상은 신체다"라는 명제는 그런 점에서 엄청나게 파괴적인 명제이다. 이 명제와 더불어 데카르트의 코기토는, 그 코기토를 중심으로 삼았던 모든 주체 철학의 기초는 붕괴되고 만다.[11] 신체를 배제한 모든 철학과 신학은 기본적으로 그릇된 것이다.

따라서 최초의 인간인 아담이 명석하고 판명한 이성의 존재였을 것이라는 생각도 공상에 불과한 게 된다. 이성은 분명 정신의 능력이기는 하지만 그럼에도 신체라는 매개 없이는 형성되지 않는 것이라 함께 경험할 수 있는 인간들이 부재하는 상태에서 아담의 신체적 경험이란 일천하기 그지없었을 것이므로 그를 어찌 이성적인 존재라 할 수 있겠는가. 여기에 대해 아담이 타락해서 그렇게 비이성적으로 됐다고 말한다면 그렇게 이성적인 인간이 어떻게 속을 수 있는지, 그리고 그렇게 지적인 존재를 속여 신의 명령을 거부하게 할 정도로 뛰어난 사탄은 도대체 누구에게 속은 것인지 알 수 없다. 그러므로 아담은 무지한 어린애에 불과한 존재였던 것이다.

왜냐하면 타락하는 것처럼 바르게 사는 것이 첫 번째 사람의 권력 안에 있었고 그가 그것을 의식했고 그의 본성이 나빠지지 않았다면 어떻게 자신의 지식과 통찰력에도 불구하고 타락할 수 있었겠는가? 신학자들은 인간이 사탄에 의해 꼬임을 당했다고 말한다. 그러면 사탄 자신을 속인 것은 누구인가? 다른 모든 지적인 피조물보다 뛰어난 존재를 미치게 해 그가 신보다 더 큰 자가 되기를 원했던 자가 누구인가? 사탄이 온전한 정신을 가졌다고 가정한다면, 그는 그 정신 안에서 스스로 코나투스를 보존할 수 있지 않았을까? 더욱이 어떻게 의식이 있는 존재이며 자신의 의지의 주인인 첫 번째 사람이 길을 잃고 스스로 정신적 포로상태에 빠질 수 있었단 말인가? 만약 인간이 이성을 바르게 사용할 수 있는 권력을 가지고 있었다면 그가 속임을 당했다는 것은 불가능하다.[12]

그런데 여기서 또다시 주의할 것이 스피노자의 평행론이다. 관념의 대상이 신체라는 말은 관념의 원인이 신체라는 말과 같지 않다. 한 관념의 원인은 우리 정신 바깥에 있는 외부 대상이 아니라 그 관념 외부에 있는 다른 관념으로 변용된 신이다. 관념의 원인은 다른 관념, 그리고 대상의 원인은 다른 대상. 따라서 "관념들의 질서와 연결은 사물들의 질서 및 연결과 동일하다."(2부, 정리7) 이것이 인식론적 평행론이다. 태양이 우리 시신경에 남긴 신체적 흔적은 동전만 한 태양이라는 관념의 원인이 아니다. 관념들은 관념들만의 계열에서 인과관계를 형성하고, 신체는 신체들만의 계열에서 인과관계를 형성한다. 신체 안에서 발생하는 일을 정신이 지각한다고 할 때 이때 신체적 사건이 정신적 관념의 원인이라는 뜻이 아니다. 신체적 사건과 평행하게 정신적 관념이 형성된다는 뜻이다. 이름하여 "심신평행론."

이를 다시 신과 관련해서 이해해보자. 자연 안에 원이 있을 때 신은 그 원에 대한 관념도 분명히 갖고 있는데, 이는 원을 만든 신의 활동과 그 활동에 대한 신의 관념이 (능력의) 평행론에 의해 일치하기 때문이다. 신은 원을 만들 때 반드시 원에 대한 관념도 형성하기 때문에 원과 원에 대한 관념은 하나이지만 속성에서만 구별되는 둘인 것이다. 우리 신체에 태양의 흔적이 남았을 때 신은 이 흔적에 대한 관념도 갖고 있어야 하는데, 그것은 신이 무한한 한에서가 아니라 우리 신체에 남겨진 태양의 흔적으로 변용된 한에서, 그리고 그 변용에 대한 관념으로 변용된 한에서인 것이다. 따라서 "관념의 대상 안에서 발생하는 것은 뭐든지 그에 대한 인식knowledge이 필연적으로 신 안에 있게 되는데" 그것도 "신이 동일한 대상에 대한 관념으로 변용됐다고 고찰되는 한에서", 즉 "신이 어떤 것의 정신을 구성하는 한에서"이다. 그렇다면 "인간 정신을 구성하는 관념의 대상에서 발생하는 것은 뭐든지 그것에 대한 인식이 신 안에 있을 터인데", 그것은 "신이 인간 정신의 본성을 구성하는 한에서"이고, 따라서 "이 사물에 대한 인식은 필연적으로 정신 안에 있게 된다." 다시 말해 "정신은 그것을 지각할 것이다." (2부, 정리12, 증명)

우리 신체도 신의 변용이고 우리 정신도 신의 변용이다. 우리 신체가 변화하게 되면 신은 그 변용에 대한 관념을 갖고 있어야 한다. 그렇다면 그 관념은 어디에 있는가? 바로 우리 신체를 지각하는 우리 정신 속에. 다시 말해 우리 정신은 신 관념의 변용이지 만 그것도 신 관념이 무한한 한에서가 아니라 우리 신체를 지각하 는 정신으로 변용된 한에서만이다. 사물의 질서와 관념의 질서가 동일하므로 우리 신체에서 발생하는 것과 그것에 대한 관념은 신 의 입장에서는 당연히 평행해야 할 것이고, 또한 신체에서 발생하 는 모든 것에 대한 관념이 우리 정신으로 변용된 신 안에 있어야 하므로 결론은 이렇게 된다. "인간은 정신과 신체로 구성되어 있 으며 인간의 신체는 우리가 그것을 지각하는 그대로 존재한다." (2부, 정리13, 보충) 우리 정신은 우리 신체라는 감옥에서 빠져나가 지 못한다. 데카르트처럼 '생각하는 코기토'가 신체 바깥에서 모 든 것의 기초로서 존재할 수 없는 것이다. 우리 정신이 형성하는 관념은 오직 우리 신체에서 발생한 사건들에 대한 것들일 뿐이다. 신체가 경험하는 것들, 신체가 경험하는 것들의 폭, 그것에 의해 우리 정신이 결정되는 것이다.

신체의 능동과 영혼의 능동, 신체의 수동과 영혼의 수동

인간의 정신은 오직 신체를 지각하고, 신체만을 느끼며, 신체를 통해서만 관념을 형성한다. 이제 우리는 굉장히 중요한 스피노자 의 명제로 접근하게 됐다. 인간 정신의 위대함은 오직 신체의 능 력에 달려 있다는 테제 말이다. "인간의 정신과 다른 정신 사이의 차이가 무엇인지, 그리고 인간 정신이 다른 것들을 어떻게 능가하는지 결정하기 위해서 이미 말한 대로 그 대상, 즉 인간 신체의 본성을 알 필요가 있다."(2부, 정리13, 주석) (실재적 구별에 따르면) 각 속성은 자체적으로 파악되어야 하고 속성 사이에 영향관계도 없다. 그리고 (평행론에 따르면) 정신의 질서(관념들의 질서)와 신체의 질서(사물들의 질서)는 동일하고 동등해야 하며, 또한 동일한 것의 두 표현이다. 따라서 신체도 정신에 영향을 미칠 수 없고, 정신도 신체에 영향을 미칠 수 없다. 그럼에도 신체와 정신은 하나로 통합되어 있으니 정신은 신체가 존재하는 대로 느끼고 신체가 경험하는 것들만을 지각할 수밖에 없다. 신체는 정신이 표상적으로 지각하는 그대로 형상적으로 존재해야 한다. 따라서 정신의 능력은 오직 신체의 능력에 의해 결정되는 것이다.

신체가 다른 것들보다 더 많은 일을 한 번에 할 수 있을수록, 혹은 더 많은 방식으로 동시에 작용 받을 수 있을수록 그 정신은 많은 일들을 동시에 지각하는 데 있어 다른 것보다 더 유능하다. 그리고 신체의 행위가 자신에게만 더 많이 의존할수록 그리고 다른 신체들과 함께 작용하는 것이 더 적을수록 그 정신은 더 판명하게 이해할 수 있다.(2부, 정리13, 주석)

신체가 더 많은 일을 할 수 있을 때, 그리고 신체가 더 많은 것으로부터 영향받을 수 있을 때 신체의 변용 능력은 커지고, 그에 따라 신체의 변화만을 지각할 수밖에 없는 정신의 능력도 커진다는 말이다. 마찬가지로 신체가 다른 신체에 의존하지 않고 자신의 힘으로 더 많은 일을 할 수 있을 때 정신도 많은 것을 더 참되게 인식한다는 말이다. 신체의 변용 능력이 정신의 인식능력을 결정한다. 그런데 우리는 지금까지 어떠했던가. 우리는 그동안 너무 신체를 등한시하지 않았던가. 우리는 신체의 능력보다는 정신의 능력이 더 중요하다고, 신체보다는 영혼이 더 중요하다고 생각하지는 않았는가. 정신력, 의지력, 순결한 영혼, 이런 것들만이 과대평가되지는 않았는가. 신체 망각의 역사는 너무 깊다.

정신은 혼자서 생각하는 그런 기계도, 영혼도, 빛도 아니다. 신체 없는 정신은 정신일 수도 없는 것이다. 따라서 문제는 신체인 것이다. 우리는 "생각하는 개구리"가 아니다. 몸은 개구리임에도 영혼만은 인간? 개구리의 신체에는 개구리의 정신, 인간적인 신체에는 인간적인 정신. 신체의 조건과는 아무런 상관없는 '생각하는 나'는 존재할 수도 없다. 그래서 니체는 신체야말로 이성보다 더 커다란 이성이라고 신체에 더 큰 의미를 부여했던 것이다. 니체의 분류에 따르면 신체와 정신의 관계를 둘러싸고 세 부류의 인간이 있다. 먼저 신체를 아예 경멸하는 자들. 다음엔 자신을 신체이자 영혼으로 보는 어린아이들. 마지막으로 참으로 깨우치고 깨어난 자. 그들은 자신이 전적으로 신체라고, 영혼이란 신체 속에 있는 어떤 것에 붙인 말에 불과하다고 말한다. 목자는 영혼이 아니라 바로 신체라고. 그리고 신체라는 목자가 몰고다녀야 하는 양떼도 바로 신체라고.[13] 신체 대신 영혼의 숭고함과 정신적인 이타주의를 강조하는 모든 것을 니체는 "이상주의"라는 이름으로 비판한다. 한마디로 공상적이고 비현실적이라는 말이다.[14] 위대한 철학은 결코 신체를 경멸하라고 가르치지 않는다. 신체를 망각하고 신체를 등한시하는 철학, 그런 철학이야말로 참으로 빈곤한 철학이다.

"신체는 정신으로 하여금 생각하도록 할 수 없으며 정신도 신체로 하여금 움직이고 멈추고 또 다른 어떤 것을(다른 것이 있다면) 하도록 할 수 없다."(3부, 정리2) 칼은 몸을 찌를 수는 있으나 정신을 찌르지는 못하며 정신의 칼이라는 관념도 몸을 찌를 수 없다. 신체는 정신을 결정할 수 없으며, 정신도 신체를 결정할 수 없다. 정신은 정신만을, 그리고 신체도 신체만을 결정한다. 하지만 정신의 질서와 신체의 질서는 동일한 것의 이중적인 표현이다. 이렇게 하여 우리가 꼭 기억하고 있어야 할 스피노자의 위대한 명제가 나온다.

우리 신체의 능동actions 및 수동passions의 질서는 본성상 정신의 능동 및 수동의 질서와 동시적이다.(3부, 정리2, 주석)

신체가 능동적이면 정신도 능동적이고 반대로 신체가 수동적이면 정신도 수동적이다. 그런데도 우리는 신체가 수동적일지라도 정신만은 능동적일 수 있을 것이라고, 다시 말해 정신의 의지력으로 무기력한 신체를 지배할 수 있을 것이라고 생각해왔다. 혹은 정신이 무기력한 상태일 때도 신체만은 활기찬 상태, 즉 능동의 상태에 있을 수 있다고 생각해왔다. 서로 역관계 속에 있는 정신과 신체, 이것이 우리의 통념이었다. 이런 통념보다 더 문제적인 것은 아마도 정신이 신체를 마음대로 지배할 수 있다는 통념일 것이다. 정신에 대한 과도평가이자 신체에 대한 과소평가. 신체에 대한 오랜 망각과 평가절하는 정신에 과도한 하중을 부여하는데, 사실 신체와 분리되거나 신체에 모순되는 정신이야말로 불구적인 정신 아니겠는가.

대표적으로 데카르트가 있다. 그는 신체와 정신을 각각 연장적 실체와 사유적 실체에 속하는 것으로 서로 분리하고는 신체는 기계적으로 작동되는 실체로, 그리고 정신은 자유의지를 갖는 실체로 생각한다. 데카르트의 철학에서 문제는 신체가 기계적이라는 점이 아니라 그 기계적 성질에서 정신이 제외되어 있다는 점이다. 움직이고 작동하는 원리가 기계(적 육체)와 (자유로운) 생명(적 정신)처럼 각각 전혀 다르게 설정되어 있는데 이 둘은 도대체 어떻게 관련을 맺으면서 교섭할 수 있는 것일까? 이렇게 실체적으로 분리되어버린 신체와 정신은 상호작용에 성공할 수 있는 것일까? 데카르트의 해결책이 참으로 코믹하다는 사실은 익히 알려져 있다. 그는 뇌와 연결되어 있는 송과선pineal gland이 신체와 정신의 매개체 역할을 한다고 설명한다. 그렇다면 송과선은 어떻게 작동하는 것일까? 스피노자는 데카르트가 여기에 대해 전혀 답하지 못하고 있다고 비판한다.(5부, 서문) 기계적으로 작동하는 신체와 그런 기계적인 자연법칙의 예외 지대인 정신, 이렇게 배타적인 실체로 단호히 양분되고 만 신체와 정신은 데카르트에 의해서도 결합되지 못하게 되는 것이다.

이런 실패를 만회하기 위해 나중에 말브랑슈Nicolas de Malebranche(1638~1715)는 '기회원인론occasionalism'이라는 걸 창안해야 했다. 마음과 물질이 상호작용하는 매순간 신이 그 '기회'에 개입해 원하는 변화를 야기한다는 것.[15] 그의 신비주의적인 설명에 따르면 우리 정신은 육체와 통합되어 있다기보다는 신과 육체 사이에 위치하는데, 정신과 육체의 결합이 증가하면 정신과 신의 결합이 약해져 진리에 대한 앎이 약화되고 육체적인 정념의 노예가 되는 것이라고 한다. 우리의 정신이 신과 결합해야지 육체와 결합해서도 안 된다니 이 얼마나 육체에 대한 지독한 비하인가. 그렇다면 정신은 어떻게 육체를 작동시키는가? 육체든 정신이든 오직 신에 의해서만 활동할 수 있는데, 우리가 움직이려고 욕망하는 순간(정신의 욕망), 정신과 결합된 육체는 정신과 결합한 신의 의지와 힘에 의해 움직인다는 것이다. 쉽게 말해서 우리가 팔을 움직이려고 하는 순간의 우리 욕망은 사실 팔을 움직이길 원했던 신의 의지에 다름 아니기 때문에 정신이 육체를 지배하는 게 아니라 신이 지배하는 정신에 의해 육체가 작동한다는 것이다. 신 없이 육체는 아예 정신과의 교섭도 불가능하고 작동조차 멈추게 되는 것이다. 이렇게 우리의 정신과 영혼은 육체로부터 벗어나 신과 결합하게 되고, 이렇게 분리된 상태에서도 신의 의지 덕분에 둘은 결합된 것처럼 작동할 수 있는 것이다.[16] 이런 방식으로 말브랑슈는 육체와 정신의 결합을 설명하지 못한 데카르트적 난국을 돌파하려고 하지만 이것이 과연 성공적인 설명이라 할 수 있는가? 송과선이라고 하든 신의 기회적인 개입이라고 하든 어쨌든 신체와 정신의 상호관계와 작용에 대해 무력하기는 마찬가지다. 서로 다른 실체라고 해놓고는 신체와 정신의 연결점을 찾으려는 모든 철학은 이런 점에서 실패할 수밖에 없는 기획인 셈이다. 그리고 이런 실패는 근본적으로 정신이 신체와 전혀 다른 방식으로 작동한다는 통념, 신체보다 정신이 더 우월하다는 통념에 기초한다. 이런 점에서 정신과 신체의 인과적 관계를 부정하는 스피노자의 평행론은 참으로 적절한 철학적 발명이자 통념을 전복하는 급진적인 사유라 할 수 있다.

우리는 너무 신체를 방기했다

스피노자는 《에티카》에서 신체와 무관한 정신, 혹은 신체에 대해 지배적인 정신, 신체보다 우월한 정신이라는 통념을 비판하는 데 많은 시간을 할애한다. 정신과 신체를 분리해서 정신에 자유의지를 부여하는 이 통념이 오히려 정신과 신체의 관계를 파악하지 못하게 하는 장애물이자, 자유의지적인 신이라는 개념을 통해 수많은 종교적 미신들을 형성한 장본인이기 때문이다. 의지도 정신의 한 양태인 한에서 양태들의 인과법칙에서 자유로울 수 없다는 것, 신체와 정신이 서로 영향을 주고받을 수 없다는 것, 신체의 질서와 정신의 질서가 서로 같다는 것, 신체의 능력을 파악하기 위한 노력이 훨씬 더 중요하다는 것, 이것이 스피노자가 주장하고 확립하려는 신체론의 골자이다. 《에티카》 3부, 정리2에 딸린 주석을 살펴보자.

스피노자에 따르면 신체와 정신에 대한 왜곡된 견해가 유지되는 이유는 저들이 아직까지 신체의 구조를 정확히 알지 못하고 있기 때문이다.[17] 몽유병자를 보라. 그는 깨어 있을 때는 할 수도 없는 많은 일들을 잠들어 있음에도 과감하게 행하지 않는가. 분명 정신의 마비 속에서도 신체는 많은 일을 하고 있다. 인간의 지혜를 능가하는 동물의 신체적 능력은 또 어떤가. 정신(혹은 영혼)의 지배 없이 동물의 신체적 능력이 발휘되지 않는 것이라면 동물의 탁월한 신체 능력은 도대체 어떻게 설명해야 한단 말인가. 이런 사례들을 보면 신체가 정신의 지배를 받는다기보다는 "자신의 본성의 법칙에만 따름으로써도 정신이 놀랄 만한 많은 일을 할 수 있다는 사실을 충분히 보여준다." 사실 정신이 신체에 대해 지배적이라고 말하는 사람들은 정신이 어떻게 신체를 움직이는지도 설명하지 못하는데, 그런 점에서 저들은 자신들이 말하고 있는 것이 정확히 어떤 의미인지도 모른 채 말하고 있는 것일 뿐이다.

그런데도 저들은 질 수 없다는 듯이 또 이렇게 가당찮은 주장을 펴고 나선다. 정신이 신체를 움직이는 그 섬세한 매커니즘에 대해서는 자신 없지만 정신이 생각하는 데 있어 자유롭지 않을 때 신체도 그 활발한 활동 능력을 잃게 된다는 것은 분명한 사실 아닌가? 과연 그럴까? 아무런 이론의 도움 없이도 우리의 경험이 반박해준다. 과음한 다음날 술이 아직 덜 깨었을 때 내용이 복잡하고 심각한 책을 읽어보라. 읽는 것도 쉽지 않고 진지하고 논리적인 사유도 견디기 힘들다. 대신 그냥 쉬고 싶을 뿐이다. 정신에 따라 신체가 무기력해지는 게 아니라 오히려 신체의 무기력에 따라 정신의 능력도 감소되는 것이다. 또한 신체가 완전히 잠이 들면 정신도 무의식 상태에 도달해서 사고하는 능력을 상실해버리지 않는가. 잠 속에서 꾸는 꿈 같은 경우는 의식의 사유 상태가 아니라 자면서 자동적으로 신체가 숨을 쉬는 것처럼 의식이 자유 연상 작용을 하고 있는 것에 불과하다. 그리고 신체적으로 직접 경험한 대상들을 머릿속으로 떠올리는 게 생전 경험하지도 않은 대상을 떠올리는 것보다 훨씬 수월하다는 사실을 우리는 익히 알고 있다. 이 정도의 반박이면 충분하지 않은가?

그러면 저들은 또 이렇게 말한다. 저 도시에 지어진 아름다운 건축물과 위대한 화가의 아름다운 그림을 보라. 이것이 어떻게 물체적이고 기계적인 신체의 상태에서 나올 수 있단 말인가. 인간의 신체는 정신에 의해 인도되지 않는 한 사원과 같은 위대한 건축물을 절대로 만들어낼 수 없는 것이다. 과연 그런가? 정신의 인도 없이 일어나는 일, 즉 몽유병자의 행동과 같은 것들은 '물체적이고 기계적인' 신체의 상태에서 일어나는 일이지만 참으로 놀라운 일이라 아니할 수 없는데 왜냐하면 우리가 깨어 있을 때는 시도할 수도 없는 일을 척척 해내기 때문이다. 더 중요한 것은 신체가 기계적인 물체에 불과하다는 저들의 평가절하는 신체에 대해 아무것도 모르고 하는 소리에 불과하다는 사실이다. 인간 신체를 보라. 인간의 정신이 만들어낼 수 있는 그 어떤 기교로도 결코 재현할 수 없으며 인간이 만들어낸 그 어떤 산물보다 그 정교함에서 훨씬 뛰어나다. 신체의 신비야말로 최고의 신비 아닌가.

이 정도면 지칠 만도 한데 저들은 또 반박하기 시작한다. 다른 것은 모르겠지만 오직 정신만이 할 수 있는 일이 있으니 그것은 바로 말하거나 침묵하는 능력이다. 말이나 침묵은 전적으로 정신의 능력에 달려 있는 것이지 신체의 능력에 달려 있는 게 아니라는 것이다. 다시 말해 정신이 '결단decision'해야만 우리는 침묵할 수도 있고 말할 수도 있다. 과연 그런가? 우리의 경험은 그 반대의 경우를 훨씬 더 많이 보여주고 있지 않은가. 혀를 억제한다거나 욕망을 제어하는 것만큼 인간의 정신력으로 하기 힘든 일도 없다는 사실을. 그래서 우리는 나중에 후회하게 될 게 뻔한데도 말을 뱉어버리고는 주워 담지 못해 안절부절못한다. 통제되지 않는 욕망 때문에 자신에게 치명적일지도 모르는 일들을 저질러버리기도 한다. 그리고 이렇게 하고 싶기도 하고 저렇게 하고 싶기도 할 때는 대개 좋은 쪽이 아니라 더 나쁜 쪽을 따르는 경우가 많다. 이렇게 우리의 경험은 단호하게 말한다. 인간은 자신의 의지력이 행하는 자유로운 결단을 통해서는 결코 신체를 조율하지 못한다고. 스피노자의 유명한 비판을 보자.

그래서 젖먹이는 자유로이 젖을 원한다고 믿는다. 성난 아이는 복수를 원한다고 믿는다. 겁쟁이는 도망치기를 원한다고 믿는다. 그래서 술 취한 사람이, 술이 깼을 때는 하지 말았어야 한다고 후회하는 말을 정신의 자유로운 결단에 의해 했다고 믿는다. 그래서 미치광이, 수다쟁이, 어린아이, 그리고 이런 많은 사람들이 실제로는 말하고 싶은 충동impulse을 억제할 수 없으면서도 정신의

자유로운 결단을 통해 말한다고 믿는다.(3부, 정리2, 주석)

젖먹이는 배가 고프니까(즉 신체적인 결핍 때문에) 젖 달라고 우는 것이지 자유의지로 우는 것은 아니다. 화가 났기 때문에 복수하게 된 것이지 복수를 자의적으로 원할 수는 없다. 겁이 나서 도망가는 것이지 겁도 안 났는데 도망가기를 자의적으로 원하는 것도 아니다. 배고픔과 화, 공포는 모두 신체적인 변이 상태에 따른 신체적인 충동이다. 술 취한 사람도 마찬가지다. 술주정은 신체적 관성이지 정신적 결단이 아닌 것이다. 우리는 신체적 충동을 억제하는 데 매우 무능력하다. 정신의 '자유로운' 결단은 없다! 그렇다면 정신이 내리는 결단이란 무엇인가? 일종의 신체적 충동appetites이 아니라면 도대체 무엇이겠는가. 충동은 무엇인가? 신체의 특정한 상태에 다름 아니지 않은가. 따라서 정신의 결단이란 신체의 상태에 따라 변하는 것이지 정신적인 의지에 의해 변하는 것이 아니다. 젖먹이가 울 때 그건 자유의지가 아니라 배고픈 신체의 충동인 것이고, 아이의 복수심은 참을 수 없는 신체의 분노라는 충동의 표현일 뿐이고, 주정뱅이의 헛소리도 만취된 신체의 충동적 표현이다.

정신의 결단처럼 그것에 작용하는 원인 없이 자유로운 의지인 것처럼 생각되는 것들에 대해서도 스피노자는 양태인 한에서 인과의 지배를 받는다고 말한다. 그리고 그 원인도 다른 대상이 아니라 정신 속에 있는 다른 관념일 수밖에 없다고 말한다. 우리는 우리들로 하여금 그렇게 하도록 한 "원인들에 대해서는 아무

것도 모르기 때문에 자기를 자유롭다고 믿고 있다." 즉 자유의지
는 실상 원인에 대한 '무지'에 불과한 것이다. 실제로 신체의 결정
determination과 정신의 결단은 동시적이고 동일한 것이지만, 결단
이 사유의 속성에서 설명되는 것이라면 결정은 연장의 속성에서
고찰되는 것일 뿐이다. 결단이라 하든 결정이라 하든 어쨌든 자유
로운 것은 없으며 두 가지 모두 특정한 원인에 의해 지배되는 양
태들이다.

　여기서 정신이 갖고 있다고 하는 자유의지라는 자질에 대해 조
금 더 살펴보자. 자유의지, 니체라면 이를 무지한 대중들을 처벌
하면서 공포에 떨게 하기 위해 신학자들이 만든 나쁜 고안물이라
고 했을 터이다. 마찬가지로 스피노자도 자유의지 자체에 대해 굉
장히 비판적이다. 세계에 자유의지는 없다. 스피노자는 난해하기
는 하지만 이렇게 우아하게 말한다. "정신 안에는 관념이 관념인
한에 있어서 포함하고 있는 것을 제외하고는 어떤 의지작용volition
도, 긍정affirmation이나 부정negation도 없다."(2부, 정리49) 우리가 삼
각형의 내각의 합이 2직각이라는 관념을 갖고 있다고 할 때 옆에
서 누군가 삼각형의 내각의 합이 3직각이라고 하면 우리는 부정
할 것이다. 왜냐하면 내각의 합이 2직각이라는 관념은 오직 그 관
념이 포함하는 삼각형의 특성만을 긍정할 것이고, 그것과 다른 관
념에 대해서는 부정할 것이기 때문이다. 이런 점에서 우리가 갖고
있는 긍정의 의지나 부정의 의지는 실상 관념이 그 관념으로서 포
함하는 긍정이나 부정에 불과한 것이다. "관념이 관념인 한에 있
어서 포함하고 있는 것"을 제외하고는, 다시 말해 관념이 자신의

실질적인positive 내용으로 담고 있는 것을 제외하고는 관념은 그 어떤 긍정도, 부정도 할 수 없다.

누군가 우리에게 코끼리 다리가 8개라고 하면 우리는 그것을 부정하고자 하는 욕망을 갖게 될 것인데, 이 부정의 욕망(의지)도 자유로운 의지가 아니라 우리가 갖고 있는 코끼리의 관념이 자신의 관념 내용대로 긍정하고 있는 것의 표현일 뿐이다. 관념은 관념인 한에서만 긍정과 부정을 표현한다. 그 관념에 적합한 것에 대해서는 긍정을, 그렇지 않은 것에 대해서는 부정을. 이처럼 스피노자에게 "의지will와 지성intellect은 하나이자 동일한 것이다."(2부, 정리49, 보충) 긍정의 의지나 부정의 의지가 관념과 별도로 존재하는 게 아니라 관념이라는 양태의 작용, 관념이 하는 일일 뿐인 것이다. 반면 데카르트에게서 의지는 지성의 범위를 초과하는 자유로운 것이라 지성과 같은 것이 아니다. 우리가 알고 있는 것을 넘어서서 판단하는 이 초과적인 의지 때문에 오류가 생기는 것이라고 생각하므로 오류를 없애기 위해서는 당연히 의지에 대한 적절한 조율과 지배가 필요해진다. 그런 점에서 데카르트에게 의지는 오류의 기원이자 오류 치유의 동인이기도 한 기이한 능력으로 자리 잡는다.[18] 이처럼 데카르트는 우리가 지각하지 못한 것에도 의지가 영향을 미친다고 생각하지만 스피노자는 반대로 지각하지 못한 것, 다시 말해 우리의 정신에 관념의 형태로 존재하지 않는 것은 그 어떤 긍정이나 부정도 행사하지 않는다고 말한다. 판단의 보류라는 것도 데카르트에게는 자유의지의 영역이지만 스피노자에게 그것은 참된 관념 대신 부적합한 관념을 갖고 있다는 것, 다

시 말해 우리가 정확히 모르기 때문에 긍정도, 부정도 하지 못하
는 상태에 불과한 것이다.[19]

7

상상적인 1종 인식과
정신적 오류

인간 신체의 구성 방식

이제 인간의 신체를 포함해서 모든 연장적인 신체들의 구성 방식을 살펴보도록 하자. 모든 물체body(신체)는 아주 단순한 물체이거나 복합적인 물체일 터인데, 스피노자는 아주 단순한 물체들의 경우에는 오직 운동과 정지, 빠름과 느림의 관계에 의해서만 서로 구별된다고 말한다.(2부, *보조정리1)[1]

원자보다 더 단순한 것이 있다고 할 때, 다시 말해 자신 안에 그어떤 이질적인 것도 갖지 않은 기본 요소가 있다고 할 때 이런 것들을 구분할 수 있는 방법은 오직 운동과 정지, 빠름과 느림일 수밖에 없을 것이다. 반면 "본성을 달리하는 수많은 개체들individuals로 구성되어 있으며, 그 개체들 각각도 극히 복잡한"(2부, *요청1) 복합적인 개체의 경우에는 특정한 운동과 정지의 '비율'에 의해 다른 신체와 구별된다고 말한다.(2부, *정의) 우리 인간 신체도 복합적인 개체composite body로서 본성이 서로 다른 여러 부분들의 구성체라 이 이질적인 요소들 전체가 형성하는 일정한 운동-정지의

194

비율에 의해 하나의 신체가 된다.

원래 실존한다는 것은 "매우 많은 부분들을 현실적으로 갖는 것"[2]이라고 한다. 삼각형은 '실존'하지 않더라도 그 '본질'에 있어서는 정의될 수 있다. 하지만 삼각형의 실존은 그 본질(정의)에 따라 구체적인 점과 선이 만들어질 때 가능해진다. 마찬가지로 인간도 본질만으로는 아직 실존한다고 말할 수 없다. 그 본질이 피, 심장, 팔, 다리, 뇌와 같은 여러 이질적인 집합들의 합성과 관련될 때 실존하게 된다고 말한다. 그러므로 실존은 이질적인 부분들이 특정한 운동-정지의 비율을 형성하는 것이기도 하다. 우리는 팔을 빨리 돌릴 수도 있고 천천히 돌릴 수도 있다. 그런데 우리 신체의 나머지 부분과 공유되지 않는 방식으로 팔이 운동하거나 정지할 때 팔은 우리 신체로부터 분리된다. 중요한 것은 개체마다의 특정한 비율, 즉 운동-정지의 최저점과 최고점이다. 실존적 개체들은 모두 이 능력의 한계 내에서만 자신의 실존을 유지한다. 이런 관계를 확장해보면 자연도 하나의 개체라 할 수 있는데, 비록 우리가 죽거나 새로운 인간이 탄생하면서 부분적으로 운동-정지의 관계가 변할지라도 자연 전체는 일정한 진폭 내에서 특정한 비율을 유지하면서 동일한 자연으로 머물 수 있기 때문이다.

그런데 여기서 우리는 중요한 사실을 하나 유추할 수 있게 된다. 만약 우리가 신장이식수술을 해서 신장을 하나만 갖는다고 해도 우리 신체가 기존의 운동-정지의 비율을 적절히 유지할 수만 있으면 우리는 동일한 개체인 셈이다. 이처럼 신장 하나, 팔 하나, 눈 하나와 같이 한 개체의 실존을 구성하는 연장적인extentive(외연적인) 부분들은 스피노자의 체계에서는 개체의 본질을 구성하지 않는다. 우리가 죽는다고 자연의 본질이 훼손되는 것이 아니듯이, 외연적인 부분들은 본질의 구성에서 절대적인 것이 아닌 것이다. 팔이 있든 없든, 피부가 하얗든 까맣든, 얼굴이 예쁘든 안 예쁘든 그런 외연적인 부분들은 인간의 '본질'을 구성하지 않는다. 그렇기 때문에 인간은 노트북이라는 연장적인 부분과 결합해 새로운 능력을 발휘할 수도 있고, 노트북과 접속해도 인간이라는 개체로 남을 수 있는 것이다. 만약 인간의 외연적인 부분들이 본질을 결정했다면 우리는 노트북과 결코 접속할 수도 없었을 것이다. 노트북이든 팔이든 인간을 구성하는 여러 외부적인 실존 부분들은 인간 본질에 대해서는 결코 본질적이지도 궁극적이지도 않다. 팔이 필연적으로 다리를 요청하는 것도 아니고, 노트북이 필연적으로 팔 두 개를 요구하는 것도 아니다. 서로에게 외부적이기 때문에 그 어느 것 하나가 없어져도 그것을 결핍이나 결여라 생각할 필요가 없는 것이다.

이처럼 스피노자의 개체론은 우리 신체를 어떤 정해진 기능이나 형식 속에서 사유하지 않는다. 인간이라는 개체는 어떤 정해진 형상을 하고 있어야 한다거나 (프로이트에게서 등장하는 꼬마 한스의) "고추"처럼 어떤 특정한 기능에 종속된 기관이 꼭 있어야 한다거나 하는 생각들은 스피노자와는 거리가 멀다. 이질적인 요소들이 특정한 운동-정지의 비율 속에서 결합될 수 있는 한 모든 것은 개체를 구성할 수 있으며, 그런 점에서 모든 개체는 일종의 "다양체"이고, 다양체적인 개체에서 중요한 것은 기관적인 요소나 기능이 아니라 기계적 작동이 된다. 꼬마 한스는 계집애도 고추가 있다고 하는데, 왜냐하면 "쉬하기 때문에", 다시 말해 사내아이와는 배치가 다름에도 불구하고(앉아서 일을 보고, 멀리 누지도 못함) 사내아이와 동일한 배설의 작동을 하기 때문이다. 한스의 입장에서는 기관차도 고추가 있는 개체이지만 의자는 그렇지 않은데, 그것은 의자들이 외연적인 부분들의 관계 속에서 고추와 같은 작동을 생성할 수 없기 때문이다. 중요한 것은 어떤 본질이나 목적, 의미가 아니다. 스피노자의 개체론에서 필요한 것은 요소들의 빠름과 느림의 관계, 그리고 이를 통한 특정한 활동의 생산이다.[3]

이렇게 개체의 '본질'과 개체의 '실존'을 서로 구분되는 것으로 사유할 수 있는 스피노자의 철학을 바탕으로 우리는 인간들 사이에 존재하는 모든 차별에 대해 거부할 수 있는 개념을 얻게 된다. 피부색을 들어, 신체의 장애 여부를 들어 인간을 차별할 때 우리는 그들이 인간의 본질에 외부적이고 중요하지 않은 부분들에 집중하고 있을 뿐이라는 사실을 알게 되는 것이다. 피부색이나 성별의 차이, 혹은 신체 장애의 정도가 인간의 본질을 결정할 수는 없다. (나중에 살펴보겠지만) 스피노자에게 중요한 것은 본질의 차이, 즉 자유인으로 사는가 아니면 노예로 사는가에 있다. 새까만 피부에도 고귀한 자유인일 수 있고, 하얀 피부여도 노예일 수 있다. 혹은 팔다리가 없어도 자유인일 수 있고, 사지가 멀쩡해도 비천한 노예근성의 인간일 수 있는 것이다. 본질과 실존을 구분하는 스피노자의 개체론은 이처럼 인간 해방의 철학이기도 한 것이다.

모든 실존 양태는 이렇게 매우 다양한 외연적 부분들의 합성으로 이뤄진다. 그러나 이 외연적인 부분들이 연장속성의 차원에만 존재한다고 생각해서는 안 된다. 사유속성도 연장속성과 마찬가지로 신의 실존능력의 표현이기 때문에 외연적인 부분을 가져야 한다. 단 관념과 같은 사유속성의 양태는 인간의 신체나 물체들과 같은 연장속성의 양태와는 다른 속성의 방식으로(즉, 형상적 본질의 차이 속에서) 부분들을 가질 뿐이다. 다시 말해 인간 정신도, 그리고 그 정신이 형성하는 관념도 하나의 단일체가 아니라 여러 부분들로 이루어진 합성물이라는 사실이다. "인간 정신의 형상적 존재[본질]를 구성하는 관념은 단순하지 않고 지극히 많은 관념들로 구성되어 있다."(2부, 정리15) 예를 들어 삼각형이라는 관념은 세 변이라는 관념, 세 각이라는 관념, 내각의 합이 2직각이라는 관념들의 합성물이다. 자본주의라는 관념이 생산수단을 소유하는 계급과 무소유계급이라는 관념, 잉여가치의 증식으로서의 자본이라는 관념과 결합된 것이듯이. 우리의 영혼은 결코 단일하지도, 단순하지도 않다. 영혼마저 복합체인 것이다. 실존하던 개체가 실존을 멈출 때 외연적인 부분들의 결합이 해체되어 사라지듯이 정신에서도 사라지는 부분이 있는 것이다. 다시 말해 신체를 지각해야 하는 관념은 신체의 사라짐과 함께 사라져야 하는 것이다. 하지만 우리가 죽는다고 자본이라는 본질 자체가 사라지는 것이 아니듯이 삼각형이라는 본질도 우리의 죽음과는 상관없이 영원히 존재한다.

부적합한 관념과 상상적 이미지

오직 신체를 지각하는 게 그 본성인 인간의 정신이 작동하는 자연의 법칙을 탐구할 차례가 됐다. 스피노자는 우리 정신이 형성하는 관념들은 기본적으로 부적합하다고inadequate, 다시 말해 참되지 않은 관념이라고 말한다. 그러므로 우리는 자연학적으로 부적합한 관념을 갖는 존재인 셈이다. 그렇다고 인간 정신의 능력을 과도하게 평가절하할 필요는 없다. 이 관념의 부적합성은 정신의 실수도, 의지의 실수도, 혹은 신의 실수도 아니기 때문이다. 정신이 작동하는 메커니즘에 대한 스피노자의 분석은 오히려 정신이 참된 관념, 혹은 적합한 관념을 형성할 수 있는 근거이자 기초를 이 부적합한 관념을 형성하는 정신의 본성 속에서 발견한다.

예를 들어보자. 태양이 우리 눈을 변용시키면 우리는 태양에 대한 관념을 형성하게 되는데, 이 관념은 단순히 태양의 본성만을 포함하는 게 아니다. 왜냐하면 우리 정신은 태양 자체가 아니라 우리 신체를 지각하는 것이어서 우리 신체의 본성도 포함하게 되어 있기 때문이다. 저 거대한 태양이 우리 눈에 동전만 한 크기로 나타나고, 그것도 겨우 200걸음 정도 거리에 존재하는 사물로 보이는 것은 태양의 실제 크기도, 태양과의 실제 거리도 나타내주지 않는, 오직 우리 시신경에 각인된 태양이기 때문이다. 우리에게 생겨난 이런 태양의 관념, 이것을 스피노자는 '상상적 이미지'라고 말하는데, 사실 이 표현이 적절한 것은 200걸음 앞의 동전만 한 크기의 태양이라는 관념은 (실제 태양을 반영하지 못한) 오직 우리 정신이 형성한 상상적인 관념일 뿐이기 때문이다.

> 관용적인 표현을 보존하기 위해, 외부 신체를 현존하는present 것
> 으로 나타내는, 인간 신체 변용의 관념을 우리는 사물의 이미지
> images of things라 부를 것인데, 비록 그 관념이 [외부] 사물의 형상
> 을 재현하지는reproduce 않지만 말이다. 그리고 정신이 신체를 이
> 런 방식으로 파악할 때 우리는 그것을 상상한다imagine고 말할 것
> 이다.(2부, 정리17, 주석)

태양에 대한 우리의 관념에는 태양의 본성이 포함되어 있기
는 하지만 정확히 포함되어 있지는 않다. 즉 태양의 본성이 왜곡
된 형태로 우리 신체에 각인된 어떤 상상적 이미지가 우리의 관념
인 것이다. 그런 점에서 우리 신체를 변용시키는 것에 대해 형성
한 모든 관념은 기본적으로 우리 신체와 외부 신체의 본성을 모두
포함하는 관념이라고 말할 수 있다.(2부, 정리16) 우리는 외부 물체
의 본성을 직접적으로 지각하는 대신 우리 신체의 본성을 포함하
는 방식(즉 시신경에 각인되고 변형된 방식)으로 지각하기 때문에 그런
관념은 상상적 이미지라 불리고, 부적합한 관념이라 말한다. 가령
바퀴벌레를 보고 우리가 징그럽고 추한 곤충이라고 느낀다고 해
서 그것이 바퀴벌레의 본성에 대한 참된 관념이라고 한다면 우리
는 심각한 오류를 범하게 될 것이다. 징그러움과 추함을 바퀴벌레
의 본성이라고 해버리면 스스로를 추하고 징그럽게 여기는 존재
가 있다는 뜻인데 이는 바퀴벌레에 대한 예의도 아니고, 만물을

생산한 신에 대한 예의도 아니다. 신 안에는 그 어떤 부정도, 모순도, 제한도, 추함도 존재하지 않는다. 따라서 바퀴벌레의 추함이라는 관념은 우리 신체가 바퀴벌레의 형태적 기묘함에 대해 반응한 것, 즉 바퀴벌레의 형태와 우리 신체의 반응이 결합해서 만들어낸 상상적 이미지인 것이다. 이런 점에서 볼 때 외부 물체에 대한 관념은 사실 "외부 물체의 본성보다도 우리 신체의 상태를 더 많이 가리킨다^{indicate}"(2부, 정리16, 보충2)고 할 수 있을 것이다.

이처럼 우리 관념은 기본적으로는 부적합한 관념들이고 상상적인 방식으로 형성된다. 그러나 이런 부적합한 관념들의 형성이 유한한 양태로 존재하는 모든 개체들의 필연적인 본성이라는 점이 중요하다. 스피노자가 들고 있는 예를 통해 우리 정신의 본성을 더 정확하게 알아보도록 하자.(2부, 정리17, 주석) 여기 베드로가 있다. 1)베드로의 정신의 본질을 구성하는 베드로의 관념은 베드로의 신체와 통합되어 있을 것이다. 그리고 그런 베드로를 본 적이 있는 바울이 있다고 할 때 2)바울의 정신 안에도 분명 베드로에 대한 관념이 있을 것이다. '베드로 안에 있는 베드로에 대한 관념'과 '바울 안에 있는 베드로에 대한 관념'이 동일할까? 자, 이제 베드로가 죽음을 맞이했다고 해보자. 1)의 경우 베드로의 죽음과 함께 당연히 베드로를 구성하고 있던 관념도 사라져야 할 것이다. 그러나 2)의 경우에는 그렇지 않은데, 베드로의 죽음에도 불구하고 바울의 신체는 베드로를 봤던 (시신경적) 흔적을 갖고 있을 것이고 따라서 이 흔적을 가리키는, 바울 안에 있는 베드로에 대한 관념은 사라지지 않을 것이기 때문이다.

여기서 우리는 우리 정신의 관념이 갖는 특성을 정확히 확인하게 된다. 바울이 갖고 있던 (베드로에 대한) 관념은 베드로의 본성보다는 바울의 신체 상태를 더 많이 가리킨다는 것. 그래서 베드로가 죽는다고 해도 베드로에 대한 관념을 바울이 유지할 수 있다는 것. 이처럼 우리의 정신은 외부 신체와의 만남 속에서 외부 신체를 지각하기는 하지만 그럼에도 그 외부 신체의 본성보다는 우리 신체 상태를 더 많이 함축하고 있는 것이다. 이런 정신의 특성 때문에 외부 대상의 부재에도 불구하고 우리 정신은 그런 존재가 계속 현존하는present 것으로 인식하거나 착각할 수도 있다. 이런 관념들이 바로 스피노자가 참된 관념이 아니라 상상적인 이미지라고 부르는 것들이다. 그렇다고 이런 상상적인 관념이 완전히 오류(err)인 것은 아니다. 왜냐하면 그것이 비록 외부 사물의 본성을 제대로 표현하지는 못할지언정 우리 신체의 본성을 표현하지 않는 것은 아니기 때문이다. 베드로가 죽었다고 해서 바울의 기억까지 사라져야 하는 것은 아닌데, 왜냐하면 과거에 베드로를 만났던 바울의 신체적 경험, 즉 신체적 변용은 그의 신체 속에 흔적의 형태로 계속 새겨져 있으며, 따라서 베드로에 대한 바울의 관념은 바울의 신체에 대한 '충실한' 지각이기 때문이다. 바울의 정신은 다른 대상이 아니라 자기 신체를 지각해야 한다는 자신의 소명을 충실히 이행하고 있는 것이다. 이런 측면에서 상상적 이미지나 상상적 관념은 결코 오류라고 할 수 없다.

정신적 오류의 조건

그렇다면 우리가 오류라고 부르는 것은 어떤 것일까? 바울이 갖고 있는 베드로에 대한 관념이 오류에 빠지는 조건을 살펴보면 우리가 부적합한 관념을 갖게 되는 자연적 조건을 통찰할 수 있게 된다. 그리고 이 자연적 조건, 즉 본성에 대한 탐구는 부적합한 관념을 벗어날 수 있는 조건도 우리에게 제시해주게 된다. 바울의 오류는 어디에 있을까? 만약 베드로의 죽음 이후에도 바울이 자신의 관념을 바탕으로 베드로가 죽지 않았다고 다른 사람들에게 주장한다면 그는 이상한 인간으로 낙인찍힐 것이다. 왜냐하면 바울의 관념은 자기 신체에 새겨진 흔적에 대해서는 참이지만 더 이상 존재하지 않는, 자기 신체 외부의 베드로에 대해서는 거짓이기 때문이다. 즉 바울은 현존하지 않는 베드로를 자기 신체에 즉해 현존하는 것으로 생각한다는 점에서 일종의 상상력을 발휘한 셈이다.

하지만 베드로에 대한 관념을 갖고 있으면서도 그것이 단지 자기 신체에 새겨진 흔적일 뿐이지 베드로의 실존을 나타내는 것은 아니라고 생각할 수만 있다면, 즉 스피노자의 표현으로 바꿔서, 베드로에 대한 관념을 부정하는, 베드로 부재에 대한 관념이 바울에게 존재한다면 바울은 더 이상 상상 속에 빠지지 않게 될 것이다. 날개 달린 말이 존재할 수 없다는 사실을 받아들이지 않은 채 날개 달린 말의 존재를 주장하는 사람이 망상적인 사람이라면 그런 말이 없다는 사실을 받아들이면서 날개 달린 말을 주인공으로

하는 영화를 제작하는 사람은 상상력에서 위대한 재능을 보여주
는 것이 된다. 따라서 오류는 부재하는 것에 대해 그 현존을 믿는
다는 사실, 더 정확히는 상상적인 사물의 실존을 배제하는 관념이
우리 안에 존재하지 않는다는 사실에서 발생한다고 할 수 있다.

> 그 자체로 보면 정신의 상상은 어떤 오류도 포함하고 있지 않다
> 는 사실, 또는 정신이 사물을 상상한다고 해서가 아니라 단지 정
> 신이 현존하는 것으로 상상하는 사물의 실존을 배제하는 관념을
> 결여하고 있다고 간주되는 한에서 정신이 오류를 저지른다는 사
> 실을 언급하고 싶다. 왜냐하면 만약 정신이 실존하지 않는 사물
> 을 현존하는 것으로 상상하는 동안에 그와 함께 그 사물이 존재
> 하지 않는다는 사실을 알 때는 당연히 이 상상하는 능력을 악덕
> 이 아니라 자신의 본성의 덕으로 간주할 것이기 때문이다—특히
> 이 상상하는 능력이 자신의 본성에만 의존했다면, 즉 (1부 정의7에
> 의해) 정신의 상상력이 자유로웠다면.(2부, 정리17, 주석)

이제 우리가 부적합한 관념을 갖게 되는 조건을 알게 됐다. 우
리의 관념이 외부 물체의 본성을 표현하지 못할 때 그때 우리는
부적합한 관념을 갖는다. 베드로가 없는데도 자기 신체 상태만을
지각하고는 베드로가 살아 있다고 바울이 말할 때 그는 베드로의
부재를 표현할 수 있는 그런 적합한 관념을 갖고 있지 못하기 때
문에, 즉 그의 관념이 베드로의 부재라는 본성을 정확히 표현하
지 못하기 때문에 부적합한 관념의 소유자가 된다. 우리 눈에 비

친 태양이 동전만 한 크기로 보인다고 해서 이 관념 자체가 오류
는 아닌데 사실 태양의 실제 크기를 알더라도 우리 눈에 태양은
늘 동전 크기의 사물로 보일 것이기 때문이다.(2부, 정리35, 주석) 즉
이 (동전만 한 크기의 태양이라는) 관념은 우리 신체 변용의 질서를 정
확히 표현한 것이기 때문에 오류가 아닌 것이다. 다만 오류는 동
전 같은 태양이라는 관념이 외부 사물, 즉 태양의 본성이 아니라
우리 신체 상태를 표현한다는 사실을 모른 채 그것이 외부 사물의
본성이라고 생각할 때이다. 여기서 부적합한 관념, 즉 상상적 이
미지에 대한 스피노자의 난해한 규정을 살펴보자.

> 이로부터 인간 정신은 신의 무한한 지성의 일부라고 할 수 있다.
> 그러므로 인간 정신이 이것저것을 지각한다고 할 때 우리는 신이
> 무한한 한에서가 아니라 그가 인간 정신의 본성에 의해 설명되는
> 한에서, 혹은 그가 인간 정신의 본질을 구성하는 한에서 이런저
> 런 관념을 갖는다고 말하고 있는 것이다. 그리고 신이 이런저런
> 관념을 갖는다고 우리가 말할 때 그가 인간 정신의 본성을 구성
> 하는 한에서가 아니라 인간 정신과 함께 다른 것에 대한 관념도
> 갖고 있다고 말하는 한에서 그때 우리는 인간 정신이 사물을 부
> 분적으로partially 혹은 부적합하게 지각한다고 말한다.(2부, 정리11,
> 보충)

이 보충 설명에 따르면 부분적인 인식은 부적합한 인식인데, 그
것은 신이 인식하는 방식으로 인식하지 못한 관념을 뜻하는 것으

로 되어 있다. 그렇다면 신적인 인식은 무엇인가? 이 세상에 '나'와 '태양' 이외에 아무것도 없다고 해보자. 다시 말해 신은 태양과 나로 변용해 있는 상태이고 나는 저 멀리 거대하게 존재하는 태양을 바라보고 있다. 그렇다면 신은 1)나에 대한 관념도, 2)태양에 대한 관념도, 3)나와 태양의 거리에 대한 관념도, 그리고 4)내게 지각된 태양에 대한 관념(즉, 동전만 한 태양의 관념)도 갖고 있을 것이다. 그런데 나는 사정이 다르다. 내가 갖는 태양에 대한 관념은 오직 나의 눈에 의해 변용된 태양, 즉 동전만 한 크기의 태양일 것인데, 이는 신이 갖고 있는 여러 관념 중에서 오직 4)의 경우에만 해당된다는 사실을 알 수 있다. 이때 태양에 대한 나의 관념이 신이 갖고 있는 관념을 "부분적으로"만 갖고 있다고 말하는 것이다. 하지만 아직 오류는 아니다. 그런데 그렇게 부분적인 관념만 갖고 있으면서도 그것이 태양의 본성을 표현하는 관념이라고 생각하거나 주장하게 되면 나는 오류에 빠지게 된다(부적합 관념). 그러나 내가 실제 태양에 대해 신이 갖고 있는 관념, 즉 2)와 3)도 동시에 갖는다면 나는 신이 갖고 있는 그대로의 관념을 갖게 되고, 부분적인 관념이자 부적합한 관념이라 할 수 있는 관념 4)를 부정하는 관념 2)와 3) 덕분에 오류에 빠지지 않을 수 있다.

우리는 세계의 부분으로 존재하는 유한한 양태이다. 그리고 우리 정신은 세계의 부분으로 존재하는 우리 신체만을 지각하게 되어 있다. 그런 점에서 우리는 부분적이고 부적합한 인식을 갖는 필연적인 조건 속에 있다. 부적합한 관념은 신이 소유하는 대로의 관념이 아닌 관념이다. 그런데 "자기 신체의 변용에 대한 관념을 통하지 않고는 인간 정신은 어떠한 외부 물체도 현실적으로 존재하는 것으로 지각할 수 없다."(2부, 정리26) 따라서 "인간 신체의 변용에 대한 관념은 그것이 인간 정신에만 관련될 경우 명석하고 clear 판명하지distinct 않으며 혼란스러울 뿐이다confused."(2부, 정리28) 우리의 관념은 우리 신체의 충실한 표현이기 때문에 그 자체로는 거짓이 아니지만 우리 신체가 외부 물체와 함께 존재하고 그 외부 물체에 의해 변용된다는 점에서 외부 물체의 본성도 함께 표현할 수 있어야 하는데 그렇지 못한 것이 사실이다. 이는 우리 관념이 우리 신체만을 지각한다는, 즉 우리 신체의 본성을 더 많이 표현한다는 그 자연학적 조건 때문에 발생하는 사실이다. 이렇게 우리는 외부 사물의 변용에 의해 관념을 형성하면서도 외부 사물과의 관련성 아래서 판단하기보다는 자기 신체에 즉해서 판단하려는 경향이 강하다. 바로 이런 조건에서만 우리는 오류의 존재인 것이다.

우리가 "자연의 공통적인common 질서"에 따라 지각하는 한, 다시 말해 외부의 양태와 함께 존재하면서도 우리 신체만을 지각하는 한 우리는 자신이나 외부 물체에 대해서 결코 참되고 적합한 인식을 가질 수 없다. 그렇다면 우리는 여기서 역으로 참된 인식의 조건을 발견할 수도 있겠다.[4] 스피노자는 이렇게 말한다. "정신이 그 일치점과 차이점과 대립점을 이해하기 위해 여러 사물들을 동시에 고찰함으로써 내적으로internally 결정되"(2부, 정리29, 주석)는 한 참된 관념을 가질 수 있다고. 1)태양은 동전 크기의 사물이다(우리 신체에 즉한 부분적이고 부적합한 관념). 2)그런데 같은 사물도 멀리서 보면 작아 보인다(차이점과 일치점에 대한 인식). 3)따라서 동전 만 하게 보이는 태양도 실제로는 엄청난 크기인데 멀리 떨어져 있어 작게 보이는 사물이다(전체적이고 적합한 관념). 4)태양의 실제 크기를 측정하는 데 성공한다. 이렇게 해서 우리 정신 안에는 (태양에 대한) 부적합한 관념과 함께 (태양의 실제 크기에 대한) 적합한 관념이 형성되고, 적합한 관념은 부적합한 관념을 부정하면서 외부 사물이 우리 신체에 끼친 영향에 의해 "외적으로" 지배되지 않도록, 다시 말해 우리 정신의 힘으로 참되게 사태를 파악할 수 있게 "내적으로" 지배되도록 만든다.

1종 인식:
자연 질서에 대한 왜곡되고 전도된 인식

부분적이고 부적합한 인식, 그것을 스피노자는 "1종 인식 knowledge of the first kind"이라고 부른다. 이것 말고 이성적인 인식이자 공통 개념에 해당하는 "2종 인식", 그리고 우리가 궁극적으로 도달해야 할 신적인 직관에 해당하는 "3종 인식"이 있다. 자연적인 상태에서 살아가는 인간들은 기본적으로 1종 인식의 상태에 놓여 있는데, 이는 크게 무작위적인 경험에 의한 인식과 기호sign에 의한 인식(2부, 정리40, 주석2)으로 나뉜다. 동전만 한 크기의 태양에 대한 관념이나 베드로의 죽음에도 불구하고 자기 신체의 흔적에만 열중해 베드로가 살아 있다고 주장하는 바울의 예가 바로 무작위적인 경험에 의한 1종 인식의 대표적인 사례다. 다음으로 기호에 의한 인식이란 누군가에게 들어서 얻은 인식, 혹은 읽은 것을 통해 형성한 관념이다. 가령 우리가 우리의 탄생을 알 수 있는 것은 부모의 증언에 따르는데, 이런 인식들은 풍문처럼 주워들은 인식에 해당된다. 자기 신체 중심의 경험에 즉한 인식과 풍문처럼 간접적으로 획득한 인식.

  그렇다면 현실 속에서 1종 인식은 어떤 방식으로 드러나는 것일까? 스피노자는 이런 상상적 인식의 대표적인 사례로 성서의 예언자들을 거론한다.[5] 예언자들은 갑작스레 신의 목소리를 들었다거나 신의 형상을 봤다면서 이것이야말로 신의 현현이자 계시라고 말한다. 신이 칼을 든 천사의 모습으로 나타났다거나 예사롭지 않은 목소리로 말을 걸었다고도 한다. 이것은 정말 신에 대한 적합한 인식, 즉 신의 본성에 대한 표현인가? 태양을 지각하는 사례에서 말한 대로 우리는 태양(외부 사물)을 직접 지각하지 못하고 우리 신체에 각인된 흔적만을 지각한다. 즉 외부 사물의 본성 대신 우리 신체적 본성을 더 많이 나타내는 것이 우리 관념의 본성인 것이다. 본다거나 듣는다거나 하는 모든 신체적 변용과 그 변용에 대한 관념은 정확히 이런 방식으로 작동한다. 칼을 든 천사로 보인다든지 신성한 목소리가 들린다든지 하는 예언자의 경험도 이런 범주에서 결코 벗어날 수 없다. 스피노자는 신에 대한 참된 계시라는 예언자들의 인식이란 그들 신체에 발생한 변용과 그 변용에 대한 관념, 즉 신체적 환상(또는 상상)에 불과하다고 말한다. 인식이란 오직 신체적 인식인데, 그런 신체적 환각을 어찌 신의 직접적 표현이나 계시라고 할 수 있겠는가. 신들림과도 같은 신체적 환상들은 모두 1종 인식, 그중에서도 무작위적인 경험에 의한 인식에 해당한다. 그리고 이런 예언자들의 말과 글을 통해 신의 본성에 대한 앎을 획득했다고 생각하는 대중들은 주워들은 풍문을 통해 형성한 1종 인식의 상태에 있다고 할 것이다.

예언자들에게 필요한 능력이란 이성보다는 상상이며, 말이나 이미지에 민감하게 반응하는 신체적 환각의 능력이고, 대중들에게 필요한 능력도 자신의 신체를 위로해주는 말과 이미지에만 반응하는 상상적 능력이다. 상상적인 1종 인식은 (외부 사물이라는) 원인에 대한 인식이 생략되고 (우리 신체에 각인된) 효과가 인식의 중심이 되면서 인간 주체가 모든 지각과 행동, 그리고 의미의 기원에 위치하게 되는 인식이기 때문에 부적합한 인식이자 왜곡되고 전도된 인식이다. 우리는 홀로 존재하지 않는다. 우리 주위엔 수많은 외부 사물이, 우리 신체에 영향을 미치는 수많은 것들이 촘촘히 둘러싸고 있으며, 그것들과 인과적 관계를 이루고 있다. 그런데 1종 인식은 외부 사물과의 인과성을 발견하기보다는 사물들의 질서를 자신(의 신체)을 중심으로 재편해버린다. 즉 자신의 신체에 새겨진 것에 대한 관념이야말로 사물의 본성에 대한 파악이라고 주장하는 것이다. 예언자들도 이렇게 자기 신체의 환각이 신의 표현이라고 주장한다는 점에서 오류의 대표자들이다. 이런 성격 때문에 알튀세르는 1종 인식을 세계 질서를 전도시키는 인식이자 장치라고 부른다.

상상은 1) (인간) 주체를 모든 지각과 행동, 목표, 그리고 의미의
중심과 기원에 두지만, 2) 바로 그렇게 함으로써 이처럼 사물의
실제 질서를 전도시키는데, 왜냐하면 사물의 실제 질서는 원인들
의 유일한 결정에 의해 **설명**(주관주의적이지는 않더라도 주관적인 용
어, **스피노자에게는 완전히 낯선** 용어인 "**이해**"가 아니다)되기 때문이다.
이때 상상의 주체성은 목적들을 통해서, 자신의 욕망과 기대들
의 목적의 주관적 환상에 의해서 모든 것을 설명한다. 이것은 정
확히 말해서 세계 질서를 **전도시키는** 것이고, 헤겔과 맑스가 말
했듯이 "머리로" 걷게 만드는 것인데, 이는 스피노자가 훌륭하게
말했듯이 하나의 "장치" 전체를 이용하는 것(국가와 관련하여 맑스
와 레닌의 고유한 용어들 속에서 재발견했을 때 내게 의미심장하지 않을 수
없었던 정식), **원인을 목적으로 전도시키는 하나의 장치**를 이용하
는 것이다.(강조: 저자)[6]

상상적 인식의 문제점은 부적합성에 있지만 그 부정합성의 핵
심에는 바로 자연 질서에 대한 전도가 있다는 것이 알튀세르의 주
장이다. 자신이 "세계의 중심"이며, "국가 속의 국가"이고, "세계
의 의미의 숙달자^{cogito}"라 여기는 것, 이것이 바로 1종 인식을 갖
고 있는 인간의 고유한 "환상"이다. 무한한 세계의 한 부분에 불
과한데도, 세계 질서의 자연적 결정들에 종속되어 있음에도, 자신
을 의미의 고정점이자 의미의 중심, 의미의 출발로 간주하는 것이
다. 국가 안의 국가처럼 인간이 자연의 질서에서 독립해 자유로운
존재나 되는 듯이 스스로를 파악할 때 이 모든 질서의 궁극 목적

으로 신이 등장하는 것은 더 이상 놀랄 일이 아니게 된다. 의미와 자유의 중심이라는 인간적 환상이 투사된 대상, 그것이 신이 아니라면 무엇이겠는가.

그런 점에서 예언자들의 인식 방식은 무지에 기초한 인식, 더 정확히 말하자면 자연의 원인에 대한 무지에서 비롯한 인식이라 할 수 있다. 자연적 현상에 대한 이들의 사고 패턴을 보면 이런 사실이 확실히 드러나는데, 저들은 엄청난 폭풍우를 보면 신의 꾸짖음이라 생각하고, 공포스러운 천둥과 번개는 신의 화살이라고 얘기한다. 이처럼 저들은 자신이 경험한 폭풍우나 천둥, 번개의 무서움에 대한 관념을 신의 표현, 다시 말해 신에 대한 본질적 관념으로 생각하는 것이다. 인식이란 원인에 의한 인식이라고, 스피노자가 만인이 당연히 받아들인다는 공리의 형식으로 표현하는 명제가 있다. 우리가 폭풍우를 경험했다고 했을 때 그런 자연현상을 기압의 차이나 대기의 변화와 같은 자연적 원인에 연결시키지 않고 그런 당혹스러운 사태에 놀란 자기 신체에만 집중하면서 그것이 신의 징벌이자 꾸짖음이라 생각한다면 이것이 어찌 이성적인 인식이라고 할 수 있겠는가. 이들은 심지어 엄청난 바람은 신이 동굴 속에 가둬둔 바람을 풀어서 일어난 현상이라고도 생각하고 그 동굴을 신의 보물창고라고도 부른다.

이렇게 이해할 수 없는 놀라운 자연현상을 볼 때면 이들은 그것이 신의 능력이나 신의 조화(造化)에 의해서 벌어진 기적이라 부른다. 이례적인 자연현상의 원인을 참되게 인식할 수 없었던 유대인들이나 고대인들은 자연의 커다란 역량을 보여주는 것들은 대개 신의 표현이거니 생각했다. 엄청나게 큰 나무는 신의 나무이고, 대단히 인상적인 소돔과 고모라의 멸망은 신이 몸소 나선 멸망의 사례로 간주된다. 매우 치명적인 바람은 신의 바람이고, 보통을 넘는 능력은 신의 영혼(덕)이며, 사울의 심원한 우울도 신의 나쁜 영혼이 개입된 것이라고 말한다. 따라서 예언자들이 신의 계시라고 받아들였던 것들은 모두 그들 신체에 새겨진 흔적에 대한 반응이지, 외부 사물에 대한 참된 파악, 즉 자신의 신체에 새겨진 흔적을 만든 원인으로서의 외부 사물의 본성에 대한 적합한 인식이 아닌 것이다.

예언자들은 자연에 대한 적합한 인식에 필요한 원리나 공리가 아니라 말이나 이미지를 통해 상상적 관념들로 구성된 신의 이미지를 만들어낸다. 그래서 성서에서 예언자들의 가르침은 대개 우화나 비유의 형태를 띠게 되는데 바로 이런 비유적인 이미지들이 대중들의 상상적 재능(1종 인식)에 가장 잘 어울리기 때문이다.[7] 신의 영혼이나 정신에 대해 애매하게 얘기하는 예언자들의 버릇은 바로 이런 1종 인식에 의해 생긴 것이다. 신의 이미지가 어떤 때는 좌정한 존재로(미가), 어떤 때는 하얀 의복을 입은 존재로(다니엘), 혹은 불로(에스겔) 나타나는 것도 이 때문이다. 성스러운 신의 영혼이 그리스도와 함께 있었던 사람에게는 비둘기로 나타나고, 사도들에게는 불길로, 개종 때의 바울에게는 빛으로 보이는 것도 하등 이상할 게 없다. 이런 이미지들은 신의 본질을 표현하는 신비로운 불가사의(기적)가 아니라 신의 본질에 대한 예언자들과 대중들의 공통의 상상이 만들어낸 상상적인 기호에 불과한 것이기 때

문이다. 예언자들, 그리고 대중들은 더 완전한 정신보다는 더 생생한 상상력을 부여받았던 존재들이다.[8]

기억과 연상:
신체적 습속에 지배되는 인식

외부 물체의 본성보다는 우리 신체의 상태를 더 많이 가리키게 되어 있는 우리 정신의 조건을 통해 우리는 기억memory이나 연상 association과 같은 심리적 현상들을 설명할 수도 있다. 우리 신체가 둘 이상의 물체에 동시에 자극받았다고 할 때 그중 하나를 상상하면 자연스레 다른 물체도 연달아 떠오를 것이다. 가령 덕수궁 돌담길에서 연인과 헤어진 경험이 있을 때 덕수궁에만 가면 자동으로 헤어진 연인에 대한 이미지가 떠오르게 되는데, 그 연인은 분명 현재적 실존 속에는 존재하지 않지만 신체가 덕수궁 돌담길과 연인에 의해 동시적으로 변용됐기 때문에 돌담길의 관념이 연인의 관념으로 자연스럽게 연결되는 것이다. 이것이 바로 기억과 연상의 본질이다. 스피노자는 이렇게 표현한다. "만약 인간 신체가 둘이나 그 이상의 신체에 의해 동시에 변용된 적이 있으면 정신이 나중에 그중 하나를 상상하게 될 때 다른 것도 즉각 기억할 것이다."(2부, 정리18)

이렇게 신체에 새겨진 자동적인 관념들에 해당하므로 기억이나 연상도 1종 인식에 속한다. 따라서 기억이나 연상이라는 관념의 형태도 외부에 있는 사물의 본성을 설명하기보다는 우리 신체 변용의 질서를 더 많이 설명하게 되어 있어 이성의 질서에 따른 관념이라 할 수 없다. 특정한 상황을 경험한 인간에게만 특징적인 관념들의 연결, 그래서 모든 사람들에게 보편적으로 적용될 수는 없는 관념의 연결, 그것이 기억과 연상의 특성이다. 사실 외부 사물의 본성을 표현할 수만 있다면 그런 관념들은 모든 인간들에게 공통되게 적용되는 이성적인 관념이 된다.(2부, 정리18, 주석) 삼각형 내각의 합이 2직각이라는 관념은 삼각형을 보든 안 보든 모든 사람에게 보편적으로 참된 인식이다. 엄청난 지진의 원인이 신의 분노 때문이라는 생각, 즉 신은 인간의 타락에 대해 벌을 내리는 존재라는 관념은 특정한 인간들만 받아들이지만 지진이 지구 지각틀의 요동으로 인한 것이라는 설명은 누구나 인정할 수밖에 없는 보편적이고 이성적인 관념이다.

기억이나 연상은 신체 변용의 습관이 표현된 관념이다. 예를 들어 로마인은 pomum이라는 말을 들으면 사과라는 과일을 떠올린다.(2부, 정리18, 주석) 그렇다면 사과와 pomum이라는 로마어 사이에 어떤 필연적이고 본질적인 연결이 있어서 그런 것인가? 그렇지 않다. 영어로 사과는 [æpl]이라고 발음하고 일본어로는 [lingo]라고 발음한다. 뜻(기의)과 그 발음(기표) 사이에는 필연적인 연결 대신 자의적인 연결만 있다는 것이 언어의 특성이라고 일찍이 소쉬르는 말했다. 사과라는 사물과 pomum이라는 발음이 동시적으로 관찰되고 발음되는 여러 번의 경험이, 다시 말해 신체적 습관이 pomum을 들으면 사과를 떠올리게 하고, 사과를 보면 pomum

을 발음하게 하는 것이다. 이처럼 우리의 정신은 하나의 관념에서 다른 관념으로 쉽게 옮겨가는데 이는 우리 신체에 질서지워진 사물의 이미지가 갖는 순서에 의해 관념들의 연쇄가 결정되기 때문이지 관념들 사이의 필연적인 인과는 없는 것이다. 예를 들어 모래 위에 찍힌 말발자국을 본 군인은 즉각 말horse에 대한 관념에서 기사horseman에 대한 관념으로, 다시 전쟁에 대한 관념으로 연상의 운동을 시작할 것이다. 반면 농부라면 말에 대한 관념에서 쟁기에 대한 관념, 밭에 대한 관념 등등으로 연상의 계열을 이어갈 것이다.(2부, 정리18, 주석) 동일한 말발자국이 이렇게 전혀 다른 연상과 기억을 만들어내는 것은 그것이 특정한 신체가 변용해온 습관적 결과라는 사실을 잘 말해준다. 그런 점에서 기억이나 연상과 같은 관념들의 연결은 비이성적인 연결에 해당한다.

　이성적 인식보다는 막연한 신체적 경험에 의한 인식, 기억과 연상에 의존하는 인식, 이는 예언자들의 인식에서도 흔하게 등장하는 것이다. 발라암이라는 예언자가 예언할 때의 상태는 이렇게 묘사되어 있다. "혼수상태에 빠져 있으나 두 눈을 뜬 채로 신의 말씀을 들으며, 지극히 우월하신 분의 예지를 이해하며 전능한 신의 통찰력을 깨닫는 자의 말."[9] 혼수상태에 빠진 채 무의식적으로 내뱉는 말이 신의 예지를 표현하고 있다는 것인데 이야말로 신체적 변용의 자동성에 의해 표현된 상상적 이미지라는 사실을 우리는 알 수 있게 된다. 따라서 예언자들의 관념은 자기 신체의 상태만을 지시한다는 점에서 그 원인을 표현하지 못하는 관념으로 혼란스럽고 단편적인 관념들이라 할 수 있다. 그럼에도 이들은 자신의 예언이 참되다고, 신의 명확한 현현이라 주장하는데, 이런 확신은 어디에서 올 수 있는 것일까? 그것이 바로 기적의 효용이다.[10]

신의 계시라고 상상한 것에 불과한 것을, 즉 자기 신체에 새겨진 흔적과 이미지를 신의 표현이라고 확신하기 위해서는 원인에 의한 인식이 필요하다. 즉 그런 신체적 흔적이 발생하게 된 원인을 파악해야 참된 인식이 되는 것이다. 그런데 예언자들의 상상적 관념은 그런 외부의 원인과 분리되어 있기 때문에, 즉 외부 원인을 인식하려는 노력과 결부되지 않았기 때문에 오직 신에게 그 확실성의 징표를 요청하게 되는 것이다. 기드온은 자신과 얘기하는 존재가 진정 신이라는 징표를 신에게 보여달라고 했고, 모세도 신에게 징표를 요구했다. 그리고 그 징표의 기능을 하는 게 바로 기적이다. 기적 없이 예언자들의 말은 진리가 되지 못한다. 예를 들어 모든 예언자들의 면전에서 국가의 신속한 회복을 예언했던 하나니야는 징표를 필요로 했는데도 그것을 확보할 수 없자 자신이 예언했던 사건에 의해 계시가 확증될 때가지 자신의 예언을 의심해야만 했던 것이다. 신이 함께할 것이라는 계시에 대한 모세의 회의에 대해 신은 이렇게 말했다. "보라, 내가 언약을 세우나니, 너희 모든 백성들 앞에서 세상 어디에서도 어느 백성에게도 행하지 않았던 기적을 행할 것이라."[11] 이처럼 기적은 자연적인 원인과 분리된 신체적 경험을 위해 요구됐던 1종 인식의 대표적인 사례다.

이렇게 무작위적인 신체적 경험이나 풍문에 의존하는 인식은 부적합하고 비이성적인 인식이다. 그런 점에서 기본적으로 우리의 의식은 "환상의 장소"[12]라 할 수 있다. 왜냐하면 1종 인식 상태에서 우리의 의식은 "결과들을 받아들이되 그 원인들을 알지" 못한 채이고, 원인들과 연결되지 못하는 인식, 결과에 대한 부분적 인식에 그치는 앎이기 때문이다. 우리는 대부분 원인에 대한 파악에 무능력하다. 그 무능력은 단지 외부 사물의 본성에 대해서만이 아니라 우리 신체 자체에 대해서도 해당되는 말이다. 우리 신체가 수없이 많은 외연적인 부분들의 합성체이기 때문에 신체에 발생하는 변용은 지각해도 그 변용의 원인은 잘 모르는 것이다. 예를 들어 복부 부분에서 통증을 지각하기는 해도(결과의 부분적 파악) 우리는 그 통증이 왜 발생했는지는 모른다(원인에 대한 무지). 위의 문제일 수도 있고, 대장의 문제일 수도 있으며 신장의 문제일 수도 있다. 여러 외연적인 부분들의 복잡한 협업에 의해 작동하는 신체이기 때문에 각 부분에 대한 정확한 인식 없이 결과에 대한 단편적인 인식을 얻는 데 그치고 만다. 원인 혹은 사물의 본성을 파악하지도 못하면서 자신의 인식이 참된 것이라고 하는 환상과 망상의 장소, 그것이 우리의 의식이다.

"자신의 고유한 관계 속에 존재하는 우리의 신체, 자신의 고유한 관계 속에 존재하는 우리의 영혼, 그리고 각자의 고유한 관계 속에 존재하는 다른 신체들과 다른 관념들이 각각 무엇인지, 그리고 이 모든 관계들이 구성되고 해체되는 규칙들은 어떤 것인지, 우리는 우리의 인식과 우리의 의식의 주어진 질서 속에서는 이 모든 것에 대해서 전혀 알지 못한다."[13] 우리는 원인에서 분리된, 단편적으로 혼잡한 관념만으로 구성된 1종 인식 상태에 놓여 있다.

하지만 그것은 원인에 대한 "인식의 결핍"(2부, 정리35)을 의미할 뿐 부조리하거나 타락한 인식, 열등한 인식을 말하는 게 아니다. 환상의 정체만 제대로 파악하면 우리는 2종 인식과 3종 인식에 도달할 수 있다. 문제는 그 방법이다.

8

수동적 정념의 코나투스와
감정의 자연 법칙

기쁨과 슬픔:
신체 능력의 실재적 변이에 대한 관념

태양을 바라보자. 우리 신체에는 태양이 남긴 흔적, 즉 시각적 인상이 남고, 이것은 앞에서 말한 대로 태양의 본성을 표현하지 못하는 부적합한 관념이 된다. 하지만 태양은 우리 몸을 따뜻하게 데워서 기분 좋은 상태로 만들어주기도 한다. 사랑하는 사람을 만나보자. 사랑하는 사람에 대한 관념이 우리에게 생겨난다. 하지만 사랑하는 사람으로 인해 우리 신체의 능력이 증가하는 느낌도 생겨난다. 태양 때문에 좋아진 기분, 혹은 연인에게 받은 느낌을 스피노자는 감정affect이라고 부르는데, 이런 감정도 관념의 일종이다. 그런데 이런 관념은 아무래도 사진으로 찍은 것 같은 이미지의 형태를 띠고 있다고 말하기는 어려울 것이다. 감정은 신체적 느낌의 변화로 경험되기 때문에 감정이라는 관념은 이미지라기보다는 신체 능력의 변이에 대한 표현이 된다. 따라서 스피노자에게는 우선 두 가지 관념이 있게 된다. 먼저 외부 대상의 이미지이자 우리 신체의 흔적을 지시하는 이미지인 상상적 관념, 그리고 신체 능력의 증가나 감소와 같은 변이 자체를 지시하는, 감정이라는 관념.[1]

- 감정이란 신체의 활동 능력power of acting이 증가하거나 감소되고, 촉진되거나 억제되는 신체의 변용인 동시에 그 변용에 대한 관념이라고 나는 이해한다.(3부, 정의3)
- 정신의 수동passion이라 불리는 감정은 혼란스러운 관념인데, 이것에 의해 정신은 자신의 신체나 신체의 일부가 전보다 더 커지거나 작아진 존재력force of existing을 긍정하며, 정신은 어떤 것을 다른 것보다 더 많이 사유하도록 결정된다.(3부, 감정에 대한 일반적 정의)
- 감정은 정신에 관계되는 한에 있어서 관념인데, 그것에 의해 정신은 자기 신체에 대하여 이전보다 더 크거나 더 작은 존재력을 긍정한다.(4부, 정리7, 증명)

우리가 기쁨이나 슬픔으로 경험하는 다양한 정서적 상태들도 스피노자에게는 모두 관념의 일종으로서, 이런 감정에 해당하는 관념은 신체의 활동 능력이나 존재력의 증가나 감소와 같은 변이 자체를 가리킨다는 게 가장 특징적이라 할 것이다. 감정에는 크게 두 가지, 기쁨joy의 계열과 슬픔sadness의 계열이 있다. 외부 신체의 영향으로 인해 우리 신체의 활동 능력이 증가될 때 신체적 능력의 증가분에 해당하는 정신의 관념이 바로 기쁨이라는 감정이고, 스피노자는 "정신이 더 큰 완전성perfection으로 이행하는 수동 passion(정념)"이라고 정의한다. 마찬가지로 외부 신체의 영향으로 인해 우리 신체의 활동 능력이 감소될 때 신체적 능력의 감소분에 해당하는 정신의 관념이 바로 슬픔이라는 감정이고, "정신이 더 작은 완전성으로 이행하는 수동"(3부, 정리11, 주석)이라 정의된다.

"더 큰 완전성으로의 이행"이나 "더 작은 완전성으로의 이행"이라고 할 때 이 규정에서 오해해서는 안 될 게 있는데, (기쁨의 경우) 완전성의 '결핍'에서 완전성의 '획득'으로 이행하는 것도, (슬픔의 경우) 완전성의 상태에서 불완전성의 상태로 이행하는 것도 아니라는 사실이다. 불완전성에서 완전성으로 변이하는 게 아니라 더 작은 완전성에서 더 큰 완전성으로 이행한다는 것(혹은 그 역), 바로 여기에 스피노자 철학의 긍정성이 있다. 존재하는 모든 것들은 신의 변용이자 신의 생산물이며, 절대적으로 무한한 신의 본성에서 필연적으로 생겨난 것이기에 거기에는 그 어떤 제한도, 모순도, 불완전성도 있어서는 안 된다. 따라서 자연에 존재하는 만물은 존재하는 그대로 완전성을 부여받는다. 내일 완전해지는 것도 아니고, 어제 완전했던 것도 아니다. 지금 이 순간, 그리고 매순간 존재하는 모든 것들은 신의 표현이기 때문에 완전하다. 그러므로 기쁨이 불완전성에서 완전성으로 이행하는 감정도 아니고, 슬픔이 완전성에서 불완전성으로 이행하는 감정도 아니다. 모두 완전한 상태에서, 그 완전성의 정도가 오르내리는 상태, 그것이 감정이라는 관념이 표현하는 신체적 변이인 것이다.

사랑을 해서 기뻐진다고 이전에는 없었던 완전성이 획득되는 것도 아니고, 이별을 당해서 슬퍼진다고 기존의 완전성을 박탈당하는 것도 아니다. 사랑의 기쁨은 작은 완전성에서 큰 완전성으로 이행하는 감정이고, 증오의 슬픔은 큰 완전성에서 작은 완전성으로 이행하는 감정이다. 스피노자에게 실재하는 것, 즉 이 현실 속에서 그 실존을 부여받은 모든 것은 완전하다. 그래서 스피노자는 실재성reality이란 곧 완전성이라고 말한다. 이처럼 존재하는 모든 것들은 스피노자의 철학과 더불어 그 완전성과 긍정성을 획득한다. 장애가 있든 없든, 곤충이든 인간이든 그 어느 것을 가리지 않고 만물은 완전하다. 거미는 거미로서 완전하고, 팔이 없는 사람은 팔이 없는 사람으로서 완전하고, 검은 피부의 흑인은 흑인으로서 완전하다. 기쁨이나 슬픔이라는 감정이 완전성의 변이를 가리키는 관념이라고 해서 불완전성에서 완전성으로 혹은 완전성에서 결핍으로 이행하는 상태를 가리키는 관념이라고 오해해서는 안 된다.

언급해야 할 주된 점은 누군가 더 작은 완전성에서 더 큰 완전성으로 이행한다거나 그 반대로 이행한다고 내가 말할 때 그가 하나의 본질 혹은 형상에서 다른 것으로 변화됐다고 이해하지 않는다는 점이다. 예를 들어, 말이 곤충으로 변화되듯이 인간으로 변화된다면 말은 파괴된다. 대신 우리는 그의 활동 능력이 그 본성을 통해 이해되는 한에 있어서 증가하거나 감소한다고 이해한다.(4부, 서론)

'이행'에 대한 관념인 감정이라는 말을 오해할 때 발생하는 문제가 인용문에서처럼 이행을 완전성에서 불완전성으로 본성적인 변이를 겪는 것처럼 생각하는 것이다. 완전성에서 불완전성으로 이행하거나 불완전성에서 완전성으로 이행하는 것은 실상 본성의 절대적 변경이다. 존재가 능력이라면 무능력은 존재하지 못함이다. 존재와 비존재, 혹은 능력과 무능력처럼 완전성과 불완전성은 그 본성이 전혀 다르다. 그러나 양태들의 본성은 자신이 마음대로 바꿀 수 있는 것도 아니고 신에 의해 파괴될 수 있는 것도 아니다. 대신 본성에 따른 능력은 어느 한도 내에서 증가하거나 감소할 수 있다. 앞에서 복합적 개체를 운동-정지의 '비율'로 설명했던 것처럼 이 비율은 어느 정도 증가나 감소의 폭을 함축하고 있기 때문이다. 아플 때의 신체 능력과 건강할 때의 신체 능력이 서로 동일하지 않을지라도 우리가 동일한 개체라는 사실에는 변함이 없듯이 말이다.

관념은 신체의 현재 상태를 긍정하고 지시하는 것이 가장 큰 특성이다. 앞에서 예를 든 대로 베드로의 죽음에도 불구하고 바울의 현재 신체 상태는 베드로의 현존에 대한 흔적을 갖고 있기 때문에 바울은 베드로가 살아 있다고 말할 수 있다. 그런데 만약 우리가 슬픔이라는 감정을 완전성의 상태에서 불완전성의 상태로 이행하는 것에 대한 관념이라고 하게 되면 문제는 우리가 관념의 본성, 즉 신체의 현재적 상태만을 긍정한다고 하는 그 관념의 본성을 왜곡해버린다는 사실이다. 예를 들어 치명적인 사고로 맹인이 됐다고 했을 때 우리는 활동 능력의 감소로 인해 슬픔의 감정 속에 빠져들 것이다. 만약 슬픔이라는 감정(관념)의 본성을 맹인이 아니었던 과거의 상태와 맹인인 현재의 상태에 대한 비교 속에서 발생하는 감정이라고 하면 우리의 삶은 오직 슬픔으로 점철된 삶이자 저주의 삶이 되고 말 것이다. 왜냐하면 맹인이 되어버린 현재는 과거에 갖고 있던 완전성의 박탈이자 과거 능력의 결핍일 테니 말이 사람이나 곤충으로 변하는 것처럼 그 본성이 완전히 바뀌게 됐기 때문이다. 마찬가지로 슬픔이 현재를 과거와 비교하는 감정이라고 하면 우리는 늘 그 본성적 변화에 대해, 즉 시력의 결핍과 불완전성에 대해 절망해야 하기 때문이다.

그러나 사정이 그렇지 않다는 것은 우리가 익히 아는 사실인데, 맹인으로 살아가는 과정 속에서도 우리는 다양한 기쁨을 경험할 수도 있는 것이다. 만약 기쁨이 불완전성에서 완전성으로 이행하는 것이라면 맹인이 맹인이 아닌 존재가 되어야 기쁨을 경험할 수 있는 터인데 그런 본성의 변이는 결코 있을 수 없으므로 맹인은 슬픔 속에서만 지내야 할 것이다. 그러나 감정(관념)은 항상 신체의 현재적 상태만을 지시하는 것이라 신체의 능력이 증가하면 기쁨이 나타나고, 신체 능력이 감소하면 슬픔이 나타난다. 다시 말해 과거와 비교된 현재의 증가분이 아니라 현재의 증가 '추세'를 나타내는 게 기쁨이고, 과거와 비교된 현재의 감소분이 아니라 현재의 감소 '추세'를 나타내는 게 슬픔이라는 뜻이다. 예를 들어 맹인인 상태에서 다시 병에 걸리게 되면 우리는 신체 능력의 감소적 추세에 따른 슬픔의 감정을 경험하게 되지만, 맹인인 상태에서 점자 읽는 법을 익히게 되면 우리 신체 능력의 증가적 추세에 따른 기쁨을 경험하게 되는 것이다. 이 감소적 추세나 증가적 추세는 있다가 사라지는 것도 사라졌다가 나타나는 것도 아니다. 그것은 정확히 실재하는 것이다. 하지만 현재와 비교된 과거는 실재하지 않으며, 그런 점에서 관념이 아예 표현할 수도 없는 것이다.

> 내가 이전보다 더 크거나 적은 존재의 힘이라고 말할 때 정신이 신체의 현재 상태를 과거 상태와 비교하는 것이 아니라, 감정의 형식을 구성하는 관념이 신체에서 이전보다 더 많거나 적은 실재성reality을 포함하는 어떤 것을 실질적으로 긍정한다고 이해한다.(3부, 감정에 대한 일반적 정의)

신체에 새겨진 '흔적'을 지시하는 관념이 상상적 이미지라면, 신체 능력의 '변이'를 지시하는 관념은 감정이라는 관념이다. 그런 점에서 둘 사이에는 정도상의 차이가 아니라 본성상의 차이가 존재하는데, 왜냐하면 "감정은 이미지나 관념으로 환원되지 않"기 때문이고, "순전히 변이에 관련된 것이기 때문"이다.[2] 그리고 이 변이는 과거와 현재 사이의 비교가 아니라 현재의 (증가나 감소와 같은) 실재적 변이 그 자체이다. 맛있는 음식을 먹어서 기분이 좋아질 때 이때의 변이는 결핍감에서 충만감으로의 이행이 아니라 신체적 능력이 '더욱' 활성화되는 그런 상태로의 이행이고, 이를 기쁨이라고 말한다. 그리고 슬픔도 무언가의 부재나 결핍에 대한 감정이 아니라 신체적 능력이 감소되는 상태에 대한 관념일 뿐이다. 이런 점에서 봤을 때도 스피노자는 긍정의 철학자이다.

만약 슬픔이 완전성에서 불완전성으로 이행하는 것에 대한 긍정이라면, 있음에서 없음으로의 긍정이라면, 다시 말해 부정적인 의미의negative 긍정이라면 우리는 모두 슬픔의 종족이 될 수밖에 없을 것이다. 왜냐하면 누군가는 팔이 없고, 누군가는 집이 없으며, 누군가는 애인이 없고, 누군가는 학벌이 없고, 누군가는 권력이 없을 것이기 때문이다. 우리는 모두 최소한 하나씩은 부족하고 결핍되고 불완전한 인간일 것이다. 행여 이 모든 것을 갖춘 인간조차도 영원한 생명은 갖고 있지 못하며, 신과 같은 전능한 능력은 소유하지 못한다. 그러므로 우리는 슬프고 슬퍼야 하며 그것도 일생의 슬픔일 것이다. 그런데 이런 결론은 도대체 얼마나 터무니없는가. 이런 결론은 도대체 얼마나 우리 삶을 슬프게 하는가. 삶에 대한 이 몹쓸 허무주의는 분명 감정에 대한 잘못된 개념에서 유래하는 것이라 할 것이다.

스피노자는 그렇게 말하지 않는다. 감정은 있음(즉, 실재적인 변이)에 대한 실질적이고positive 적극적인 긍정의 관념이다. 팔이 없는 사람도, 집이 없는 사람도, 애인이 없는 사람도, 학벌이 없는 사람도, 권력이 없는 사람도, 심지어 영원한 생명만을 갖고 있지 않은 풍족한 사람도 살아가는 내내 기쁨의 감정에 복받치기도 하고 슬픔의 감정에 휘둘리기도 하는 것이다. 왜 그런가? 팔이 없는 사람도 장애인에 대한 사회적 차별에 저항하면서 사회적 편견을 허물어갈 때 기쁨을 느낄 것이고, 집이 없는 사람도 부동산에 대한 과도한 집착이 오히려 삶을 파괴적으로 내몬다는 인식 속에서 기쁨을 느낄 것이기 때문이다. 애인이 없는 사람도 친구와의 우정 속에서 기쁨을 느낄 수 있을 것이고, 학벌이 없는 사람도 진정한 공부란 삶의 국면을 돌파하는 참된 지혜에 있다는 사실을 알고 그런 길에 매진할 때 기쁨을 느낄 것이며, 권력이 없는 사람도 가진 것이 없기에 타인과 진정한 연대를 이루고 사회의 새로운 비전을 마련할 수 있다는 사실에서 기쁨을 느낄 것이기 때문이다.

부적합 원인과 수동

기쁨은 정신이 더 큰 완전성으로 이행하는 '수동'이며 슬픔은 정신이 더 작은 완전성으로 이행하는 '수동'이다. 앞에서는 '이행'의 성격에 주목했다면 이제 여기서는 '수동'이라는 스피노자의 표현에 주목해보자. 스피노자는 기쁨이나 슬픔과 같은 감정의 계열들이 능동이 아니라 기본적으로 '수동passion'이라고 말한다. 그에게 인간의 감정은 수동이라는 점에서 '정념passion'이라고도 불린다. 우리 인간은 정념의 존재이다. 정념의 존재란 더 큰 완전성으로 향하는 정신(기쁨)이든 더 작은 완전성으로 향하는 정신(슬픔)이든 상관없이 모두 수동적인 성격을 갖는 존재라는 뜻이다. 그렇다면 스피노자에게 수동이란 무엇인가? 스스로 활동하지 못하고 외부 신체의 작용을 '받아' '노예처럼' '비주체적으로' 움직이는 것을 우리는 통념적으로 수동이라고 말한다.[3] 데카르트도 이와 다르지 않은데 그는 운동의 원인이라면 능동이고, 운동의 결과라면 수동이라고 말한다. 그러나 이런 구분을 적용하게 되면 주인은 모두 능동적이고^{active} 피고용인은 반드시 수동적이어야 할 것이다. 그렇다면 능동적인 존재가 되기 위해서 우리는 기필코 주인이 되어야 할 터인데 그런 일이 가능하고 불가능하고를 떠나 고용주나 명령계통에 있는 사람이 꼭 능동적인 존재는 아니라는 사실을 우리는 익히 알고 있다. 그리고 피고용인이나 노동자로 살아가는 것이 꼭 수동성을 띠는 것도 아니라는 사실을 안다. 그런 점에서 행위가 주체적인가 아닌가를 중심으로 하는 통상적인 능동/수동 개념은 충분히 철학적이지 못하다. 그렇다면 스피노자의 개념은 어떻게 되는가?

> 우리가 적합한^{adequate} 원인이 되어 어떤 것이 우리의 안팎에서 발생할 때, 즉 (정의1에 의해) 우리 본성에 의해 명석하고 판명하게 이해될 수 있는 무엇인가가 우리의 본성으로부터 우리 안팎에 생겨날 때 우리가 작용한다^{act}(능동적이다)고 나는 말한다. 반면 우리가 부분적 원인에 불과한 무엇인가가 우리 안에 발생할 때나 우리 본성으로부터 무엇인가가 생겨날 때 나는 작용을 받는다^{acted}(수동적이다)고 말한다.(3부, 정의2)

앞에서도 말했지만 스피노자의 인식론은 기본적으로 원인에 의한 인식에 바탕을 두고 있다. 전쟁을 이해한다고 할 때 치열한 전쟁 상황이나 전쟁의 처참한 피해와 같은, 결과에 대한 "명석하고 판명한" 인식만으로는 우리가 전쟁을 이해했다고 할 수 없는데, 까닭은 우리가 그 전쟁의 결과들을 그것이 발생하게 된 원인과 관련해서 인식하지 못했기 때문이다. 우리가 노트북을 제조하는 공정 중에서 오직 자판만을 결합하는 일을 하고 있다고 할 때 노트북이라는 완성품이 만들어지게 되는 원인에 우리의 공정이 포함은 되겠지만 그럼에도 그것은 부분적인 원인에 그친다고 할 것이다. 다시 말해 자판을 결합하는 공정이라는 원인만으로는 노트북의 발생을 설명할 수도 없고, 노트북의 발생을 이해할 수도 없다는 말이다. 이렇게 "어떤 원인의 결과가 그 원인만 가지고서는 이해될 수 없을 때" 이런 원인을 "부적합한 원인 또는 부분적인 원인"이라고 말한다. 반면에 "어떤 원인의 결과가 그 원인에 의해 명석하고 판명하게 지각될 수 있을 때" 그것을 "적합한 원인"이라고 부른다.(3부, 정의1)

스피노자의 능동 개념은 바로 이 적합한 원인에 준해서 설명된다. 우리가 적합한 원인일 때 우리는 작용하고 능동적인 존재가 된다. 그렇다면 우리가 적합한 원인이 된다는 것은 무슨 뜻인가? 다시 노트북 공정을 예로 들어보자. 자판만을 결합하는 우리의 작업은 노트북이라는 전체의 발생에서 부분적인 원인에 그치기 때문에 우리만 있어서는 노트북이라는 전체를 생성할 수가 없게 된다. 그러나 우리가 자판과 결합되는 모니터, 그리고 여러 프로그램들의 관련성들을 충분히 이해하고 있다면 우리는 우리만으로 노트북을 만들어낼 수 있는데, 그것도 우리 이외에 그 누구의 도움도 없이 이런 일을 해낼 수 있을 것이다. 이런 것이 바로 스피노자의 능동 개념이다. 노트북이라는 결과를 오롯이 낳을 수 있는 전체적 원인 혹은 적합한 원인이 되는 것. 적합한 원인이 된다는 것은 우리가 "우리의 본성만으로 명석하고 판명하게 이해될 수 있는 어떤 것"을 생성할 수 있다는 것을 가리킨다. 도자기를 만드는 장인들은 흙의 성질과 불의 성질, 가마의 성질, 도자기의 성질 등 다양한 것들을 이해하고 있기 때문에 도자기라는 결과의 적합한 원인이 될 수 있고, 그 장인의 본성만으로 도자기 전체 제작 공정을 이해할 수 있는 것이다. 그러나 복잡하게 얽힌 현대 분업사회에서는 우리가 대개 부분적인 원인에 그치고, 그런 점에서 수동적인 존재가 될 공산이 크다.

동전만 한 크기라고 태양을 규정할 때 우리는 우리의 정신 속에 생긴 (동전만 한 태양이라는) 관념만 가지고서는 태양의 본성에 대한 참된 인식에 도달할 수 없다. 다시 말해 그런 상상적 이미지만으로는 실제 태양의 크기나 거리를 알 수 없게 되어 실제 태양이 있는 곳에 도달할 수도 없고(결과의 발생 실패) 태양이 갖는 위력을 설명할 수도 없게 된다. 이것이 바로 부분적이고 부적합한 인식에 따른 수동적 상태이다. 그런데 이는 우리가 자연의 일부로 존재하기 때문에 발생하는 현상으로서, 자연의 일부인 우리가 우리 신체에 각인된 흔적만을 참된 것으로 간주하면서 빠져든 오류인 것이다. 스피노자에게 수동은 이처럼 우리의 정신 안에 생겨난 관념만으로는 그 결과를 설명할 수 없는 상황을 가리키는 개념이다. 물 위에 비친 태양은 하늘에 떠 있는 것이지만 그럼에도 우리 시야에는 물 아래에 있는 것처럼 나타난다. 만약 우리가 이런 부분적이고 부적합한 관념을 갖고 태양을 건져내기 위해 물속으로 들어간다면 우리는 태양에 도달할 수 없고, 하늘에 떠 있는 태양이라는 결과를 설명할 수도 없게 된다. 이런 것이 수동적인 것이다. 결과를 충분히 설명할 수 있는 적합한 원인이 우리의 관념 안에 생겨나지 않을 때, 혹은 우리의 본성이나 우리의 능력만으로는 그 결과를 이해하고 발생시킬 수 없을 때 우리는 수동적인 존재가 되는 것이다.

발생적 인식론과 능동의 조건

이해한다는 것은 어떤 것이 필연적으로 존재하게 된 원인에 의한 파악이다.[4] 원인에 의해 어떤 결과를 파악한다는 것은 그 결과를 원인을 통해 충분히 설명할 수 있다는 말이다. 이것이 바로 적합한 관념이고 참된 인식이다. 들뢰즈에 따를 때 스피노자는 "인간들 자신은 이해하고 있지 못하지만 그들에게 작용하고 있는 합리적이고 필연적인 원인들에 그 결과를 다시 연결시키면서 그것의 생산과정을 추적해야 한다"[5]고 생각하며 이를 철학적 작업과 현실 분석에 적용하고 있다고 한다. 결과를, 그것을 낳는 원인에 연결시키기, 이 원인에 대한 인식을 통해 결과에 대한 인식을 분명히 하기, 이것이 스피노자의 인식론이다.[6] 이를 발생적 인식론이라고 해보자.

어떤 것에 대한 이성적 인식은 그 사물에 대한 "발생적 정의"를 형성하는 것으로서, 참된 정의(定義)는 "정의되는 사물의 구성 과정을 혹은 이를테면 '근접인'을 명시해야 한다. 그리고 이런 절차를 밟아갈 때 우리는 정의되는 사물을 마치 우리 자신이 만들었던 양 내부로부터 인식하게 될 것이다." 그것도 "정의되는 사물의 이런저런 피상적인 측면들이 아니라 '내밀한 본질'에 따라서 말이다."[7] 스피노자의 유명한 사례를 들자면 구(球)는 한 반원을 그 지름을 축으로 회전시켜 발생하는 입체로 정의될 수 있다. 반원의 회전이라는 발생을 통해서만 구는 그 실재성을 갖는다. 그렇다면 반원은? 당연히 반원도 발생적으로 정의할 수 있는데, 한 끝이 고정되어 있고 다른 끝이 움직이는 선분의 회전, 그것이 곧 반원이다. 중심에서 동일한 거리에 있는 점들과 같은 개념으로는 반원을 결코 발생시킬 수 없다. 참된 인식은 그 결과를 원인의 작동에 의해 발생시킬 수 있는 인식이어야 하기 때문이다.

그런데 여기서 주의해야 할 것은 원인과 결과가 서로 분리되어 있지 않다는 사실이다. 스피노자는 신을 만물의 작용인이자(1부, 정리16, 보충1) 내재적 원인(1부, 정리18)으로 규정하고 있는데, 원래 작용인이란 아리스토텔레스적인 전통에 따르면 한 사물 바깥에 있는 또 다른 사물이라 원인으로 작용하는 사물과 그 결과로 나타난 효과가 서로 분리되어 있는 경우를 가리키지만, 스피노자는 작용하는 원인이 결과(효과)에 내재한다고 말하면서 철학적으로 서로 배타적인 것으로 규정되어왔던 작용인과 내재인을 통합하는 철학적 혁명의 작업을 펼친다.[8] 스피노자에게 작용인은 곧 내재인이다. 반원을 회전시킬 때 구가 나타난다면 회전운동이 정지할 때는 구도 사라진다. 구라는 결과(효과)를 낳기 위해서는 작용인으로서의 반원이 구에 내재하면서 계속 회전해야 한다. 이렇게 신은

구를 생산하지만 그 생산된 구 바깥에 존재하지 않는다. 만물의
원인으로서의 신은 이처럼 구를 발생시키는 반원의 회전처럼 구
에 내재한다. 그런 점에서 작용인=자기원인=내재인이라는 공식
이 만들어질 수 있다. 이를 들뢰즈는 "원인의 일의성"이라고 설명
한다.

> 내재적 원인은 (타동적 원인과는 반대로) 자신 속에 머물러 있으면
> 서 생산하고, 그 결과는 (유출인과는 반대로) 더 이상 원인으로부터
> 벗어나지 않는다.[9]

　모든 결과는 그 결과를 낳는 원인에 연결되어야 하며, 그 원인
은 결과 바깥에 멀리 떨어진 형태로 존재하지 않는다. 신은 원격
원인이 아니라 가장 가까운 원인이자 내재인이기 때문이다. 따라
서 스피노자의 인식론은 이렇게 내재인과 작용인의 동일성에 근
거한 발생적 인식론이 될 수밖에 없다. 결과는 원인에 의해 파악
되어야만 참된 신적인 파악, 다시 말해 적합한 관념이 되며, 참된
인식은 결과에 내재하면서 결과를 발생시키는 원인에 의한 인식
인 것이다. 이를 인간사에 다시 적용해보도록 하자. 대중들이 다
양한 이념 속에서 갈등하고 다투고 있을 때 이 갈등 양상(즉 효과)
에 대한 명석하고 판명한 인식만으로는 우리가 대중들의 투쟁을
이해하고 있다고 할 수 없는데, 왜냐하면 이런 투쟁을 발생시킨
원인에 대한 발생적 인식이 생략되어 있기 때문이다.
　자기 본질의 풍부함으로부터 발생하는 모든 것들의 원인이면

서, 발생되는 모든 것들에 대한 관념을 갖고 있는 신은 인식하는 것이 곧 산출하는 것이다. 스피노자에게 "'~에 의해 인식됨'이란 '~에 의해 발생됨'을 뜻하므로"[10] 발생시키는 원인에 의한 인식만이 참된 인식이 된다. 그리고 이런 인식론에 따라 스피노자의 수동 개념은 타인에 의한 행위의 수행이라는 비주체적 상황에 근거하지 않고 행위(라는 결과)에 대한 부적합 원인에 근거한다. 따라서 부분적이고 부적합한 원인이 된다는 것은 그 결과가 우리 자신에 의해, 그리고 우리가 알고 있는 원인에 의해 명확하게 발생하지도, 이해되지도 설명되지도 않는다는 뜻이다.

그래서 우리가 피고용인일지라도 우리가 수행한 행위의 적합한 원인이 되거나 그 행위에 대한 적합한 인식을 갖고 있게 되면 우리는 능동적일 수 있는 것이다. 비록 감독의 전술 지시를 받아 움직였다고 하더라도 골을 획득한 선수의 행위가 그 골의 적합한 원인이 될 때, 다시 스피노자 식으로 말해 그 선수의 본성과 행위만으로 그 골이라는 결과를 설명할 수 있을 때 그 선수는 능동적인 존재라 불린다. 이런 스피노자의 능동과 수동 개념은 주체적/비주체적이라는 변별적 자질로는 설명할 수 없는 많은 것들을 해명하게 해준다는 점에서 장점을 갖는다. 가령 파도에 휩쓸려 우리가 죽었을 때 이 죽음이라는 결과는 나의 본성에 의해 설명되는 대신 파도의 위력에 의해 설명될 것이므로 우리는 이 죽음에 대해 수동적이라고 말해야 한다. 그러나 우리가 파도의 리듬을 타면서 헤엄을 치고 있을 때 이 결과는 우리의 본성에 해당하는 신체적 능력에 의해 발생시킬 수 있고, 또한 우리 자신의 이해력으로 충분히 설명할 수 있으므로 우리는 능동적인 존재라 말한다.

발생적 인식만이 적합한 인식이기 때문에 단순히 무엇을 정확히 지각했다는 것만으로는 적합한 인식에 도달했다고 말할 수 없는 게 스피노자 인식론의 특징이다. 자동차의 구조와 움직임에 대한 이론적 지식이 아무리 훌륭하더라도 자동차를 직접 구동할 수 없으면, 다시 말해 자동차 구동이라는 현실적 운동에 대한 적합한 원인으로 우리가 존재할 수 없다면 우리는 결코 능동적인 존재가 아닌 것이다. 스피노자에게 앎이란 곧 결과를 낳는 원인으로 작동할 수 있는 앎, 즉 결과를 발생시키는 앎이다. 발생적 인식, 그것은 우리의 정신 속에 결과를 발생시키는 적합한 관념이 존재한다는 뜻이다. 신체와 정신의 평행론에 따를 때 우리 신체가 자동차를 구동시키면 이 신체적 움직임에 대한 관념이 우리 정신 속에 반드시 있게 되는데, 그것은 자동차 구동이라는 연장적 움직임에 대한 사유속성의 표현이라 사실 동일한 것의 다른 표현이라 할 것이다. 자동차를 구동시킬 수 없는 관념, 이런 것을 우리는 앞에서 상상적 관념이라고 불렀다. 상상적인 관념은 부적합한 관념이고, 그런 점에서 결과에 원인으로 충분히 작용할 수 없는 부분적인 원인 관념이다. 그리고 우리가 이렇게 부적합한 관념을 가질 때 우리는 결과의 충분한 원인이 될 수 없고, 우리의 본성으로 결과를 설명할 수도 없으므로 수동적인 존재가 되는 것이다.

• 우리의 정신은 무엇인가를 하거나[작용을 하거나] 작용을 당하는데, 즉 정신이 적합한 관념을 가지는 한 필연적으로 무엇인

가를 하고, 부적합한 관념을 가지는 한 필연적으로 작용을 당한다.(3부, 정리1)

• 정신은 부적합한 관념을 더 많이 가질수록 수동적이게 되고 반대로 적합한 관념을 더 많이 가질수록 능동적이게 된다.(3부, 정리 1, 보충)

• 정신의 능동은 적합한 관념에서만 발생하지만 수동은 부적합한 관념에만 의존한다.(3부, 정리3)

1종 인식이 인간의 기본적인 인식 조건이었듯이 수동도 인간의 자연적인 조건이다. "수동은 정신이 부정을 포함하는 어떤 것을 가지고 있는 한에 있어서만, 즉 정신이 다른 것들 없이 그 자체에 의하여 명석하고 판명하게 지각될 수 없는 자연의 일부로서 고찰되는 한에 있어서만 정신에 귀속된다."(3부, 정리3, 주석) 우리는 자연의 일부이며, 우리에게 발생하는 사건들의 일부만을 파악할 뿐이다. 우리는 부적합한 관념을 갖게 되어 있고 이 속에서 수동성의 존재일 수밖에 없다. 따라서 스피노자의 윤리학은 인간의 능동성을 위한 방법이자 요청으로 자리잡을 수밖에 없다. 우리는 어떻게 능동적인 존재가 될 수 있는가? 그것은 주체적이고 자율적인 실천이 아니라 바로 적합한 관념의 획득에 있다. 부적합한 관념 없이 살 수 없는 유한한 양태이지만 적합한 관념이 많아지면 많아질수록 자연의 일부라는 유한한 조건 속에서도 능동의 존재가 될 수 있는 것이다. 가장 중요한 문제는 적합한 관념을 획득하는 방법인데, 이것이 단순히 인식론적인 문제에 국한되는 것이 아니라는 점에서 우리로 하여금 좀더 우회할 것을 요청하는데, 이것이 또한 스피노자의 고유성이 될 것이다. 왜냐하면 관념의 대상이란 오직 신체일 뿐이기에 신체를 경유하지 않는 앎이란 아예 존재할 수 없기 때문이며, 우리의 부적합을 낳는 것도 신체를 통해서이기 때문이며, 당연히 적합한 관념도 신체를 통해서 얻을 수밖에 없기 때문이다. 능동의 조건은 적합한 관념의 획득에 있지만 그것은 결코 신체를 배제한 인식일 수 없다.

실존을 고수하는 코나투스의 맹목성

스피노자는 인간의 기본적인 감정으로 기쁨과 슬픔 이외에 '욕망desire'을 든다. 그런 점에서 욕망도 사유의 한 양태, 즉 세 번째 종류의 관념이라고 할 수 있다. 그렇다면 욕망이란 무엇인가? 신의 산물인 모든 사물은 정신적인 양태든 연장적 양태든 상관없이 자신의 존재를 지속시키기 위해 노력한다.(3부, 정리6) 만약 자신의 존재를 지속시키지 않기 위해 노력하는 것이 그 개체의 본성이라고 한다면 신 안에 스스로 부정하고 제한하는 본성이 있다는 말이 되므로 이는 불합리하다. 따라서 이 존재 지속의 노력striving, conatus은 모든 사물의 본성이며, 실존하는 모든 사물의 "현실적actual 본질"이라고 할 수 있다.(3부, 정리7) 삼각형의 정의(본성)가 삼각형의 존재를 부정할 수 없듯이, 인간의 본질도 인간의 실존을 부정할 수는 없다. 삼각형이 한 번 그려진 이상(실존하는 이상) 그 삼각형이 스스로는 자신의 그림을 지울 수 없듯이, 인간도 한 번 실존하는 한(즉 태어나는 한) 자신의 실존을 계속해서 고수하려 한다. 외부에서 파괴적인 원인이 작용하지 않는 한 우리 실존을 스스로 부정하지 않는 것이 우리의 본질이다.(3부, 정리4와 5) 그런 점에서 자신의 실존을 지속시키고자 하는 노력, 즉 '코나투스'[11]는 모든 사물의 현실적인 본질이라고 할 수 있다.

'본질'과 '현실적 본질'은 그 의미가 많이 다르다. 예를 들어 인간이라는 본질과 사자라는 본질은 서로 충돌하거나 파괴하지 않는다. 그러나 사자의 현실적 본질은 자신의 실존을 유지하려는 노력이므로 인간의 현실적 본질이 사자 자신을 파괴하려 하는 한 자신의 실존을 지키기 위해 인간의 실존을 공격할 수도 있다. 본질에 있어 갈등이나 다툼은 없다. 하지만 현실적 본질들은 코나투스라는 자신의 본성으로 인해 서로 다툴 수도 있고 협력할 수도 있다. 우리의 실존을 유지하려는 욕망이 타인의 이익이나 실존을 침해하는 형태로 나타날 수도 있고 아닐 수도 있기 때문이다. 우리의 현실적 본질은 여러 외적 원인들에 의해 유지되기도 하고 위협당하기도 한다. 즉 현실적 본질들은 서로 간에 인과의 관계로 맺어져 있기 때문에 서로가 꼭 적합하고 유리하게 관계를 맺을 수 있는 것은 아니다. 하지만 본질은 다른 본질과 인과관계 속에 있는 게 아니기 때문에 사자의 본질이 인간의 본질에 영향을 미칠 일은 없는 것이다. "만일 모든 본질들이 [서로] 적합하다면 이는 정확히 그것들이 서로의 원인들이기 때문이 아니라 그것들 모두가 신을 원인으로 갖기 때문이다."[12] 본질들의 세계는 서로 간에 총체적으로 적합하지만 현실적 본질들의 세계는 적합할 수도 있고 적합하지 않을 수도 있다. 양태의 현실적인 본질로서 코나투스는 두 가지 방식으로 나타난다. 단순한 물체의 코나투스는 그 물체에게 결정된 어떤 상태를 보존하려는 노력으로서 운동하는 것은 계속 운동하려 하고, 정지한 것은 정지된 상태를 계속 유지하려고 한다. 반면 복합적인 물체의 코나투스는 자신을 규정하는 운동-정지의 특정한 비율을 보존하려는 노력(욕망, 충동)이다. 인간과 같은 복합적인 개체는 단순히 운동하거나 정지하려는 게 아니라 자신을 구성하는 외연적인 부분들의 합성 비율을 유지하는 방식으로 자신의 존재를 지속시키기 위해 애쓴다. 실존을 지속시키고자 하는 이런 노력을 정신적인 층위에서 봤을 때는 의지will라 부르고, 신체와 정신에 모두 관계될 때는 충동appetite이라 부른다. 다른 양태들과 같이 우리 인간들도 자신을 보존하고자 하는 충동을 무의식적으로 갖고 있는데, 이는 그런 충동이 우리 인간의 현실적인 본질이기 때문이다. 다시 말해 우리는 우리를 보존하고 지속시키도록 이미 결정되어 있는 것이고, 이런 충동에서 벗어날 수 있는 인간도 존재할 수 없는 것이다. 그런데 인간은 자신의 이런 충동을 충분히 의식할 수 있으므로 이를 우리는 욕망이라 불러 동물적인 충동과는 구분 짓는다.(3부, 정리9, 주석) 인간은 현실적으로 실존하게 되는 순간 코나투스적 존재라고 불리게 된다.

정신이란 우리 신체에 대한 관념이기 때문에 우리 신체의 존재를 부정하는 관념은 우리 정신 속에 있을 수 없다.(3부, 정리10) 그리고 신체와 정신의 평행론에 따라 신체의 활동 능력이 증가하면 정신의 인식능력도 증가하고, 신체의 활동 능력이 감소하면 정신의 인식능력도 감소할 것이다.(3부, 정리11) 그래서 신체의 활동 능력 증가에 따라 정신이 더 큰 완전성으로 이행하는 것을 기쁨이라 부르고, 신체의 활동 능력 감소에 따라 정신이 더 작은 완전성으로 이행하는 것을 슬픔이라 불렀다. 이제 실존 유지 욕망인 코나투스와 다른 감정의 관계를 알아보도록 하자. 만약 우리가 기쁨을 느낀다면 기쁨은 우리 능력의 증가에 해당하므로 코나투스적 본질에 따라 우리는 그 기쁨을 지속시키려는 욕망을 가질 것이다. 반대로 슬픔을 느끼면 슬픔은 능력의 감소에 해당하므로 우리는 그 슬픔을 회피하기 위해 애쓸 것이다.

- 정신은 신체의 활동 능력을 증대시키거나 촉진하는 것을 가능한 한 상상하려고 노력한다.(3부, 정리12)
- 정신은 신체의 활동 능력을 감소시키거나 억제하는 것을 상상할 때 가능한 한 그것의 실존을 배제하는 것을 떠올리려고 노력한다.(3부, 정리13)

첫 번째 명제가 기쁨을 촉진하려는 욕망이라면 두 번째 명제는 슬픔을 회피하려는 욕망에 해당한다. 각각 기쁨에 의해 결정되는 코나투스와 슬픔에 의해 결정되는 코나투스를 표현하고 있다. 이렇게 욕망이라는 감정은 기쁨이나 슬픔과 같은 감정에 의해 결정되는 정념으로서 기쁨을 경험하면 거기서 기쁨을 증대시키려는 욕망이 솟고, 슬픔을 경험하면 거기서 슬픔을 감소시키려는 욕망이 솟는다. 이처럼 코나투스는 기쁨이나 슬픔이라는 촉발 장치를 필요로 한다. 그렇지만 우리의 본성에 의해 결정되는 것은 기쁨/슬픔이 아니라 코나투스다. 기쁨과 슬픔은 외부 사물이 우리에게 끼친 (수동적) 효과이지만 코나투스는 그런 효과 속에서 자신의 실존을 유지하려는 현실적 본질의 발현이기 때문이다. 맛있는 음식에 의해 우리가 기쁨을 느낀다고 할 때 이 기쁨의 원인은 외부 사물인 음식이다. 그런데 그 기쁨 때문에 맛있는 음식을 더 먹고자 하는 욕망은 외부 사물에서 생겨난 기쁨에서 비롯된 것이기는 해도 우리의 실존에 유익한 것이라고 판단된 이 기쁨을 지속시키고자 하는 우리 본성(즉, 코나투스)에서 발원한 것이다. "그러므로 각 정념의 본성은 필연적으로 우리를 변용시키는 대상의 본성이 표현되는 것으로 설명되어야 한다." 그러나 "욕망은 그를 구성하는 것에 의해 무엇인가를 하도록 결정된다고 파악되는 한에서 각각의 [인간]의 본성이나 본질이다."(3부, 정리56, 증명)

기쁨과 슬픔, 그리고 욕망. 이 세 가지 감정은 인간이 갖는 모든 감정의 기본 요소로서 이들의 조합을 통해 다양한 감정들이 설명된다. 기쁨을 경험할 때 이 기쁨을 확보하고자 하는 욕망은 기쁨을 주는 대상에 대한 관념 없이는 이뤄질 수 없다. 예를 들어 어떤 사람을 생각할 때마다 기쁘면 우리는 그 사람을 계속 생각하게 되고 같이 있고 싶어하는데, 이것이 바로 '사랑'이라는 감정이다. 사랑에 대한 스피노자의 간명하고도 아름다운 정의를 보자. "사랑이란 외부 원인에 대한 관념을 수반하는 기쁨."(3부, 정리13, 주석) 사랑이라는 감정은 기쁨의 계열에 속하는데, 이 기쁨이라는 감정이

"자신의 기원이 되는 관념으로 되돌아올 때"[13] 그 기쁨은 사랑이
된다. 기쁨을 일으키는 대상에 대한 욕망, 그것이 사랑이라는 말
이다. 증오hate(미움)도 마찬가지로 간명하게 정의할 수 있다. "증오
란 외부 원인에 대한 관념을 수반하는 슬픔."(3부, 정리13, 주석) 어
떤 대상을 생각할 때마다 우리 신체의 능력도, 정신의 능력도 감
소한다고 해보자. 이것이 바로 슬픔에 대한 정의인데, 슬픔의 감
정이 자신의 기원인 그 대상에 대한 관념으로 되돌아갈 때 슬픔
은 증오가 된다. 우리를 슬프게 하는 그 사람만 생각하면 우리는
증오 속에 빠져들게 되는데, 증오는 곧 우리가 경험하는 슬픔에서
벗어나고자 하는 코나투스이다. 기쁨 속에서 사랑의 욕망이 솟는
다면 슬픔 속에서는 증오의 욕망이 솟는다.

또 다른 감정들을 스피노자는 어떻게 정의할까? '공포fear'가 슬
픔의 계열이라면 '희망hope'은 기쁨의 계열이다. "공포는 의심스러
운 사물의 이미지로부터 생기는, 안정적이지 못한 슬픔"이고 "희
망은 우리가 그 결과에 대해 의심하는 미래나 과거 사물의 이미지
로부터 생기는, 안정적이지 못한 기쁨"(3부, 정리18, 주석2)이다. 공
포나 두려움에 빠질 때 우리 신체의 활동 능력은 억제되는데 그런
점에서 공포는 슬픔의 일종이다. 반면 희망에 찰 때 우리 신체의
활동 능력이 활성화되는데 그런 점에서 희망은 기쁨의 일종이다.
하지만 공포나 희망은 그 어느 것도 확실하고 견고한 감정들이 아
니어서 언제든 다른 감정들로 바뀌게 된다. 귀신이 나타날지도 모
른다고 생각하고는 두려워하다가 이런 불확실한 추측들이 사라져
서 진짜로 귀신이 나타나면 우리의 공포는 그보다 더한 절망despair

으로 추락할 것이다. 언젠간 좋아질 거야, 하는 미약한 희망 속에서 위안의 기쁨을 느끼다가도 실제로 좋은 일이 발생하게 되면 우리의 불확실한 희망은 믿음confidence으로 바뀐다. 하지만 더 중요한 것은 "공포 없는 희망도 없고 희망 없는 공포도 없다"(3부, 감정의 정의13, 해명)는 점이다. 희망을 품는 자는 그 희망하는 대상이 이뤄질 수 없을 것이라는 두려움도 동시에 갖고 있으며, 공포에 빠진 자는 그 두려운 대상이 나타나지 않을 수도 있을 것이라는 희망도 함께 품는 법이다.

우리에게 해악을 가한 사람이 있으면 우리는 그 대상이 사라져 없어지기를 욕망하면서 그렇게 되도록 애쓸 것이며(복수심, vengeance), 우리에게 은혜를 베푼 사람에게는 보답하려고 노력할 것이다(감사, thankfulness). 복수심이 슬픔에서 생기는 욕망이라면 감사는 기쁨에서 발생하는 욕망이다. 타인에게 칭찬받을 때 느끼는 기쁨(명예심, love of esteem)이 있는가 하면 타인에게 비난받을 때의 슬픔(치욕, shame)도 있다. 자신에 대한 과대한 사랑(자만, pride)이 있는가 하면 슬픔에 의한, 자신에 대한 과도한 비하(의기소침, despondency)가 있을 수 있다. 타인의 행복을 기뻐하고 타인의 불행을 슬퍼하는 사랑의 계열이 연민compassion이라면 타인의 행복을 슬퍼하는 증오의 계열은 질투envy라고 할 수 있다. 부(富)에 대한 과도한 욕망과 사랑을 탐욕greed이라 부른다면 섹스에 대한 과도한 사랑과 욕망은 정욕lust이라고 부를 수 있다. 이렇게 스피노자는 인간의 다양한 감정들을 기쁨과 슬픔, 그리고 욕망이라는 세 가지 기본적인 감정들을 통해 간명하게 설명한다.

감정의 자연 법칙

기쁨, 슬픔, 욕망은 인간사 모든 감정의 기본 레고 블럭이다. 사랑이든 증오든, 공포든 희망이든, 질투든 정욕이든 모든 감정은 이 세 감정의 조합으로 구성된다. 다시 말해 인간의 모든 감정은 인간만의 예외적인 현상이 아니라 필연적으로 형성되는 자연 법칙의 하나인 것이다. 감정들은 결코 우발적이거나 우연적인 인간의 특성이 아니다. 그런데도 우리는 어떻게 생각하고 있는가? 증오나 자만, 질투나 탐욕이야말로 인간의 타락한 본성이라고 생각하고 있지 않은가. 따라서 회개해야만 사라지는 감정, 징벌의 대상이 되어야 할 감정, 더 이상 존재하지도 말아야 할 인간의 실수, 신적인 계율의 위반, 신의 세계 속에서는 존재할 수도 없는 악마적인 인간의 속성. 스피노자는 인간 감정에 대한 이런 모든 부정의 언사들을 고발한다. 그는《에티카》제3부 〈감정의 기원과 본성에 대하여〉 서문에서 왜 감정을 굳이 기하학적으로 다룰 수밖에 없었는지 다음과 같이 이야기한다.

왜냐하면 지금 나는 인간의 감정과 행동을 이해하기보다는 오히려 저주하거나 조소하기를 좋아하는 사람들에게 되돌아가고 싶기 때문이다. 내가 인간의 악덕과 어리석음을 기하학적인 방식으로 다루려고 하는 것, 그리고 이성에 반대되며 그들이 공허하고 터무니없으며 끔찍하다고 공언한 것들을 이성적으로 증명하고자 하는 것이 그들에게는 의심할 바 없이 이상하게 보일 것이다. 그러나 나의 논거는 이러하다. 자연은 항상 동일하고 자연의 덕과 활동 능력은 어디서나 하나이자 동일한 것이며, 즉 모든 것들을 발생하게 하고 한 형상에서 다른 형상으로 변하게 하는 자연의 법칙과 규칙은 항상 어디서나 동일하기 때문에 자연 안에서는 자연의 결함 탓으로 돌릴 수 있는 어떤 것도 발생하지 않는다. 따라서 어떤 종류든 간에 사물의 본성을 이해하는 방식은 자연의 보편적인 법칙과 규칙을 통해서 항상 동일해야 하는 것이다. 그러므로 증오, 분노, 질투 등등의 감정은 그 자체로 고찰했을 때 다른 사물들과 마찬가지로 동일한 자연의 힘과 필연성에 의해 생겨나는 것이다.

질투나 증오, 분노와 같은 감정들을 들어 인간 본성의 타락을 주장하고 이런 감정들이 제거되어야 한다고 주장하는 사람들에 대해 스피노자는 자연 안에 자연의 결함(즉, 본성의 타락)으로 인해 발생하는 일이란 있을 수 없다면서 이를 위해 기하학적인 방식을 사용할 수밖에 없다고 말한다. 도형의 성질과 같은 수학적 영역에 대해서는 논리적인 고찰을 허용하면서도 감정이라는 영역에 대해서는 자연의 예외지대인 것처럼 생각하는 것, 이것이 바로 인간의 본성이라고 할 수 있는 여러 감정들을 근거로 인간의 타락을 주장하게 하는 논리가 된다. 자연 안에 자연의 법칙을 거슬러 작동하는 현상은 결코 발생할 수 없다. 지진은 자연의 예외적인 현상인가? 혹은 쓰나미는 인간의 도덕적 타락 때문에 발생한 비자연적인 현상인가? 자연 안에 자연의 예외지대는 없다. 만약 예외지대가 있다면 그것은 신의 무능력을 인정하는 신성모독적인 주장인 셈이다. 그런데도 저들은 다른 것은 다 자연 안에 있다고 해도 인간의 감정이나 인간의 도덕적인 영역은 자연의 법칙을 거슬러 작동할 수 있는 대상인 것처럼 다룬다. 자연 안의 인간을 마치 "국가 dominion 안의 국가"나 되는 것처럼, 자연의 법칙이 인간의 도덕적인 감정에서는 통하지 않는 것처럼 다뤄왔던 것이다. 필연적인 본성을 비난할 수밖에 없으니 이들이 쓰고자 하는 모든 인간 윤리학은 일종의 풍자시인 셈이다.

> 철학자들은 우리를 괴롭히는 정념의 변화들을 사람들 스스로의 잘못으로 생겨난 악덕이라고 생각한다. 그리고 자신들을 경건하게 보이려고, 대개는 그러한 정념들을 비웃거나, 측은해 하거나, 또는 비난하고 저주한다. 그리고 자신들이, 어디에도 존재하지 않는 인간 본성에 대해 다양한 칭찬을 늘어놓을 수 있으며 실제로 존재하는 인간 본성에 대해서 논쟁할 수 있을 정도로 현명하다면, 그들은 자신들이 무엇인가 훌륭한 일을 하고 있으며, 자신들은 이미 배움의 정상에 다다랐다고 생각한다. 철학자들은 인간을 있는 그대로의 모습이 아니라 그들 스스로가 원하는 모습으로 상상하기 때문이다. 그러므로 철학자들은 일반적으로 윤리학 대신 풍자시를 써왔으며 사용할 수 있는 정치론을 염두에 둔 적이 결코 없었다.[14]

(연장적) 사물들이 자연의 법칙을 따르듯이 (사유속성의 변용인)

관념(감정)도 자연의 법칙을 따라야 한다. 앞에서도 말했듯이 자유
의지라는 초자연적인 사물은 존재하지도 않는 것이다. 초자연적
인 것, 즉 신 초월적인 사물은 신 안에 존재할 수 없다. 따라서 인
간이 보여주는 감정적인 약점들, 즉 증오나 질시나 분노와 같은
것들은 인간의 자유의지에 의한 초자연적인 타락이 아니라 자연
안의 일부분으로 존재하는 유한양태가 갖는 필연적인 사유 양태
인 것이다. 인간의 감정이나 의지, 혹은 욕망을 자연 법칙의 예외
라고 생각하면서 인간 본성의 타락을 주장하는 모든 언설들은 스
피노자의《에티카》라는 거울에 비춰봤을 때 사실 극도의 인간 혐
오를 품고 있는 사유들이다. 우리는 우리를, 그리고 우리의 삶을
저주하기 위해 너무나 많은 노력을 해왔고, 그것도 아주 교묘히
해온 것이다. 따라서 우리 삶에 대한 참된 긍정, 그것은 인간을 자
연 안의 한 양태로, 그리고 인간의 감정과 같은 것들도 자연 안의
한 부분으로 다루는 방식 속에서만 얻어질 수 있다.

　기쁨을 느끼면 기쁨을 유지하려는 게 인간의 본성이듯(사랑), 슬
픔을 느끼면 슬픔을 피하려는 것도 인간의 본성이다(증오). 모든
감정은 인간의 현실적 본질, 즉 코나투스의 발현이기 때문이다.
본성에서 필연적으로 나오지 않은 것은 단 하나도 없다는 말이다.
증오는 우리의 사악한 의도에서 나오는 것이 아니라 슬픔을 물리
치고자 하는 욕망의 필연성에서 나오는 것이다. 기쁨을 느낌에도
기쁨을 회피하는 코나투스는 없으며, 슬픔 속에서도 슬픔을 환영
하는 코나투스는 없다. 누구를 동정한다거나 누구를 질투하는 것
도 결코 자의적인 것이 아니다. 사실 우리의 질투심이나 허영심처

럼 우리가 제어하기 힘든 것이 또 어디에 있겠는가. 이런 힘겨움이야말로 이런 욕망들이 결코 자유의지에 따르지 않는다는 사실을 명확히 증명해준다. 다시 말해 질투심이나 허영심도 외부 사물이 끼친 영향으로 생겨난 기쁨 혹은 슬픔에 따른 코나투스, 즉 외적인 사물과의 인과관계 속에서 만들어진 코나투스인 것이다.

코나투스는 인간의 현실적인 본질이다. 본질이란 무엇인가. 본질이 없으면 사물은 정립될 수 없고, 사물이 없어도 본질은 존재할 수 없다. 코나투스가 본질이기 때문에 코나투스 없는 인간은 존재할 수도 없으며, 인간 없이 코나투스적인 욕망도 존재할 수 없는 것이다. 인간은 존재하는 순간 이미 코나투스적인 존재이고, 그런 점에서 다양한 감정들에 묶일 수밖에 없는 존재인 것이다. 저주하지 않겠다고 혼자서 금욕적인 약속을 강고히 한다고 해서 문제가 풀리지 않는 까닭은 우리의 본질이 곧 코나투스이기 때문이다. 우리를 기쁘게만 하는 것들로 우리 주변을 채울 수 있다면 우리는 그 누구도 증오하지 않고 오직 사랑의 감정 속에서만 지낼 수도 있을 것이다. 그러나 삶이 그렇지 않다는 사실을 우리는 이미 너무나 잘 알고 있지 않은가. 우리를 슬프게 하는 것들, 우리의 활동 능력을 떨어뜨리는 것들, 우리의 인식능력을 저조하게 하는 것들, 그런 것들은 도대체 얼마나 많은가. 그런 것들과 함께 살아야 하기 때문에 증오나 질투, 분노와 같은 감정들이 필연적으로 생겨나는 것이다. 이런 필연을 어떻게 혼자만의 금욕적 수행으로 해결할 수 있겠는가. 인간의 이기적이고 탐욕적인 본성은 종교적인 금욕으로는 결코 해결할 수 없다. 본성을 도대체 어떻게 금욕적으로 조절할 수 있단 말인가. 삼각형이 내각의 합을 2직각이 되지 않도록 금욕적으로 조절할 수 없듯이 인간의 이기적인 욕망들과 파괴적인 욕망들도 인간의 본성에서 나오는 것이라 금욕적으로 조율할 수 없다. 스피노자는 결코 금욕적인 해결책을 찾지 않는다.

> 이러한 인간의 본성과 반대로 종교는 이웃을 자신과 같이 사랑하고 다른 이들의 권리를 자신의 것처럼 보호하라고 가르친다는 것을 우리 모두가 알고 있다. 하지만 우리는 또한 이것이 모든 정념의 변화를 잠재우기에는 너무 미약하다는 것을 안다. 진정으로 이러한 종교의 가르침은 질병이 모든 정념들을 짓누르며 혼자서 움직일 수 없는 죽음의 순간이나 세상과의 교제가 필요 없는 절간에서나 도움이 된다. 그것을 가장 필요로 하는 법정이나 궁궐에서는 도움이 되지 못한다.[15]

그렇다고 자유주의나 신자유주의적 교의처럼 인간의 이기적인 욕망이 "보이지 않는 손"에 의해 최종적으로 공동체 전체의 행복을 증가시키는 방식으로 조화롭게 해결된다고 생각하지도 않는다. 종교적으로 봤을 때 자유주의는 일종의 예정조화설인 셈이다. 각자의 이해관계의 극대화가 오히려 일반적이고 공동적인 이익과 조화를 구성할 수 있을 것이라는 예정조화적인 공상은 코나투스에 대한 몰이해에 근거한 이론이라 할 것이다. 자유주의자 애덤 스미스는 이렇게 말한다. "노동 생산물이 최대의 가치를 갖도록 그 노동을 이끈 것은 오로지 자기 자신의 이익을 위해서이다. 다른 많은 경우에서처럼 이 경우에도 그는 보이지 않는 손에 이끌려서 자신이 전혀 의도하지 않았던 목적을 달성하게 된다."[16] "전혀 의도하지 않았던 목적"이란 곧 공공의 이익이다. 그렇다면 이 공공의 이익의 본질은 무엇인가? 그것이 특정한 계층이나 계급의 희생이 아니라면 무엇인가.

스피노자는 인간이 이기적이고 타락한 본성의 존재라는 사실을 들어 그들의 자연적 권리를 박탈해 국가주권에 이양해야 한다고도 하지 않으며, 또한 본성을 저주하게 하는 종교적인 금욕을 실천하라고도 하지 않는다. 동시에 신자유주의자들의 주장처럼 그들의 이기적인 본성이 그대로 발휘되게 내버려둬야 한다고도 말하지 않는다. 그런 모든 처방은 이기적인 인간들의 증오와 전쟁을 예방하는 의학적 처방일 수 없다. 인간의 현실적 본성에 대한 이성적 파악이 전제되지 않은 모든 처방은 실상 사이비 처방이자 병을 덧나게 하는 처방이다. 정념은 수동적인 감정이자 필연적인 감정이다. 하지만 인간은 능동의 상태에 도달할 수도 있다. 따라서 중요한 것은 능동이라는 필연성을 창출하는 구체적인 조건과 방법이다. 공동체, 능동, 공통 개념(적합한 관념), 이 세 가지가 스피노자가 제시하는 윤리적 처방이다. 혼자 살 수 없는 존재이기 때문에 자유방임일 수 없으며, 함께 사는 삶이 수동적인 정념으로 인해 문제가 되기 때문에 스피노자 식의 공동체가 필요한 것이다. 그리고 오직 그 속에서만 스피노자적인 능동과 스피노자적인 이성의 계기가 만들어지는 것이다. 이처럼 스피노자는 사회계약설의 홉스와도 다르고, 자유방임의 애덤 스미스와도 다르다. 개인적 고립도 아니고 국가적 종속도 아닌, 그리고 종교적인 금욕주의적 억압도 아닌, 스피노자만의 길.

Ethica

4부 인간의 예속과 자유에 대하여

Spinoza

9

노예의 도덕과 자유인의 윤리학

슬픔의 위험성

인간의 모든 감정들이 자연의 필연성에 따라 발생한다는 사실을 알았으니 우리는 이제 감정들이 야기하는 문제로 안심하고 넘어갈 수 있게 됐다. 정신이 동시에 두 감정에 의해 자극받으면 나중에 하나만 경험해도 그것과 관련된 다른 감정이 연쇄적으로 따라 나오게 되어 있다.(3부, 정리14) 정신은 외부 물체의 본성보다는 우리 신체에 각인된 흔적에 반응하는 것이니, 가령 누군가에게 폭력을 당한 경험이 있을 때 그 사람을 직접 만나지 않고 그 사람만 떠올려도 폭력의 아픔이 연쇄적으로 발생하게 되는 것이다. 이런 감정의 연쇄로 인해서 사랑이나 증오의 직접적인 원인이 아닌 대상에 대해서도 우리는 쉽게 사랑이나 증오의 감정에 빠져들게 되어 있다.(3부, 정리15, 보충) 그 사람과 비슷한 사람만 봐도 움찔한다든지, 아무 이유도 없는데 단지 그 사람과 비슷하게 생겼다는 이유로 미워한다든지. 이것이 바로 감정이 갖고 있는 공감sympathy과 반감antipathy이라는 기제이다.(3, 정리15, 주석) 유사한 대상, 그것은 우리 감정을 낳은 정확한 대상이 아니기 때문에 우리 감정이나 욕망의 적합한 원인은 아니지만 우리는 우리 신체에 새겨진 흔적에 반응하는 성향 때문에 우리와 아무런 관련이 없는 대상에 대해서도 쉽게 감정을 표현하게 되는 것이다.(3부, 정리16) 그런 점에서 공감이나 반감에 기초한 욕망들은 모두 부적합한 관념에 기반을 둔 정념이라고 할 수 있다.

이런 기제는 여러 정념들의 발생을 설명해준다. 우리가 사랑하는 대상이 파괴되는 이미지는 슬픔이 되고 사랑하는 대상이 보존되는 이미지는 기쁨이 된다.(3부, 정리19) 그리고 우리가 증오하는 대상이 파괴되는 이미지는 당연히 기쁨을 준다.(3부, 정리20) 사랑하는 대상이 기쁨을 느끼면 우리도 기뻐지고, 사랑하는 대상이 슬픔을 느끼면 우리도 슬퍼진다.(3부, 정리21) 그리고 우리가 사랑하고 있는 사람을 기쁘게 해주는 누군가가 있다면 우리는 그 누군가에 대해서도 사랑의 감정을 가질 것이고, 우리가 사랑하는 대상을 슬픔으로 자극하는 누군가가 있다면 그 누군가에 대해서도 증오하게 될 것이다. 이런 모든 감정들은 스피노자가 "감정의 모방imitation"이라고 부르는 심리적 기제에 의해 파생되는 감정들이다. 감정의 모방적 경향으로 인해 연민이나 호의, 분노와 같은 감정들도 생겨나는데, 연민은 우리와 비슷하다고 생각하는 타인의 불행에서 생기는 슬픔이지만, 우리와 유사한 타인에게 선을 행한 사람에 대한 사랑은 호의favor라 불리고, 우리와 비슷한 타인에게 악을 행한 사람을 증오한다면 우리는 그것을 분노indignation라고 부를 것이다.

이렇게 우리는 우리가 사랑하고 있는 대상을 기쁨으로 변화시키는 모든 것을 긍정affirm하려고 하고, 슬픔으로 변화시키는 것들을 부정deny하려고 애쓴다.(3부, 정리25) 반대로 우리가 증오하는 대상을 슬픔으로 자극하는 것들은 긍정하려고 하지만 기쁨으로 자극하는 것들은 부정하려고 한다. 이런 기제로 인해 우리 자신이나 우리가 사랑하는 대상에 대해 실제 이상으로 대단하게 여기고, 우리가 증오하는 것들에 대해서는 실제 이하로 하찮게 여기게 되어 있다. 우리 자신에 대한 과도한 사랑, 이를 우리는 자만pride이라 부르고, 타인에 대한 과도한 사랑이나 평가는 과대평가overestimation라 부르며, 타인에 대한 무시에서 오는 기쁨은 경멸scorn이라 부른다. 그리고 우리는 남들이 사랑하는 것을 우리도 사랑하려고 노력하고, 반대로 남들이 혐오하는 것은 우리도 혐오하려고 노력한다.(3부, 정리29) 여기서 타인들의 마음에 들기 위한 노력, 특히 대중의 비위를 맞추려는 태도인 야심ambition이 등장하고, 우리를 만족시킨 사람을 떠올리면서 느끼는 기쁨인 찬사praise가 나온다. 타인의 칭찬 없이 우리가 원인이 되어 기쁨을 느낄 때는 자기만족self-esteem이고, 우리가 원인이 되어 느끼는 슬픔은 후회repentance이며, 우리 자신이 원인이 되어 기뻐하는 타인으로 인해 생기는 기쁨은 명예심love of esteem이고, 우리가 원인이 되어 타인을 슬프게 했을 때 느끼는 슬픔은 수치shame(치욕)가 된다. 우리가 사랑하는 것을 다른 사람도 사랑하면 우리의 사랑은 깊어지지만 다른 사람이 증오하게 되면 '마음의 동요'를 느끼게 되어 있다. 반대로 우리가 증오하는 것을 증오해주면 우리의 증오는 확고해지고 그 반대가 되면 또다시 '마음의 동요'를 겪는다. 따라서 대부분의 사람들은 자신이 사랑하는 것을 다른 사람도 사랑했으면 하고, 자기가 증오하는 것은 다른 사람도 증오했으면 하고 바라게 되어 있다. 이를 스피노자는 야심ambition이라 부른다.

> 사람들은 본성적으로 다른 사람들이 자신의 기질에 맞춰 살아가기를 원한다. 모든 사람이 이것을 동일하게 원할 때 그들은 서로에게 비슷한 장애물이 되고, 모두가 모든 사람들로부터 칭찬받고 사랑받고자 할 때 그들은 서로를 증오하게 된다.(3부, 정리31, 주석)

문제는 기쁨을 유지하고자 하는 게 우리의 본성인데도 이런 본성이 서로의 삶에 장애와 갈등의 요소가 된다는 것, 다시 말해 서로에게 슬픔으로 작동하고 서로에게 증오를 품는 요인이 된다는 것이다. 기쁨에 대한 추구는 인간들 사이에서 외려 슬픔의 계열을 낳고 만다. 슬픔이나 증오, 분노나 치욕, 후회와 같은 인간사의 불행한 요소들은 인간의 타락이 아니라 이처럼 자신이 사랑하는 것에 대한 과대평가와 미움 받는 것에 대한 혐오, 그리고 타인으로부터 받고자 하는 관심들, 즉 기쁨을 얻고자 하는 욕망 속에서 만들어지는 것이다. 이제 기쁨은 온통 슬픔에 자리를 내주고 만다. 우리 삶은 이미 슬픔에 중독된 삶, 증오에 중독된 삶인 것이다. 슬픔들의 충돌과 증오의 연쇄작용. 삶은 축복이길 그치고 저주의 대상이 된다. 삶 자체에 대한 허무주의. 그러면서도 그런 슬픔들이 유한한 존재로서 자신에게 기쁨을 주는 것만을 획득하려는 인간의 본성적 욕망 속에서 발생했다는 사실을 망각한다. 이 순간 이런 슬픔에 기생하는 족속들이 나타나고, 대중들을 사로잡는다. 폭군과 성직자들. 폭군들은 슬픔에 사로잡힌 영혼들에게 이 삶의 공포와 슬픔에서 벗어나게 해줄 수 있다는 희망을 퍼뜨리면서 대중들을 지배하고, 성직자들도 이 삶의 슬픔에서 벗어날 수 있는 처방이 금욕적 실천에 있다며 종교적 지배를 강화한다.

　모든 희망의 종교와 정치는 공포를 이용하게 되어 있는데, 그것은 공포 없는 희망도 없고, 희망 없는 공포도 없기 때문이다. 하지만 희망이든 공포든 모두 부적합한 관념에 따른 수동적 정념이기 때문에 희망과 공포에 기초한 종교와 정치는 인간들을 수동적인 노예로 만들고, 쉽게 교정되지 않는 환상(희망) 속에 종속시킨다. 이들이 갈망하는 기쁨, 이들이 추구하는 사랑, 회피하고자 하는 두려움, 찾으려 하는 희망, 이런 모든 감정들 안에 얼마나 많은 슬픔과 증오가 개입해 있는지 우리는 이제 정확히 알게 된다. 그들이 사랑과 기쁨을 원했다면 그들이 이미 슬픔에 중독되고 원한에 빠져 있기 때문이다. 사랑 아래 숨겨진 공포와 슬픔, 그리고 증오를 볼 수 있는 눈이 있어야 한다.[1] 본성적 증오가 있는 게 아니라, 자신의 존재를 유지하고자 하는 본성이 타인들에 대한 증오와 원한을 낳는 것이다. 사랑과 기쁨에 대한 갈구 이전에 이미 슬픔들이 많다. 기쁨을 찾으려고 하는 대중들은 어느새 증오로 무장하게 되고, 증오만이 자유와 행복의 조건인 양 증오의 전쟁을 펼친다. 폭군과 성직자의 처방을 받아들수록 슬픔과 증오의 원인에 대한 이성적 파악에서 멀어지고 만다는 사실도 잊은 채 폭군과 성직자에 대한 복종만이 유일한 자유라고 생각하는 대중들. 원인 분석에 의한 처방은 사라지고 오직 슬픔을 순간적으로 잊을 수 있게

해주는 값싼 마취제들만이 판을 친다.[2]

　그런데 보라. 우리가 겪는 슬픔에 대해 그 원인이 필연적일 때보다 자유로운 것이라고 생각되는 것에 대해 우리의 증오는 더 커지는 법이다.(3부, 정리49) 애완동물이 우리에게 끼친 피해보다 다른 인간이 우리에게 끼친 피해에 대해 더 큰 분노를 품고 대하는 까닭이 바로 여기에 있다. 필연적인 것이라고 생각되는 것은 다른 사물들과 인과관계 속에 있기 때문에 그 대상 하나에만 증오를 집중할 수 없는 것이다. 그런데도 우리는 종교적인 처방술의 영향 속에서 인간이 자유로운 의지를 갖고 있다고 믿고 있지 않은가. 도대체 이런 종교는 얼마나 위험한가. "사람들은 자신들을 자유롭다고 생각하기 때문에 다른 사물에 대해서보다 서로에 대해 더 큰 사랑이나 증오를 품는다."(3부, 정리49, 주석) 종교적 위안술은 실상 인간의 증오와 슬픔을 가중시키는 촉매제 역할을 하고 있는 것이다. 삶의 시련 속에서 애처롭게 갈구되는 것이 기쁨과 사랑이지만 그것은 결코 폭군과 성직자에 대한 복종 속에서는 나타나지 않는 비밀이다. 그리고 더 심각한 비밀은 폭군과 성직자들이야말로 슬픔을 이용해 지배한다는 사실이다. 슬프지 않은 자, 그 누가 폭군과 성직자에게 복종할 것인가. 그런 점에서 들뢰즈의 말대로 "슬픈 정념들의 평가절하"[3]야말로 스피노자의 위대한 철학적 싸움이다. 증오, 동정, 공포, 희망, 절망, 조롱, 수치, 자기비하, 분노, 비굴, 시기, 복수, 원한. 이런 슬픔의 계열들이 사회적 적대와 폭군의 정치, 자유의지와 죄라는 종교적 위안술을 제조해내는 것이다. "슬픔인 모든 것은 나쁘고 우리를 노예화한다. 슬픔을 내포하는 모든 것은 폭군을 표현한다."[4]

무능력으로서의 수동

　절대적으로 무한한 신은 자기원인이기 때문에 그의 활동과 지성에 있어 수동을 겪을 수 없다. 세계에 존재하는 모든 것에 대해 신은 모두 알고 있기 때문에 신의 관념은 항상 적합하며 적합한 관념에 의한 능동만을 경험한다. 그리고 신은 영원불변하므로 더 큰 완전성으로 이행한다거나 더 작은 완전성으로 이행하는 능력상의 변이를 겪을 수도 없다. 그런 점에서 신에게는 기쁨도 없고 슬픔도 없다.(5부, 정리17) 그러므로 당연히 기쁨에 기초한 사랑의 욕망이나 슬픔에 기초한 증오의 욕망도 있을 수 없다.(5부, 정리17, 보충) 그래서 신은 어느 누구도 사랑하지 않으며 어느 누구도 미워하지 않는다. 그러므로 신은 사랑의 대상도, 미움의 대상도 될 수 없다. 신은 영원히 적합한 관념이며, 영원히 능동이다. 신은 인간의 타락이 미워 징벌하지도 않으며, 인간의 선행이 기뻐 보상해주지도 않는다. 징벌이나 보상은 오직 사랑과 증오라는 인간적 정념에서만 나오는 것이기 때문이다.

　그러나 인간은 유한한 양태이기 때문에 부적합한 관념을 갖게 되고, 이에 기초한 욕망과 행위로 인해 수동적인 존재가 된다. 능동이 능력이라면 스피노자에게 수동성은 일종의 무능력이다. 우리에게 6N의 힘이 있는데도 4N의 힘밖에 발휘되지 않았다면 우리가 −2N의 힘을 쓴 것은 아닐 것이다. 단지 외부적인 제한에 의해 4N의 힘밖에 발휘하지 못한 것일 뿐이다. 우리의 본질에 해당하는 6N의 힘이 그대로 발휘되는 것, 그것이 우리의 능력이고 이는 오직 능동의 조건에서만 발휘된다. 수동성은 반대로 그 능력과 본성의 제한, 즉 능동성에 대한 부정인 것이다. 우리의 본질이 갖고 있는 능력을 그대로 표현하는 것은 능동이지 수동이 아니다. 다시 말해 수동성은 그 어떤 적극적인positive 의미도 포함하지 않은, 능동적 힘의 제한에 불과한 것이다. 그래서 들뢰즈는 이렇게 말한다. 능동적 변용들만이 실재적이고 적극적으로 실현할 수 있는 유일한 변용 능력이라고. 왜냐하면 능동 능력만이 본질을 표현하고, 능동적 변용만이 본질을 긍정하기 때문이다.[5]

우리를 슬프게 하는 대상이 있다고 해보자. 슬픔은 우리 본성의 힘이 아니라 외부 원인의 본성의 힘에 의해 지배되는 것이고, 동시에 더 작은 완전성으로의 이행이다. 이 순간 우리의 코나투스, 즉 슬픔에서 벗어나려는 노력이 발휘되기 시작한다. 그런데 이상하게도 슬픔 속에서 발휘되는 코나투스는 우리 능력의 증가를 낳지 못한다. 슬픔을 경험하는 것 자체가 이미 완전성의 감소인데다, 내게 슬픔을 준 대상을 내 신체와 정신 속에서 몰아내기 위해서는 그 대상이 내게 끼친 만큼의 힘을 또 발휘해야 하기 때문에 우리에겐 능력의 이중적 감소가 발생하기 때문이다. 슬픔에 휩싸일 때마다 우리의 능력은 계속해서 감소하고, 게다가 슬픔을 몰아내려는 노력 속에서 또다시 능력의 감소를 겪는다. 이처럼 슬픔과 증오의 연쇄는 전체 실존 양태들의 능력을 엄청나게 감소시키는 것이다.

기쁨이라고 해서 다를 바는 없다. 기쁨 속에서 비록 우리가 완전성과 활동 능력의 증가를 경험한다고 할지라도 그런 경험은 우리의 본성보다는 외부 원인의 본성에 좌우되는 것이기 때문에 언제든 사라져버릴 수 있다. 고독을 견디면서 자신의 삶을 풍요롭게 만든 경험이 없는 사람은 사랑하는 대상에 전적으로 의존하면서 자신의 정서적 환경을 구축하게 되어 있는데, 이때 이 사람의 기쁨이나 슬픔은 오직 사랑하는 대상에 달려 있어 그 대상의 정서 상태에 따라 기쁨에서 슬픔으로, 슬픔에서 기쁨으로 끊임없이 요동치게 되어 있다. 도대체 이런 상황은 얼마나 지독한 예속상태인가. 스스로 기쁨을 만들 수도 없고, 자신의 기쁨마저 자신의 의도와 상관없이 언제든 슬픔으로 바뀌어버리는 상태. 스피노자에게 무능력은 바로 이렇게 수동적인 감정 상태에 놓인 실존적 조건을 의미한다. "무능력은 인간이 자기의 외부에 있는 사물에 의해 지배되고, 자기 본성이 요구하는 것이 아니라 외부 사물들의 일상적 조건이 요구하는 것을 하도록 결정되도록 하는 데에 있다."(4부, 정리37, 주석1) 이처럼 수동적인 변용은 자신의 본성에 대한 적극적인 표현이 아니라 자기 본성의 제한이자 변용 능력의 부정이다. 우리의 본질에 해당하는 만큼의 변용 능력이 제한과 부정의 방식으로만 표현되는 것, 그것이 수동성의 상태다. 그것은 "우리의 무력, 우리의 예속, 다시 말해 우리의 능동력의 최저 정도이다."[6] 스피노자의 표현법으로는 다음과 같이 말할 수 있다.

정신이 자기 자신을 고찰하는 동안에 자기의 무능력을 상상한다
고 우리가 말할 때 그것은 정신이 자기의 활동 능력을 정립하는
어떤 것을 상상하려는 노력이 억제된다거나 (정리11 주석에 의해)
슬프게 된다고 말하는 것에 다름 아니다.(3부, 정리55, 증명)

그런데 여기서 우리가 풀어야 할 오해가 있다. 앞에서 힘의 비
교를 통해 들었던 예가 그런 것인데, 활동 능력의 제한이라고 해
서 우리의 힘이 직접적으로 감소한다는 사실을 뜻하지는 않는다
는 사실이다(궁극적으로는 감소하겠지만). 정확한 것은 우리의 본질
에 해당하는 변용 능력을 능동적인 방식으로 표현하는 경우와 수
동적인 방식으로 표현하는 경우 모두 변용 능력의 크기는 동일하
지만 그 표현방식에서 다를 뿐이라는 점이다. 능동적인 존재도 자
신의 변용 능력을 다해서 기쁨을 얻고자 하고, 수동적인 존재도
자신의 변용 능력을 다해서 슬픔을 회피하고자 한다. 저주와 증오
의 깊이가 깊다고 느낄 때, 이는 변용 능력만큼 코나투스를 발휘
한 사람에게 우리가 쓸 수 있는 말이다. 우리는 자신의 변용 능력
을 다해서 타인과 공통성을 형성할 수도 있고, 자신의 변용 능력
을 다해서 누군가를 증오할 수도 있다. 둘은 동일한 권리의 변용
능력을 전혀 다르게, 즉 윤리학적인 방식에서 차이 나게 발휘한
것일 뿐이다.

노예와 자유인의 윤리적 차이

- 자신의 본성의 법칙에 따라 모든 사람은 선good이나 악evil이라고 판단하는 것을 필연적으로 원하거나 회피한다."(4부, 정리19)
- 각자가 자기의 이익을 추구하기 위하여, 즉 자신의 존재를 보존하기 위하여 더 많이 노력하고 그것을 더 많이 달성할수록 그만큼 더 유덕하다virtue. 반대로 각자는 자기의 이익을, 즉 자신의 존재를 보존하기를 무시하는 한에 있어서 무력하다.(4부, 정리20)

첫 번째 명제는 모든 인간이 기쁨을 추구하고 슬픔을 회피하는 것은 그 누구의 명령이나 의도 때문이 아니라 인간으로서의 본질 때문이라는 자명한 사실을 얘기한다. 그리고 두 번째 명제는 자신의 존재를 유지하고 지속시키기 위해 이익이 되는 것들을 더 많이 확보하고자 하는 것이야말로 모든 인간에게 가장 유덕한 행위가 된다는 자명한 사실을 얘기한다. "어떠한 덕도 이것[덕](즉, 자신을 보존하려는 노력)보다 우선하는 것으로 생각될 수 없다."(4부, 정리22) 이 세 명제는 모든 인간에게 타당한 원칙이다. 따라서 자신의 이익을 추구하는 본질, 기쁨을 추구하는 본질, 존재를 보존하고자 하는 본질은 사실상 동일한 본질이다. 그러므로 이런 코나투스적인 측면에서는 인간 지위나 능력의 고하를 막론하고 모두 다 동등하다고 할 것이다. 다시 말해 (니체적 의미의) 강자든 약자든, 현자든 바보든, 자유인이든 노예든 그가 생명을 갖고 있는 존재라면 그 누구든 자신의 코나투스를 실현하기 위해 최선의 노력을 기

울이게 마련인데, 이런 코나투스는 모두 동등하게 갖고 있는 것이다.[7]

분명 강자와 약자, 자유인과 노예, 현자와 바보 사이엔 능력의 차이, 다시 말해 변용 능력의 차이가 존재한다. 하지만 코나투스 상에서는 아무런 차이가 없다. 이것이 실존의 비밀이다. 강자는 강자의 방식으로 자신의 코나투스를 실현하고, 약자도 약자만의 방식으로 코나투스를 실현한다. 자유인도 자신을 보존하기 위해 애쓰고, 노예도 자신을 지키기 위해 사력을 다한다. 그 어떤 존재도 자신의 실존을 포기하지 않는다. 니체 식으로 표현하자면 강자도 최선을 다해 자신의 권력의지를 실현하려 노력하고 약자도 최선을 다해 자신의 권력의지를 표현한다. 변용 능력에는 차이가 있을지라도 코나투스를 실현한다는 인간의 현실적 본질에 있어서는 아무런 차이도 없다. 그런 점에서 모든 인간들은 동등한 자연권right of nature의 소유자이다. 여기서 '동등하다'는 것은 힘의 크기가 같다는 것이 아니라 자신이 다른 사물에 작용하고 영향을 미칠 수 있는 힘만큼의 권리를 갖는 데 있어서 동등하다는 뜻이다.[8] 기쁨의 변용을 겪으면 더 많은 기쁨을 확보하기 위해 욕망하고, 슬픔의 변용을 겪으면 그 슬픔에서 벗어나기 위해 욕망하는 것, 이렇게 현실적으로 자신의 존재를 지속하고 유지하기 위한 코나투스는 모든 인간이 자연적으로 부여받은 그 인간의 본질이라는 말이다. 자연 안에서는 어느 누구도 자신의 존재를 지속시키기 위한 자연적인 노력에서 예외가 될 수 없다. 바로 이 코나투스적인 자연권의 차원에서 자유인과 노예 사이에는 하등의 차별도 있을 수 없다는 것이다.

> 모든 인간은 최고의 자연권에 의해 존재하고, 결과적으로 자기 본성의 필연성으로부터 나오는 것들을 최고의 자연권에 의해 행한다. 그러므로 각자는 최고의 자연권에 의해 선과 악을 판단하고 자기 기질에 맞춰 이익이 되는 것을 파악하고(정리19와 20을 보라), 복수하며(3부 정리40 보충2를 보라), 사랑하는 것을 보존하기 위해 노력하고 미워하는 것을 파괴하기 위해 애쓴다(3부 정리28을 보라).(4부, 정리37, 주석2)

인간의 능력은 모두 다르지만 그럼에도 능력만큼의 '변용을 행한다는 것', 다시 말해 능력만큼의 '코나투스를 실현한다는 것'에서는 차이가 없다. 어느 누구도 자연권 이상의 권리를 행사할 수 없으며 자연권 이하의 권리를 행사할 수도 없다. 다시 말해 코나투스를 실현해야 한다는 이 자연권을 두 배로 획득하는 자도 없고, 그 권리를 박탈당하는 자도 없다. 각자의 능력에 따라 최선을 다해 변용의 노력을 다하는 것, 이것이 모든 실존 양태가 동일하게 부여받은 자연권이다.(4부, 정리37, 주석1) '자연 상태natural state' 속에서는 어느 누구도 남의 권리를 감히 간섭할 권리가 없다. 좋음과 나쁨에 대한 판단은 자연의 권리, 즉 각자 판단해야 할 몫이다. 자연 상태에서 "각자는 자신의 자유의 수호자"[9]이기 때문에 자유의 수호와 이익의 유지를 위해 필요한 것이라고 판단한 모든 것은 허용될 수밖에 없다. 따라서 증오도, 분노도, 기만도, 질투도,

공격도, 기습도 정당하며 심지어 전쟁도 정당하다. 우리가 누군가를 살해했다면 그것은 우리의 실존을 유지하기 위한 자연권에 따른 정당한 절차인지라 이런 자연 상태에서는 여하한 '죄'도 성립되지 않는다. 그 어떤 죄도 없이, 그 누구도 죄를 저지르지 않는 상태에서 서로에게 늑대가 되는 잔인한 실존이 계속되는 공간, 그곳이 바로 자연 상태이다.

이런 공간에서 자유인이면 뭣하고, 노예라면 또 뭣할 것인가. 그런 구별이 도대체 뭐가 중요한가. 현자든 바보든, 강자든 약자든 모두 자신의 이익과 실존을 위해 발버둥을 쳐야 하는 상황인데 말이다. 만약 우리가 살아가고 있는 사회가 이렇게 코나투스 실현이 최우선이 되는 사회라면 우리는 실상 자연 상태 속에서 살아가고 있는 셈이다. 문명사회라고 해서 자연 상태가 없는 것은 아니다. 자연 상태는 원시적인 사회나 이미 지나가버린 사회가 아니라 코나투스적인 자연권이 보장되는 사회라면 언제든 존재하는 사회인 것이다. 하지만 이런 자연 상태의 삶이 과연 개인의 자연권을 가장 잘 발휘할 수 있는 사회라 할 수 있을까? 자기 존재를 보존하는 데 있어 더 많은 것들을 달성하는 게 그 개인에게 최고의 덕이라고 했는데 과연 자연 상태 속에서 이 덕이 안정적으로 확보될 수는 있는 것일까? "더 능력 있고 더 강한 것이 존재하지 않는 그런 개체는 자연 속에 없다. 그 어떤 것이 있더라도 그것을 파괴할 수 있는 더 강한 것이 존재한다."(4부, 공리) 맹수를 죽일 수 있는 인간일지라도 바이러스의 공격 앞에서는 무력하며, 인간을 죽이는 바이러스도 뜨거운 열과 같은 환경에서는 무력하다. 오늘의 안

넝이 내일의 죽음을 방지하지 못하며, 오늘의 강자가 내일의 강자라는 보장도 없다. 무력한 대중들도 강한 환상 속에서 뭉치면 그 어떤 폭군의 군대보다 강력한 무기가 되는 법이다.

> 인간들이 분노, 시기, 증오를 내포하는 정념들로 고통을 당하는 한 그들은 산산이 흩어지게 되고 서로에게 대립하게 된다. 그리고 그들은 다른 동물들보다 더 권력이 많고 교활하고 비열하기 때문에 훨씬 더 두려운 존재가 된다. 인간들은 이러한 정념의 변화를 벗어날 수 없기 때문에 본성상 인간들은 서로 적이 된다. 인간은 나의 가장 큰 적이어서 나는 그를 매우 두려워하고 그에 반하여 나를 지켜야만 한다.[10]

이런 자연 상태 속의 삶은 그야말로 우연과 무지가 지배하는 삶이라 할 수 있다. 이 길을 가다 누구를 만날지, 어떤 맹수를 만날지 어떻게 알겠는가. 같은 편이라고 생각했지만 적보다 더 위험한 적일 수 있으며, 안전한 먹거리라고 생각했지만 목숨을 빼앗는 독버섯일 수도 있는 것이다. 우연한 만남들과 수동적인 만남들에 무차별적으로 노출된 삶, 이런 자연 상태의 삶은 상당히 이율배반적이다. 현자와 어리석은 자의 차이를 코나투스적 동등성 속에서 무화시키면서 자연권을 보장하면서도 오히려 그 코나투스적 자연권의 실현을 방해하는 상태가 되어버리기 때문이다. 코나투스적 자연권은 자연 상태 속에서 그 근거를 획득하지만 자연 상태 안에서 그 권리는 정확히 행사되지도 못한다. 아무리 능력이 뛰어난 사람이라도 실존의 보존을 완수하지 못했을 때 그가 유덕한 삶을 살았다고 할 수는 없다. 스피노자에게 덕virtue이란 "인간이 자기의 본성의 법칙에 의해서만 이해될 수 있는 어떤 것을 해내는 능력을 가진 한에서 인간의 본질 또는 본성 자체"(4부, 정의8)이다. 우발적인 만남에 의해 촉발된 증오에 따라 사는 삶, 기쁨의 삶을 잠식하면서 슬픔을 만연하게 하는 자연 상태의 삶, 여기서 우리가 우리의 본성대로 산다고 할 수 있는가. 혹은 우리의 본성에 의해 이해될 수 있는 일을 달성하고 있다고 할 수 있는가. 자기보존이 덕의 유일의 기초인데도 불구하고 자연 상태 속에서의 삶은 그런 최소한의 것도 달성하지 못하게 하는 것이다. 따라서 자연 상태의 삶은 수동적 정념에 사로잡힌 삶, 한마디로 노예의 삶인 것이다. 노예와 자유인에 대한 스피노자의 규정이다.

> (…) 감정이나 풍문에 의해서만 인도되는 사람과 이성에 의해 인도되는 사람과의 사이에 어떤 차이가 있는지 우리는 쉽게 알 것이다. 왜냐하면 전자는 자신이 원하든 원하지 않든 간에 자신이 대부분 모르는 것들을 행하는 반면, 후자는 다른 사람의 소망이 아니라 자신의 소망을 따르고 자기 인생에서 가장 중요하다고 인식하는 것들을 행하며, 따라서 매우 위대하게 욕망한다. 그러므로 나는 전자를 노예라 부르고, 후자를 자유인이라 일컫는다.(4부, 정리66, 주석)

노예와 자유인 사이에 자연권 상의 차이는 존재하지 않지만 변용의 방식에서는 명확한 차이가 존재하는데 이를 "윤리적 차이"라고 하자.[11] 기쁨이든 슬픔이든 모든 감정은 외부원인에 의해 촉발된 신체적 변용이자 그 변용에 대한 관념이라는 점에서, 그리고 그런 관념은 대개 외부원인의 본성에 대한 이해보다는 우리 신체의 상태에 대한 부적합한 관념이라는 점에서 수동이다. 스피노자에게 노예는 수동적 정념에 지배되는 인간이다. 우발적이고 무차별적인 만남 속에서 자신의 본성에 따라 살지도 못하고 오직 외부대상의 본성에 의해 지배되어 기쁨도 슬픔도, 사랑도 증오도 결코 지속적이고 확고하게 유지하지 못하는 삶. 언제 실존이 위협당할지 몰라 늘 공포와 희망의 교차 속에서 마음 졸이는 삶. 이들은 결코 "나쁜 마주침"을 피하지 못할 것이며, 죽음보다 못한 삶을 전전하다 결국 죽음에 이를 것이다. 기쁨은 일시적인 것에 지나지 않을 것이며, 오직 슬픔과 증오와 복수심만이 지배적일 것이다.

코나투스 상에서 동등한 노예와 자유인은 바로 코나투스를 촉발하는 변용의 방식에서는 차이 나는 삶을 산다. 무지 속에서 기쁨이나 슬픔을 맞이하는 게 노예라면, 그리하여 그런 감정에 의해 촉발된 코나투스를 막무가내로 폭발시키는 것이 노예라면, 적합한 인식 속에서 슬픔을 피하고 기쁨을 맞이하려고 노력하는 자는 자유인이며, 그리하여 기쁨 속에서 촉발된 코나투스를 통해 서로의 삶이 조화를 이룰 수 있도록 노력하는 존재가 자유인인 것이다. 우발적인 마주침 속에서 슬픔에 지배될 것이냐, 아니면 조직된 만남 속에서 기쁨을 형성할 것이냐, 바로 여기에 노예와 자유인의 차이가 자리하는 것이다. 자신의 신체에 기쁨이나 슬픔을 야기한 외부원인들에 대해 적합한 인식을 획득하지도 못한 채 오직 자기 신체의 변용(주로 슬픔)이 촉발하는 코나투스, 즉 분노와 증오와 공포와 헛된 희망 속에서 살아가는 것이 노예이다. 하지만 스피노자의 자유인은 자신의 본성을 유지하는 데 불필요한 그런 증오의 계열들을 피하기 위해 슬픔의 마주침을 줄이고 더 많은 기쁨의 변용이 일어날 수 있게 노력하는 존재이다.

> '자연'에는 '선'도 '악'도 없다. 도덕적 대립은 없고 대신 윤리적 차이가 있다. 이 차이는 몇몇 등가적 형식으로 나타난다. 이성적 인간과 무분별한 인간, 현자와 무식자, 자유인과 노예, 강자와 약자의 형식으로. 그리고 사실 지혜 혹은 이성은 힘, 자유와 다른 내용을 갖지 않는다. 이 윤리적 차이는 코나투스에 있는 것이 아닌데 왜냐하면 무분별한 인간도 이성적 인간 못지않게, 약자도 강자 못지않게 자기 존재를 고수하려고 노력하기 때문이다. 그 차이는 코나투스를 결정하는 변용들의 종류에 있다. 극한에서 자유롭고 강하며 이성적인 인간은 그의 활동 능력의 소유에 의하여, 그 안에 적합한 관념들과 능동적 변용들의 현존에 의하여 온전하게 정의될 것이다. 반대로 노예, 약자는 그들의 부적합한 관념들에서 파생되고 그들을 그들의 활동 능력으로부터 분리시키는 정념들만 갖는다.[12]

수동적인 존재, 즉 노예는 (기쁨이나 슬픔과 같은) 정념에 의해 "행동하도록 결정되는" 존재이기 때문에 자신과 외부 사물의 본성에 대한 적합한 이해가 생략됐다는 점에서 맹목적인 인간이다. 가령 마약이 우리 신체를 부분적으로 기쁘게 변용시켰다고 해보자. 이 기쁨에만 관련된 정신은 더 많은 기쁨을 탐닉할 테고, 따라서 마약에 대한 의존성을 높여가게 될 것이다. 마약이 신체 전체와 관련해서 끼치는 영향(즉 마약의 본성)에 무지한 채 자신의 신체에 나타난 완전성의 증가라는 국소적 기쁨에 중독될 때(마약의 기쁨을 추구하는 코나투스) 그 신체는 전체적으로 봤을 때 능력을 크게 잃고 만다. 마약에 대한 중독은 코나투스적 본질에서 나오는 것이지만 이때 우리가 자기보존의 노력이라는 현실적 본질을 충분히 실현했다고 할 수 없는 것은 코나투스의 작동이 그 신체에 파괴적으로 작용했기 때문이다. 따라서 "인간이 부적합한 관념을 가짐으로써 무엇을 행하도록 결정되는 한에서 유덕하게 행동했다고 결코 말할 수 없다."(4부, 정리23) 기쁨마저도 이런 지경인데 슬픈 변용의 경우엔 말할 필요도 없을 것이다. 수동적 변용은 궁극적으로 신체적 능력을 감소시키고 죽음에까지 이르게 할 수 있다.

따라서 자유인이 되는 유일한 길은 코나투스(욕망)를 결정하는 변용의 방법을 바꾸는 것, 즉 수동(정념)에 의해 촉발된 코나투스가 아니라 능동에 의해 촉발된 코나투스로 전환하는 것이다. 수동이 우리 신체에 나타난 결과에 집착하는 인식이라면 능동은 결과를 발생시키는 원인을 파악하고자 하는 이성적 노력이다. 적합한 관념에 의한 인식은 원인에 의한 인식, 즉 신적인 인식이다. 따라서 만인에게 공통된 보편적인 인식일 수 있다. 그러므로 능동의 존재가 된다는 것은 우리에게 좋은 일이 타인에게도 좋은 일이 되고, 우리에게 참인 인식이 타인에게도 참된 인식일 수 있게 하는 것이다. 이성은 "사물을 참되게 인식하는 것"이고 "사물 그 자체를 있는 그대로 인식하는 것"이며, "필연으로 인식하는 것"이다.(2부, 정리44, 증명) 이런 점에서 이성적 인간들의 공동체는 평화와 사랑과 일치의 상태가 될 것이다.

"이성의 인도에 따라 사는 한, 인간의 본성에 좋은 것들만을, 즉 모두에게 좋은 것들만을, 즉 각각의 인간들의 본성에 일치하는 것들만을 행한다."(4부, 정리35, 증명) 자유인의 삶은 더 많은 기쁨과 더 많은 사랑과 더 많은 평화를 가능하게 하기 위한 노력과 발명에 힘쓰는, 삶을 위한 삶이다. 그래서 "자유인이 죽음만큼 적게 생각하는 것은 없으며, 그의 지혜는 죽음이 아니라 삶에 대한 생각이다."(4부, 정리67) 만약 우리 사회가 죽음에 대해 더 많은 걱정을 하게 하고, 죽음이 검은 그림자처럼 우리를 짓누르고 있다면 우리는 지금 노예의 삶을 살고 있는 것이다. 자유인의 삶, 그것은 오직 적합한 관념의 획득을 통한 능동적 변용에 달려 있다. 그러나 이것은 얼마나 어렵고 드문 일인가. 다음의 표현은 3종 인식에 도달하는 어려움을 얘기한 것이지만 우리는 2종 인식에서조차 아직 많은 진척을 보이지 못했다. 따라서 자유인의 도정에 놓인 어려움으로 읽어도 무방할 것이다.

> 왜냐하면 무지한 자는 외부의 원인에 의하여 여러 방식으로 곤란을 겪어 정신의 참된 평화를 결코 소유할 수 없을 뿐만 아니라 자신도 신도 사물도 결코 인식하지 못하는 것처럼 살기 때문이다.

그리고 그는 수동적이길 그치자마자 존재하기를 그친다. 반면 현자는 현자로서 고찰되는 한 정신적으로 결코 고통받지 않고 영원한 필연성에 의해 자신과 신과 사물을 인식하며, 존재하기를 멈추지도 않으며 항상 정신의 참된 평화를 소유한다. 이런 상태로 인도하기 위해 내가 제시한 방법이 지금 매우 어렵게 보인다고 할지라도 발견될 수 있다. 그리고 물론 드물게 발견되는 것은 틀림없이 힘든 일이다. 왜냐하면 구원이 손에 잡혀 큰 노력도 없이 발견될 수 있다면 어찌 모든 사람이 그것을 무시했겠는가? 그러나 모든 고귀한 것은 드문 만큼 어렵다.(5부, 정리42, 주석)

정념에서 벗어나기 어려운 이유

왜 우리는 능동적인 변용을 이루기 어려우며, 왜 우리는 적합한 관념을 획득하기 어려우며, 왜 우리는 자유인이 되기 어려운가. 왜 자유인이라는 아름다운 존재는 어렵고도 드문 현상인가. "어찌하여 인간이 참된 이성보다는 풍문에 지배되는지, 또한 어찌하여 선악에 대한 참된 인식이 정신의 동요를 일으키고 온갖 종류의 욕망ust에 굴복하고 마는지"(4부, 정리17, 주석) 그 원인을 파악해야 한다. 수동성이 우리의 필연적 조건이라면 그 조건에서 벗어나기 어려운 이유를 알아야만 극복의 단서를 찾을 수 있을 것이다.

우리를 수동적 정념의 노예 상태에 빠뜨리는 것으로 우선 1종 인식에 속하는 상상적 관념이 있다. 상상적 관념은 왜 쉽게 제거되지 않고 우리를 불확실한 인식으로 인도하는 것인가? 다시 태양에 대한 표상을 생각해보자. 태양이 200걸음 거리에 있다는 이 상상적 관념, 혹은 표상은 태양과의 참된 거리가 아니므로 오류이다. 그래서 우리가 태양과의 실제 거리를 알게 되면 이 오류는 제거되겠지만 그럼에도 제거되지 않는 것이 있으니 바로 우리 눈에 비친 태양에 대한 표상(이미지)이다. 실제 거리를 정확히 인식하고 있다고 해도 우리 눈에 태양은 늘 200걸음 거리의 동전 크기로 표상되는 것이다. 태양이 그처럼 가까운 거리에 있다고 상상하는 이유는 태양과의 거리를 몰라서가 아니라 정신이 작동하는 본성, 즉 태양에 자극받아 변용된 우리 신체의 상태를 지시해야만 하는 정신의 운명 때문이다. 우리 신체에 나타난 변용들을 지시하는 모든 관념들은 우리가 아무리 참된 인식을 갖고 있다고 해도 결코 그 참된 것에 의해서 소멸되지 않는다. 이것이 바로 우리가 부적합한 관념에서 벗어나기 어려운 이유이다.

- 그릇된 관념이 가지고 있는 어떠한 적극적인 것도 참된 것이 참인 한에 있어서 참된 것의 현존에 의해 제거되지 않는다.(4부, 정리1)
- 상상은 참된 것이 참인 한에 있어서 참된 것의 현존에 의해 소멸되는 것이 아니라 제2부 정리17에서 보여준 대로 우리가 상상하는 사물의 현재적 실존을 배제하는 더 강한 상상이 나타남으로써만 소멸되기 때문이다.(4부, 정리1, 주석)

인용한 부분에서 첫 번째 명제는 우리가 표상의 지배를 받는 이유에 대한 설명이고, 두 번째 명제는 이 표상에서 벗어날 방법에 대한 설명이다. 우리가 태양과의 실제 거리를 모른 채 우리 신체에 각인된 표상만으로 태양과의 거리를 인식한다면 이는 당연히 오류이지만, 그럼에도 이 관념은 우리 신체의 상태를 지시하는 관념이기 때문에 공허하거나 허구적인 게 아니라 "적극적인 것"이자 참이다. 오류의 조건은 우리 정신이 우리 신체만을 지각하고 인식할 때인데, 만약 우리가 태양과 우리를 객관적으로 관찰할 수 있다면 오류는 사라지게 될 것이다. 그러나 그럼에도 사라지지 않는 것이 있으니 바로 상상적 관념이다. 그것은 오직 기존의 표상보다 더 강한 표상의 자극에 의해서만 사라질 뿐이다. 예를 들어 어떤 위험이 확실히 닥쳐온다는 것을 알고 두려워하고 있는데 그런 위험은 없을 것이라는 잘못된 정보를 듣고는 공포가 사라지는 일도 일어날 수 있다. 이렇게 기존의 두려움과 관련된 대상에 대한 표상은 잘못된 정보가 준 강한 희망으로 인해 사라진 것이지 참된 정보에 의해 사라진 것이 아니다. 신체에 대한 더 강한 자극, 이것만이 기존의 상상적 관념을 사라지게 만든다.

우리를 수동적 상황에 빠뜨리는 두 번째 것이 있는데 그것은 바로 정념이다. 정념은 도대체 어떤 힘을 갖고 있는가? 우리는 자연의 일부인 한에서 우리의 본성에 따라서만 살 수는 없으며(4부, 정리2와 4) 우리의 힘은 제한되어 있는데도 외부의 힘은 우리를 무한히 능가한다.(4부, 정리3) 이런 조건 속에서는 늘 수동적일 수밖에 없는데, 왜냐하면 능동적인 존재이고자 해도 우리의 능력을 넘

는 외적인 힘이 계속해서 작용하기 때문이다.(4부, 정리5) "어떤 정
념이나 감정의 힘은 인간의 여타 행위나 능력을 능가할 수 있으므
로 그런 감정은 인간에게 끈질기게 달라붙는다."(4부, 정리6) 수동
적인 감정의 힘은 우리의 본성에 의해 설명되는 게 아니라 외부
의 힘에 의해 설명되는 것이고 외부의 힘은 우리를 무한히 능가하
므로 정념이 없는 상태에 도달한다는 것은 거의 불가능하다. 이런
점에서 우리는 정념의 노예, 즉 예속된 존재이다. 스피노자에게
예속^{bondage}은 "감정을 제어하고 억제함에 있어서의 인간의 무능
력"(4부, 서론)으로서 정념에 예속된 존재는 자연의 우연적인 운명
의 지배 아래에서 자신에 대한 통제권을 상실하게 되고 따라서 아
무리 좋은 것을 알고 보더라도 그것보다 훨씬 나쁜 일을 하게 되
는 것이다.

　앞에서 말한 상상적 표상과 마찬가지로 이 정념도 참된 인식을
통해서는 제거할 수 없다는 성격을 갖고 있다. 참된 인식을 갖고
있다고 하더라도 정념은 외부 원인의 힘에 좌우되는 것이라 우리
의 정신적인 능력보다 더 우월한 힘에 지배받는 정념을 참된 인식
이 제거할 수는 없는 것이다. 그러므로 표상에 대한 처방이 외부
에서 주어지는 더 강력한 표상이었듯이 정념에 대한 처방도 외부
에서 주어지는 더 강력한 정념일 수밖에 없다. "감정은 저지되어
야 할 감정과 반대되면서 그 감정보다 더 강한 감정에 의하지 않
고서는 억제되거나 제거되지 않는다."(4부, 정리7) 이런 감정의 본
성 때문에 우리가 옳은 일이라고 판단한 것, 즉 악이 아니라 선이
라고 판단한 것조차 뜻대로 집행되지 않는다. 예를 들어 증오는

옳지 않다는 인식을 갖고 있다고 해도 슬픔의 정념에 침윤된 신체는 그 슬픔이 촉발한, 그 슬픔으로부터 벗어나려는 코나투스가 그런 인식보다 더 강하기 때문에 알면서도 원한에 사로잡히고 마는 것이다. 그래서 "어떤 감정도, 단순히 참인 한에서 선악에 대한 참된 인식에 의해서는 억제되지 않으며 그 인식이 감정으로 간주되는 한에서만 억제된다."(4부, 정리14) 옳음이라고 판단한 것이 실천되기 위해서는 그것이 우리 신체에 강력한 기쁨을 안겨주는 것이어야 한다는 말이다. 정념으로 작용하지 않는 선악에 대한 참된 인식은 정념에 무력한 것이다.

> 그런 까닭에 시인의 이런 시가 있다. "나는 더 좋은 것을 보고 받아들이지만 더 나쁜 것을 따른다." 전도서에서도 "지식을 늘리는 자는 슬픔을 늘리게 된다"고 하는데, 그도 역시 같은 것을 염두에 둔 것으로 생각된다.(4부, 정리17, 주석)

외부 신체의 본성도 표현하지 못하면서 우리 신체에 남겨진 흔적에만 반응하는 상상적 관념은 타인이 소유한 관념과 일치할 수 없다. 마찬가지로 동일한 슬픔에 빠진 인간들이라 할지라도 각자에게 영향을 준 외부원인이 다르기 때문에 정념에 있어서도 일치할 수 없다. 이렇게 수동은 불일치와 그로 인한 불화와 대립을 초래한다. 원래 "인간에게는 인간만큼 유익한 것이 없"어 본성이 일치하는 인간들의 결합을 통해 하나의 개체가 될 수만 있다면 단독적인 개체보다 최소한 두 배 이상의 능력을 가진 개체가 될 수도 있다.(4부, 정리18, 주석) 그러나 수동에 지배되는 한 본성상의 일치란 어려운 일이고 따라서 능력의 결합도 무망한 일이 된다. 바울이 갖고 싶어 하는 것을 베드로가 이미 다 차지하고 있다고 할 때 슬픔에 빠진 바울은 베드로를 미워할 테고, 이 증오를 알아차린 베드로도 바울에게 증오를 되돌려줄 것이다. 이처럼 "사람들이 수동적인 감정에 의해 분열되는 한 서로 대립할 수 있다."(4부, 정리34)

그런데 슬픔에 의한 일치일지라도 그것을 일치라 볼 수는 없는가? 그러나 스피노자에게 일치란 오직 적극적인 의미에서의 일치일 뿐이다. 스피노자의 예처럼 흑과 백 모두 빨강이 아니라는 점에서 일치한다고 한다면 사실 그는 흑과 백이 어떤 점에서도 일치하지 않는다고 말하고 있는 것에 불과하다. 마찬가지로 돌과 인간이 둘 다 유한하고 무력하며, 외부의 원인들의 능력에 의해 무한히 능가되는 점에서 일치한다고 말한다면 돌과 인간 사이에 사실상 일치하는 점이 하나도 없다고 하는 것과 다름없다. 부정적인 방식의 일치는 적극적이지도 실재적이지도 않은 일치, 즉 불일치이다. 신에게 무능력이나 부정이나 제한이 없듯이 만물도 오직 적극적이고 실재적인 능력의 측면에서 판단되어야 한다. 무능력에서의 일치는 불일치이다. 그리고 슬픔과 정념은 기본적으로 무능력이며 그런 점에서 슬픔에서의 일치는 불일치이다. "사람들이 정념에 종속되는 한 본성에 있어 일치한다고 할 수 없다."(4부, 정리32)

우리의 본성과 일치하지 않는 것들과의 만남, 혹은 합성은 우리 본성을 구성하는 운동-정지의 특정한 비율을 파괴한다는 점에서 능력의 감소, 즉 슬픔을 낳는다. 억압적인 아버지를 둔 남성이 자신의 슬픔을 아내를 학대하면서 해소한다고 할 때 남성과 아내가 슬픔에 있어 일치한다고 볼 수는 없다. 동일한 슬픔이라도 외부의 원인이 다르기 때문에 서로 다른 슬픔이다. 이 여성에게 남편과의 삶이란 자기 신체의 리듬을 파괴하는 것과의 강제적 합성이라서 만약 이런 슬픔이 계속되게 되면 그녀는 아마 자신의 본성과 완전히 대립하는 존재가 되어버릴지도 모른다. 자살이란 무엇인가. 그 어떤 존재도 자신의 본성을 부정하는 것을 자신의 본성 안에 품고 있을 수 없다는 코나투스의 원칙에 의해 자살은 본성 안에서 설명되지 않는다. 그것은 오직 외적 원인의 힘에 의한 슬픔, 그것도 아주 지속적이고 강력한 슬픔이 만들어낸 본성의 극단적인 전복인 것이다. "숨겨진 외적 원인이 그의 상상을 차지하고 신체를 변용시켜 이전과 다른 본성이 됨으로써, 즉 그 정신 속에 있을 수 없는 관념이 존재하게 되는 본성을 갖게 됨으로써"(4부, 정리20, 주석) 자기 본성에 대한 부정인 자살에 이르는 것이다.

그 어떤 존재도 자신의 본성에 반대되는 외적 원인에 압도되지 않는 한 자신의 존재를 보존하기를 태만히 하지 않는다. 그렇지만 수동적 정념은 타인의 본성에 대한 증오, 그리고 자기 본성에 대한 증오, 결국 삶 전체에 대한 증오를 초래한다. "인간들이 자신들의 능력을 능동적으로 조직해내지 못하고 수동적 조건 속에서 자신의 능력으로부터 분리되면, 언제든지 초월적 권력이 실행되며, 이들은 이 권력에 따라 조직되고 이에 예속되는 것이다."[13] 원래 신이나 폭군들에게 인간이 굴종하는 본성이 있었던 것은 아니다. 신적인 초월성의 구도나 폭군적인 초월성의 형식은 오직 노예들에 의해서만 설립되는 왜곡된 미신이고 환상이지만 노예는 그 환상을 아예 현실로 만들어버린다. 종교적 광신, 폭군적 전제정, 인간들 위에 군림하는 신, 이 모든 초월적 권력은 예속된 인간, 수동적 정념에 사로잡힌 인간들 위에 기생하는 것들이자 인간의 능동성에 의해서만 사라지는 것들이다. 따라서 정념으로부터의 예속에서 벗어나는 일처럼 중요한 것이 없다. 그것이 바로 자유인의 길이다. 니체 식으로 표현해서 삶에 대한 극단의 허무주의를 끊는 길은 신앙도 복종도 아니며, 오직 수동적 정념에서 벗어나 능동의 삶에 이르는 데 있다.

노예의 도덕, 자유인의 윤리

인간들의 불일치와 적대를 낳는 정념의 지배를 끊는 길로서 지속적으로 제시된 도덕적인 처방에 대해 살펴보자. 타인에 대한 관용과 사랑 그리고 연민을 통해 불화를 예방하고자 하는 도덕적인 삶, 즉 악에 대한 금욕주의는 인간 사회의 평화와 사랑을 위한 해결책이 될 수 있는가. 이에 대해 스피노자는 줄기차게 정념이 인간의 실수가 아니라 유한 양태의 필연이라고 말한다. 그렇다고 스피노자가 증오나 복수가 반드시 표현되어야 한다고 말하려는 것은 아니다. 대신 정념에 대한 금욕주의적인 처방은 정념의 본성에 대한 참된 인식에 기반을 두지 않은 것이라 일시적인 처방에 그치는 것이라고 말한다. 정확한 처방이 아닌 사이비 마취제, 그런 금욕주의적 대증요법들은 처방으로서의 한계를 품고 있다는 점 말고도 더 많은 문제들을 갖고 있는데, 실상 그것이 선한 삶에 대한 다양한 판단들 때문에 오히려 인간들 사이의 불화를 조장해왔다는 점이다.

스피노자는 선과 악이라는 도덕적 범주 중에서 선의 실천 쪽에 무게를 두는 대신 선과 악이라는 범주 자체에서 벗어나버린다는 점에서 훨씬 급진적이고 혁명적이다. 스피노자에게 선이나 악은 근본적으로 자연 속에는 존재하지 않는 것, 즉 실재성이 아예 없는 관념에 불과한 것이다. 스피노자의 충격적인 테제로서 "만약 사람들이 자유로운 존재로 태어났다면 그들이 자유로운 동안에는 그 어떤 선악에 대한 개념도 형성하지 않았을 것이다"(4부, 정리 68)라는 것이 있다. 이 명제를 뒤집어보면 선악이라는 도덕은 오직 부자유 상태, 즉 예속적인 노예상태의 인간에게만 존재하는 것이라 할 수 있다. 자연 안에는 선도 없고 악도 없다. 다시 말해 '신 즉 자연'이라고 할 때의 그 자연, 그 신 속엔 선도 악도 없다. 모든 것이 필연성이자 자유의 세계인 신에게 어찌 부자유에 기초한 도덕이 있을 수 있겠는가. "예를 들어 음악은 우울한 사람에게는 좋지만, 슬퍼하는 사람에게는 나쁘며, 귀머거리에게는 좋지도 나쁘지도 않다."(4부, 서문) 동일한 사물도 그것을 경험하는 사람에 따라 좋은 것이 될 수도 있고 나쁜 것이 될 수도 있으며 심지어 아무것도 아닌 것이 될 수도 있다. '선한' 음악이나 '악한' 음악, 이런 말이 얼마나 이상한지 우리는 충분히 이해한다. 그런데도 우리는 선이나 악, 혹은 선한 행위와 악한 행위가 이 자연 속에 있다고, 즉 실재한다고 생각한다. 그러나 다시 한 번 말하지만, 이 세상에 존재하는 그 어떤 사물도, 행위도, 사건도 그 자체로 선하거나 악한 경우는 없다.

그런데도 선악이라는 개념이 쓰이는 이유는 무엇일까? 칼이 어떤 신체에 침입하는 장면을 생각해보자. 이 장면 자체에 선이나 악은 없다. 그렇다면 선악은 어디에 있는가? 불법적으로 우리의 국경을 침탈한 적들의 신체에 칼이 침입해 들어갈 때 그것은 선한 행위라고 명명될 것이다. 그러나 그 칼이 아무런 잘못도 없는 사람의 신체를 뚫고 들어갈 때 그것은 악한 행위가 될 것이다. 칼과 신체의 결합, 혹은 합성 자체에는 그 어떤 선도 없고 악도 없다. 자연에 실재하는 것은 오직 칼과 신체의 만남이다. 단지 그 합성이 우리에게 유리할 때는 선이라고 명명되고 불리할 때는 악이라고 명명될 뿐이다. 따라서 선악이라는 개념은 자연에 실재하는 것이 아니라 인간이 그 합성된 관계에 대해 자신의 관점에서 명명한 '관념'일 뿐이다. 다시 말해 칼과 신체의 결합 자체가 아니라 인간이 유불리를 따져 형성한 관념 속에만 선악이 존재하는 것이다. 한마디로 선악은 관념, 즉 사유의 양태에 불과한 것이다.

> 선악과 관련해서는 그것들은 또한 사물에 있어 그 자체로 고찰되는 한 그 어떤 적극적인 것도 가리키지 않으며, 사물을 서로 비교하면서 형성한 개념이나 사유의 양태에 불과하다.(4부, 서론)

날개 달린 말이나 사각형의 원은 상상적 관념, 즉 부적합한 관념이다. 이런 관념은 우리 정신 속에 존재할 수는 있지만 그렇다고 현실적으로 실재할 수는 없다. 날개라는 관념과 말이라는 관념이 결합하는 것은 관념들의 차원에서지 현실적인 차원에서가 아니기 때문이다. 정신은 자기 신체에 새겨진 흔적을 지시하는 습성 때문에 자연 안에 실재하지 않는 것에 대해서도 관념을 형성하는 공상적이고 환상적인 본성이 있다. 죽은 베드로에 대해 자기 신체에 남아 있는 베드로의 흔적에 반응하면서 베드로가 아직 살아 있다는 관념을 갖고 있는 바울처럼. 관념은 관념으로서는 분명 양태이지만 현실적으로 실재하는 것을 가리키지 못하는 양태에 불과할 수도 있는 것이다. 선과 악이라는 도덕적인 개념이 그 대표적인 사례다.

스피노자는 우리의 이해를 돕기 위해 '완전'과 '불완전'이라는 다른 예를 들어준다.(4부, 서론) 이 자연 속에 완전한 것이라는 실재가 있을까? 아니면 불완전한 것이라는 실재는? 완전한 거미, 혹은 불완전한 박테리아? 완전한 인간, 혹은 불완전한 식물? 집에 대한 일반적인 규정이 정해져 있다고 할 때 거기에 비춰 우리는 아직 덜 지어진(즉, 불완전한) 집이라거나 완성된 집이라고 말한다. 만약 우리가 집의 표준모델을 알고 있지 않다면 중간 정도 지어진 집을 보고도 우리는 그것이 완전한지 완전하지 않은지 말할 수 없을 것이다. 이처럼 완전이나 불완전이라는 개념은 모델이 되는 것과의 비교 속에서 형성되는 것으로 모델이라는 일반 개념이 없을 때는 아예 등장할 수 없는 개념이다. 그런데 일반 개념 자체가 이미 인간의 사유에 의해 만들어진 것 아닌가. 인간에 대한 서구적이고 제국주의적인 일반 개념이 존재할 때만 흑인이 불완전한 존재가 되는 것처럼 정상인이라는 규정이 있어야만 비정상인이라는 규정도 만들어지는 것이다. 그러나 자연 안에는 완전한 것도, 불완전한 것도 없으며, 정상인도, 비정상인도 없다. 완전이나 불완전, 정상과 비정상은 사물이나 사건의 본성이 아니라 그것들을 서로 비교한 인간이 만들어낸 사유의 양태들일 뿐이다.

미(美)나 추(醜)와 같은 개념도 마찬가지다. 자연 안에 미가 어디 있으며 추함이 어디에 있는가. 바퀴벌레는 인간의 눈에만 추하게 보일 뿐이며, 클레오파트라는 동물들의 눈에는 전혀 아름답지 않은 것이다. 스피노자의 말대로 아무리 아름다운 손이라도 현미경을 통해서 보면 혐오스럽게 보이듯이, 사물 자체에는 아름다움도 추함도 없다. "그 자체적인 사물들, 혹은 신에 관계되는 사물들은 아름답지도 추하지도 않다."[14] 신이 이 세상을 아름답게 창조했다고 말하는 사람들은 실은 이 세계가 그들의 눈과 욕망을 충족시켜주고 있다고 고백하고 있는 것에 불과한 것이다. 자연 안에는 완전도 불완전도, 미도 추도, 선도 악도 없다. 따라서 악 대신 선을 행하라는 것은 스피노자적인 실천이 될 수 없다.

이런 스피노자의 견해에 대해 당시 수차례 편지 교환을 하면서 강렬한 반대를 표명한 이가 있으니 바로 블레이흔베르흐라는 사람이다. 그는 일찍이 《무신론자의 모욕을 방어하는 신과 종교에 대한 인식. 신이 종교를 창조했으며 그것을 계시했다는 것, 신이 이 종교와 일치하여 섬김 받기를 원한다는 것, 기독교는 신이 계시한 종교일 뿐 아니라 우리의 내적인 이성에 일치한다는 것을 분명하고 자연적인 이성을 사용해서 증명한다》라고 정말 긴 제목이 붙은 책의 저자이기도 했는데, 스피노자가 《신학정치론》을 펴냈을 때는 그것을 반박하기 위해 《불경건한 논쟁에 반하는, 기독교의 진리와 확실한 성서의 권위, 혹은 "신학정치론"이라는 제목이 붙은 신성모독적 책에 대한 반박》이라는, 무려 500쪽에 달하는 책을 펴낸 사람이기도 했다.[15] 이 맹목적인 기독교 유일신론자는 악이 분명히 존재하고, 특히 아담의 사례에서 그것이 증명된다고 편지를 통해 주장한다. 아직 블레이흔베르흐의 정체를 잘 몰랐던 스피노자는 악이란 존재하지 않는다고 친절하게 설명해주면서 서로 공통된 견해를 나눌 수 있는 친구로 생각한다. 그런데 그게 아니었다. 블레이흔베르흐는 자신의 유일신론과 선악의 도덕을 포기할 생각이 전혀 없었던 것이다. 그러자 스피노자도 그 비이성적 완고함에 학을 떼고는 편지 교환을 중단해버린다. 이 편지들 속에 선악에 대한 아주 중요한 논의가 있다.

신의 뜻을 거스르면서까지 금지된 과일을 먹었던 아담의 '의지'야말로 악이라 할 수 없는가. 여기에 대한 스피노자의 논증은 다음과 같다.[16] 이 세상에 존재하는 모든 사물은 그 본질에 해당하는 완전성을 갖고 있는데, 이런 완전성은 돌이나 식물, 아담이나 지진에도 해당되지만 사유 양태로서 아담의 의지에도 해당된다.[17] 따라서 금지된 과일에 대한 아담의 의지도 그 자체로서, 다시 말해 자연의 실재로서는 완전하기 때문에 우리가 아담의 의지를 신의 명령을 따른 다른 사람의 의지와 비교하지만 않는다면 그 의지에 대해 불완전이나 악이라는 개념을 부여할 수는 없다는 것이다. 이를 이해시키기 위해 스피노자는 다른 예를 들고 있는데, 싸우고 질투하는 인간들을 혐오하는 사람들이 차라리 동물이 더 낫다면서 애정 어린 시선을 보내는 경향이 있듯이 인간의 불완전성 혹은 인간에 대한 멸시는 인간 자체에서 기원하는 것이 아니라 다른 동물들과의 비교 속에서 형성된 관념일 뿐이라는 것이다. 따라서 신의 뜻을 어기고 과일을 먹고자 했던 아담의 의지는 자연적인 실재 그 자체로서는 악이 될 수 없다.

그렇다면 악이 아닌데도 왜 아담은 에덴에서 추방되어야 했단 말인가. 에덴으로 상징되는 완전한 상태의 박탈privation이야말로 아담이 경험한 죄나 악의 표현이라고 할 수는 없는 것인가? 스피노자는 말한다. 이 박탈이나 결여라는 개념은 인간 지성의 산물이지 신적인 지성의 산물일 수는 없다고. 우리는 사물의 본성을 추상적으로 생각하는 경향이 있어서 인간은 모두 사지를 움직이고 두 발로 걸어 다닐 수 있어야 완전하다고 생각하고 두 발로 걸을 수 없으면 불완전한 존재이며, 이것이야말로 죄나 악의 형상이라고 말한다. 그러나 "신은 사물을 추상 속에서 알지 못하며, 그런 일반적인 정의definition로 공식화하지도 않는다."

다시 말해 신은 벌을 주기 위해 두 발을 온전히 갖춘 인간과 비교해 두 발로 걸을 수 없는 불완전을 부여하는 게 아닌 것이다. 이 세상에 존재하는 모든 만물은 모두 부정과 제한이 없는 신의 절대적 무한의 능력을 표현하는 것이란 바로 이런 뜻이다. 모든 사물은 신의 지성과 능력이 부여하는 그대로의 실재성을 갖고 있다.

네 다리의 책상과 비교해 우리가 세 다리의 책상을 불완전하다고
할 때 과연 신의 지성도 그런 식으로 생각할 것인가. 세 다리의 책
상도 신에 의해 부여된 실재적 본질을 갖고, 두 다리의 책상도 마
찬가지며, 다리가 부러진 책상에도 자연적 실재성이 있다. 따라서
인간의 지성이 일반적인 개념과 비교하지만 않으면 그 어떤 불완
전도 존재할 수 없으며, 박탈도, 결핍도, 따라서 악도 죄도 존재할
수 없는 것이다.

　사실 아담의 추방 상태를 지칭하는 '결여' 혹은 '결핍'이라는 말
은 과거의 에덴과 비교했을 때만 성립하는 말이지 현실적으로 실
재하는 관념일 수도 없다. 왜냐하면 이 자연 안에는 그 어떤 결핍
도, 부정도 없기 때문이다. 실재하는 것은 온통 완전한 것들뿐이
다. 앞에서 든 예를 다시 들자면 맹인의 경우 그는 '현재' 시력을
'박탈'당한 '상태'인가? 과거와 비교하지 않고서는 박탈이나 결핍
이라는 개념을 쓸 수 없음에도 우리가 맹인에 대해 결핍된 존재라
고 한다면 우리는 아직 맹인이 아니었던 사람과 맹인인 사람을 비
교하는 것이 된다. 시각 능력이 돌의 본성이 아닌 것처럼 맹인의
상태일 때 시력은 더 이상 그의 본성이 아니다. 현재 천박한 욕망
에 휩싸인 사람에게 그가 과거의 선한 욕망을 박탈당했다고 말할
것인가?[18] 모든 것들은 자신의 본성 속에서 완전한 것이지 과거의
본성과 비교해 완전하거나 불완전하게 되는 것이 아니다. 현재의
본성에 속하지 않는 것을 과거와 비교할 때 우리는 본성이 전혀
다른 것들을 서로 비교하는 오류에 빠지게 되고 자연 안에, 즉 신
안에 결핍과 부정과 제한을 들여오게 된다.

우리가 선이나 악이라고 부르는 것들은 자연적인 실재가 아니라 우리의 사유 양태, 즉 관념일 뿐이다. 우리에게 기쁨을 주는 것은 선하다고 할 테고, 슬픔을 주는 것은 악이라고 할 것이다. 따라서 "선악에 대한 인식은 우리가 그것을 의식하는 한에 있어 기쁨이나 슬픔의 감정에 불과하다."(4부, 정리8) 기쁨을 '의식하면' 선이 되고, 슬픔을 '의식하면' 악이 된다. 따라서 중요한 것은 감정이지 그 감정에 대한 인식이 아니다. 선악이라는 인식을 결정하는 것은 좋음과 나쁨이라는 감정이다. 그러므로 엄격히 말해 스피노자에게 존재하는 것은 선악이 아니라 좋음과 나쁨이라고 해야 한다. 선악은 실재하지 않는, 우리의 사유 양태일 뿐이지만 기쁨(좋음)과 슬픔(나쁨)은 우리 신체 완전성의 증가와 감소 같은 실재적 양상으로 분명히 존재한다. 좋은 것은 무엇인가? 실존을 유지하게 해주는 것, 즉 우리를 구성하는 다양한 외연적인 부분들이 형성하는 운동-정지의 비율을 잘 유지하게 해주는 것들이다. 우리의 신체와 합성됐을 때 우리의 완전성을 증가시켜주는 대상들, 예를 들어 감미로운 음악이나 맛있는 음식, 편안한 주거 공간, 깊은 통찰을 담은 책 같은 것들이 그렇다. 반면 나쁜 것들은 합성됐을 때 우리에게 파괴적으로 작동하는 모든 것들이다. 이렇게 슬픔을 주는 모든 것들은 우리에게 나쁨이며, 도덕적으로만 악이라 불린다.

선악을 넘어

그런데 기쁨이나 슬픔은 우리 신체의 변용이라 실재적인 것이기는 하지만 그것도 철저히 우리 인간의 관점임을 알아야 한다. 칼이 내 신체와 결합할 때 우리에게는 슬픔으로 지각되어 그 칼을 우리가 악한 것이라고 규정한다고 해서 칼과 신체의 결합 자체가 나쁨이거나 악은 아니다. 자연의 관점에서 봤을 때 그 결합은 음식과 신체의 결합처럼 자연의 필연적인 법칙에 따라 발생하는 자연적인 관계이기 때문이다. 바이러스와 우리 신체의 결합도 자연의 법칙을 어기고서는 발생할 수 없기 때문에 좋음이나 나쁨일 수 없지만 오직 우리 신체의 관점에서만 나쁨이라고 할 수 있다. 우리는 수많은 사람들을 희생시킨 지진이나 쓰나미를 악하다고 말하지 않는다. 엄청난 비로 인해 자신의 꽃을 다 잃어버린 나무가 비를 악하다고 할 수 없듯이 말이다. 식물이 태양을 만나 열매를 맺는 것도 자연의 법칙에 따른 합성이며 식물이 우박을 만나 열매를 잃는 것도 자연의 법칙에 따른 합성이다. 태양을 만나 열매를 맺는 것이 결합으로 보이는 반면 우박을 만나 열매를 잃는 것이 해체로 지각되는 것은 우리가 그것을 식물의 관점에서 봤을 때뿐이다. 전자연의 관점에서는 그 어떤 해체도 없이 오직 합성만 있을 뿐이다. 죽음은 우리의 관점에서는 신체의 해체이지만 자연의 관점에서는 대지와 식물과 여러 박테리아들과의 합성이다. 따라서 죽음은 오직 우리에게만 나쁨이고 전자연의 관점에서는 좋음도 나쁨도 아닌 것이다. 따라서 이 자연 안에는 좋음도 없고 나

뿜도 없으며, 당연히 선도 없고 악도 없다. 선이나 악은 오직 인간의 특정한 사유 양태일 뿐인 것이다.

선악의 관점에 서게 되면 우리는 자연에 실재하지 않는 것들을 통해 세상만사를 설명하고 해석하는 오류에 빠지게 된다. 따라서 선악의 개념 자체를 폐기해야 한다. 그렇다고 해서 좋음과 나쁨마저 폐기할 수는 없는데, 좋음을 추구하고 나쁨을 회피하는 것은 우리의 본성이기 때문이다. 선악의 도덕을 넘어 좋음과 나쁨의 윤리학으로. 모든 사람에게 공통적으로 적용될 수 있는 선의 덕목도 없으며 악의 항목도 없다. 코나투스에서의 동등성에 따라 각자 자신에게 좋은 것과 나쁜 것을 다르게 평가하면서 살아야 한다. 선악의 도덕은 좋음과 나쁨의 구체적이고 개인적인 윤리학을 정언명령과 같은 금욕주의적인 삶으로 몰아간다는 점에서 우리가 반드시 극복해야 하는 것이다. 스피노자에게 더 좋은 삶이란 선을 따르는 삶이 아니라 이성적 인식을 통한 능동적인 삶에 있다. 이런 삶은 모든 개인에 대해 무차별적이고 무조건적으로 복종하게 하는 도덕적인 규칙과는 조금도 유사하지 않다. 우리에게 좋음과 나쁨의 윤리학, 혹은 이성적 인식에 의한 능동의 윤리학이 사라질 때 자리하는 것이 바로 선악의 도덕인 것이다.

유명한 아담의 사례를 통해 이런 과정을 살펴보자. 최초의 인간인 아담에게 '저 열매를 먹지 말라'는 신의 목소리가 들린다. 저 탐스런 열매를 먹지 말라니, 아담은 이해할 수 없고, 신이 자신에게 무엇인가를 금지하고 있다는 느낌이 든다. 하지만 그 금기를 어겨보는 모험을 감행하는데 결과는 주지하다시피 낙원으로부터

의 추방. 이 아담에 관한 도덕적인 우화에서 스피노자가 읽어내고
자 하는 것은 그런 선악의 도덕이 제거된, 철저히 자연학적인 입
장에서 개진된 신의 영원하고 필연적인 법칙이다. 만약 신이 아담
에게 선악의 인식과 관련된 나무열매를 먹지 말라고 했다면 아담
은 절대 그 열매를 먹을 수 없는데, 왜냐하면 신의 말씀은 곧 필연
적인 법칙이자 명령이라 그 누구도 어길 수가 없는 것이기 때문이
다. 삼각형의 내각의 합이 영원히 2직각인 것처럼 신의 명령이자
의지도 영원해야 하며, 먹을 수 없다는 신의 법칙은 영원히 지켜
져야 한다. 그런데도 성서는 아담이 열매를 먹을 수 있었고 그래
서 추방당했다고 얘기한다. 이게 도대체 가능한 일인가? 신의 법
칙을 인간이 어길 수 있다니. 그럼 도대체 신의 저 절대적인 능력
은 어떻게 되는가. 이 우화를 도대체 어떻게 해석해야 하는가? 다
시 말해 신이 아담에게 해주고 싶은 말을 모순 없이 해석하는 방
법은 무엇인가?

성서는 일반 대중들에게 선한 삶을 살도록 가르치기 위해 지적
인 장치보다는 도덕적인 장치를 많이 사용하는데, 화를 내는 신이
나 자비로운 신과 같은 인간적인 형상이 그렇다. 따라서 이 아담
의 우화에서 인간적인 전달방식을 걷어내고 보면, 신은 아담이 그
과일을 먹었을 때 아담에게 식중독과 같은 것이 발생할 것이라는
자연학적 인식을 전한 것이라 하는 게 타당할 것이다.[19] 풋과일과
의 합성이 자연의 법칙상 배탈이나 죽음을 야기한다는 것.[20] 신의
입장, 즉 전자연의 입장에서 봤을 때 아담이 풋과일과 합성해 배
탈이 나는 결과나 아담이 과일을 먹지 않고 건강한 결과나 모두

자연 법칙에 속하는 일이다. 신이 금지명령이라는 인간적인 방식으로 말했다고 하지만 사실상 자연 법칙의 표현인 것이다. 안 먹는 게 좋았지만 아담이 굳이 먹었으니 자연의 법칙상 당연히 배탈이 나야 한다(사실 배탈도 자연의 법칙인 것은 맞지만 아담의 관점에서는 자연 법칙의 위반이라고 해석할 수 있다). 그런데 인류 최초의 인간이었으니 그런 자연학적인 지식을 획득할 기회는 없었을 테고, 무지상태에서는 자신의 배탈에 대해 도덕적으로 해석하는 경향이 금방 생겨나게 된다. 죄와 벌의 해석학이 등장하는 것이다. 풋과일의 독이 아담의 신체를 파괴할 것이라는, 영원하고도 필연적인 자연학적인 법칙이 무지한 아담에게서는 어떤 강력한 지배자의 도덕적인 징벌로 다가온 것이다.

뜨거운 불에 손이 닿으면 심각한 화상을 입는다는 자연 법칙에 대한 이해가 없는 아이들은 어른들이 불 가까이 다가가지 못하게 하면 이를 자연학적 인식의 전달이라기보다는 도덕적이고 권위적인 금지로 여기다가도 일단 불에 데게 되면 그것이 자연 법칙이었다는 인식을 얻게 된다. 부모는 대부분 도덕적이지만 그래도 가끔은 자연의 이치를 설명하기도 한다는 그런 인식 말이다. 스피노자의 말대로 "신의 목적은 아담으로 하여금 인식에 있어 더 완벽해지라고 하는 것이었다."[21] 이처럼 자연의 법칙을 이해하지 못하는 자에게 그 필연의 법칙은 금세 도덕적인 법칙으로 전환되는 게 현실이다.

해저의 화산 폭발(원인)로 지진이 발생하고 해일이 일어난다는 사실(결과)을 모를 때 지진과 해일을 신에 지은 죄에 대한 징벌이라고 생각하는 인간의 우둔함과 미개성은 바로 이런 도덕(죄와 벌의 해석학)으로 인해 발생하는 것이다. "계율은 오직 이성과 자연적 지성의 가르침을 충분히 부여받지 못한 사람들에 대해서만 제공"[22]된다. 수학공식이 발생되는 과정을 모르는 한 암기해야 하고, 암기했다는 것은 명령처럼 따라야 한다는 말이 된다.

선과 악이라는 도덕의 체계는 우리로 하여금 복종하게 하고 공포에 떨게 하며 우리 삶을 심판하려고만 든다. 오직 복종만이 있을 뿐 인식하게 하지 않는 것이 선악의 도덕이다. 그런 점에서 선악의 도덕은 "심판의 체계"[23]이다. 인식한다는 것, 즉 원인에 의해 이해한다는 것, 이런 이성적이고 발생적인 인식이야말로 스피노자에게는 자유의 조건이다. 선악의 도덕은 자연의 법칙마저 도덕법칙으로 전환해버린다는 점에서 부적합한 관념들의 집적이며, 그런 점에서 부자유의 조건이다. 원인에 의한 인식, 이것은 자유의 조건이기도 하지만 교정의 원칙이기도 하다. 아담의 우화가 도덕적으로 해석됐던 것은 자연의 합성에 대한 부적합한 관념들 때문이었는데 그 오류에 대한 지적도 오직 참된 관념의 획득에서만 가능하기 때문이다. 빛이 빛과 어둠을 구분하는 원칙이듯이 참된 인식만이 참과 거짓의 판별 기준이 된다.(2부, 정리43, 주석) 원인에 의한 인식만이 참된 인식이기 때문에 우리 인간의 삶이 도덕적이고 부적합한 환상적 관념들에 의해 비틀릴 때 그것을 바로잡을 수 있는 것은 도덕이 아니라 바로 이성적 인식과 능동의 삶인 것이다. 좋음과 나쁨의 윤리학, 그것은 선악의 도덕과 그 도덕으로 인해 허무주의적인 저주의 대상이 된 삶을 교정하는 최고의 원리인 것이다.

인간이 일정 정도 비틀렸을 때, 우리는 이 비틀림의 결과를 기하
학적 방식으로 그 원인들에 다시 연결시킴으로써 그것을 교정하
게 될 것이다. 이 광학적 기하학은《에티카》전체를 관통한다.[24]

10

공통 개념의 형성과 자유인의 길

공동체, 그리고 사적인 변용의 포기

자기 실존을 보존하고 유지하려는 노력, 그것만이 모든 인간들의 현실적인 본질이며 위대한 덕이다. 즉 각자의 이익을 추구하는 이기적인 행위, 그것은 부도덕의 기초가 아니라 오히려 덕과 윤리의 기초라는 것이다.(4부, 정리18, 주석) 이 이기적인 욕망에 기초한 윤리는, 삼각형의 정의(본성)에서 내각의 합이 2직각이라는 특성이 도출되는 것처럼 오직 인간의 (현실적) 본질 속에 그 근거를 두고 있다. 자신의 코나투스를 유지하기 위한 삶, 그것은 자연권적인 삶이다. 따라서 논리적으로 아주 명쾌하게 이렇게 말할 수 있다. 우리에게 가장 좋은 상태는 우리의 이익이 타인의 이익이 되는 상태, 즉 "본성에 있어 일치"하는 상태이다.(4부, 정리31) 그러나 이런 논리적 절차는 우리에게 윤리적 절차를 요청하는데, 그것은 바로 본성의 일치를 이루는 방법의 어려움 때문이다. 정념(수동)에서 벗어나기 위해서는 능동적인 삶을 살아야 하고, 능동적인 삶을 위해서는 적합한 관념이 형성되어야 한다.

절대적으로 유덕한 행동은 각자의 이익 추구라는 기초에서 이성
의 인도에 의해 행위하고 살고 존재를 유지하는 데 있을 뿐이다
(이 세 가지는 같은 것을 의미한다).(4부, 정리24)

자기 이익의 추구=이성의 지도에 따른 삶=유덕한 삶. 각자의
이익의 추구가 유덕한 삶이 되기 위해서는 그 윤리적 전제로 이
성적 인식이 요청된다. 스피노자에 따를 때 우리가 이성적인 존재
였다면 우리는 모두 본성의 일치 속에서 살 수 있었다는 것, 그리
하여 적대 없는 삶도 가능했다는 것이다. 이를 "이성 상태reasonal
state"라고 해보자. 이성적이란 원인에 의한 발생적 인식이라 모든
사람에게 보편적으로 참된 인식이다. 따라서 오직 이성적 인식과
능동만이 일치의 삶을 가능하게 한다. 수동에서 능동으로 전환해
야 한다는《에티카》의 윤리적 요청은 그 핵심에 적합한 관념의 획
득이라는 인식론적인 과제를 설정해둔다. 그러나 그 인식론적인
과제가 인식론에 그치지 않는다는 것, 바로 여기에 스피노자 고유
의 철학적 특색이 있다. 신체와 정신의 관계, 즉 정신이란 우리 신
체를 그 인식의 대상으로 한다는 스피노자의 명제에 따라 이성적
인 인식은 우리 신체를 경유하지 않을 수 없다는 것. 인식론은 이
제 신체적 실천론을 요청한다. 그러나 그것만이 아니다. 거기에
도달하기 위해 거쳐야 할 단계가 하나 있으니 그것은 바로 스피노
자의 정치론이다.

이성 상태, 그것은 아마도 가정 상 존재해야 하거나 아니면 우
리의 삶을 인도해야 하는 어떤 점근선과도 같은 한계 개념일 것이

다. 주지하다시피 "인간들이 이성의 인도에 따라 사는 일은 매우 드물다."(4부, 정리35, 주석) 정념의 지배, 그리고 새로운 세대의 지속적인 등장과 같은 실존적 상황에서 모두가 이성적인 일치에 이른다는 것은 실상 가능하지 않은 일이다. 이성적인 삶만이 본성의 일치를 보장하고 코나투스의 실현을 보장하는데 모두가 이성적인 존재가 되기를 기다린다는 것도 있을 수 없는 일이다. "무엇보다도 그 노력은 잘해야 인생의 끝에서나 결실을 맺을 것이다. 그런데 그때까지는 잘 살아야 한다."[1] 자기이익의 추구=유덕한 삶의 등식을 완성하는 조건은 이성의 인도에 따른 삶인데 문제는 우리가 그렇게 이성적이지 않으며, 그런 점에서 우리가 실상 자연 상태를 면치 못하고 있다는 사실이다. 어떻게 해야 하는가. 이성적이길 위해 서로가 이성적 인식에 힘쓰기만을 기다린다는 것은 스피노자의 방법이 아니다. 따라서 자연 상태를 종식시키기 위한 정치론적인 처방이 필수적으로 필요하다.

스피노자의 정치론은 인간 정신의 본성에 대한 지금까지의 고찰에 근거해서 전개된다. 정념의 지배, 그것은 곧 예속이자 자연 상태로서 외적 원인에 의해 지배되는 수동적 감정은 그 감정보다 더 강력한 감정이 아니고서는 억제되지 않는다.(4부, 정리5, 6과 7) 다시 말해 이성적 인식이 여기서는 아직 무력하다는 사실이 중요하다. 공포심의 경우 정확한 인식에 의해서라기보다는 차라리 두려움보다 더 강력한 희망이라는 감정에 의해 사라지기도 하는 법이므로. 따라서 아직 이성에 도달할 준비가 되어 있지 않은 인간들이 먼저 벗어나야 하는 것이 있으니, 그것이 바로 정념의 지배이다. 그리고 이 정념의 지배를 끊기 위해서는 인간들이 빠져든 정념보다 더 강력한 감정을 생성해낼 수 있어야 하는데, 그런 역할을 하는 것이 바로 국가이다. 국가의 형벌이란 감정을 억제하는 데 있어 무력한 이성을 대신해 처벌의 위협과 공포를 통해 개인의 코나투스적 자연권의 행사를 제약하고 공통의 법률에 종속시키는 장치인 것이다. 이를 "사회 상태civil state"라 하고, 그런 상태에 지배되는 하나의 신체를 국가라 한다.

사회 상태 속에서는 본성에 의해 욕망이 조절되는 대신 처벌에 대한 두려움이라는 강력한 외적인 원인이 욕망을 조절하게 된다. 형벌의 위협은 국가가 인간의 수동적 감정, 즉 정념을 억제하는 강력한 무기로서 개인이 사로잡힌 감정보다 더 커다란, 악에 대한 공포라는 감정을 통해 지배하는 도구이다.(4부, 정리37, 주석2) 이제 개인들은 각자의 판단에 맡겨진 좋음과 나쁨을 국가적인 판단으로 대체하게 되는데, 바로 이런 의미에서만 개인들의 자연권은 포기된다. 국가의 형벌이라는 커다란 악에 대한 공포는 개인들의 적대에 의한 자연 상태라는 악을 상쇄하고 전체적으로는 서로가 이득을 보게 한다는 점에서 실상 더 큰 선에 대한 희망의 정념이라고도 할 수 있다. 국가의 형벌권은 이런 점에서 공포와 희망이라는 정념의 기제를 활용한 통치술이자, 자연 상태를 극복하고자 하는 인간들의 노력인 셈이다. 그래서 들뢰즈는 스피노자가 말하는 사회 상태라는 것이 이성을 예비하는 이성의 첫 번째 노력으로서, 정념에 지배되는 인간들의 불운한 마주침을 조직해서 적합한 마주침을 가능하게 하기 위한 것이라고 말한다.[2]

그렇다고 국가의 통치가 순전히 폭력적이어야 한다고 말하는 것은 아니다. 스피노자는 폭력과 공포에만 의존하는 통치를 지속 가능하지 않은 통치라고 비판한다.[3] 비록 국가의 기초에 형벌이라는 폭력이 내재되어 있다고 하더라도 국가의 정치가 주권자의 폭력에 지배될 때 정치적 안정성은 달성되지 못하기 때문이다. 대중은 형벌에 대한 두려움 때문에 자신의 이익과는 하등 상관없는 일들을 억지로 하기는 하겠지만 그것도 다만 일시적일 수 있을 뿐이다. 비자발적인 굴종 속에서 대중들이 기원하는 것은 오직 통치자의 불행과 통치자에게 악이 될 일들일 것이기 때문이다. 그리고 현실적으로 권력의 역전이 가능하게 보일 때는, 다시 말해 통치자의 통치를 전복할 수 있을 때는 그동안 기원해왔던 그 "악"을 직접 실행에 옮기는 것이 대중들의 정치적 본성이기 때문이다. 이런 관점에서 발리바르Etienne Balibar(1942~)는 스피노자의 '대중 multitude(혹은 다중)'이 홉스의 대중 개념과 다르며 그보다 훨씬 더 역동적이라고 말한다. 그에 따르면 홉스에게 대중은 "항상 이미 분해되고, 이미 (예방적으로) 그것의 구성적 원자들(자연 상태의 인간들)의 합으로 환원된, 그리고 계약을 통해 시민사회의 새로운 제도적 관계 속으로 한 사람씩 한 사람씩 진입할 수 있는 능력을 갖춘 하나의 인민 개념"[4]에 불과하다. 홉스적인 대중은 추상적인 개인들의 집합에 불과한, 그리고 계약에 서명하는 경제적 개인들에 불과한 대중이며, 그리고 그 정치적 능력이 이미 분해되어 있는 존재라 정치적 역동성과 혁명의 능력을 애초부터 박탈당한 존재라는 것이다.

그러나 스피노자에게 대중은 이렇게 추상적이거나 정적인 계약의 주체가 아니다. "그는 대중을 인민이라는 추상이 아니라 운동하고 있는 대중과 우중들의 역사적이고 정치적인 현실로 이해하면서 처음부터 국가의 구성에서의 대중의 역할에 대해 논한다."[5] 대중들의 이런 적극적이고 역동적인 능력을 표현하기 위해 발리바르는 "대중들의/대중들에 대한 공포-그들이 경험하는 공포와 그들이 불러일으키는 공포"[6]라는 양가적 표현을 사용하기도 한다. 스피노자에게 대중들은 공포에 의해 국가에 속박된 존재이지만 동시에 통치자에 대해 공포스러운 존재, 언제든 정치체에 내란이나 혁명을 일으킬 수 있는 운동의 주체인 것이다. 정확히 이런 의미에서 "대중은 두려움이 없을 때 무서운 존재가 된다"(4부, 정리54, 주석)고 스피노자는 말한 바 있다. 공포에 속박된 공포스러운 존재, 대중. 대중들의 이런 집합적 역동성이야말로 정치가 폭군의 정치와 전제적 정치로 일관되지 못하게 하는 힘이라 할 수 있다. 따라서 스피노자가 바람직한 것으로 여기는 국가는 공동체 전체가 유일한 조직체로서 정부에 대한 통제권을 갖는 정치체, 주권이 소수에게 부여되어 있다면 대중이 거기에 동의할 수 있는 정치체, 법에 대한 두려움보다는 대중들이 욕망하는 선에 대한 희망에 의해 고무되는 정치체이다.[7]

국가 상태에서 개인들이 양도한 자연권은 특정한 사인(私人)에게 수혜되는 대신 국가 전체에 위임된다. "물론 주권자는 자신의 권력의 한도 내에서 원하는 모든 것을 명령할 권리가 있다. 그러나 자신이 전체라는 바로 그 이유 때문에 그는 건전한 이성이 모든 사람에게 달성하라고 가르치는 목표를 지향하는 한에서만 있는 그대로 자신을 보존할 수 있다. 전체는 적어도 이성의 외관이라도 갖는 어떤 것을 지향하지 않으면 자신을 보존할 수 없다."[16] 자연 상태에서의 우발적 마주침과 죽음이라는 사건을 피하기 위해 조직한 국가가 개인들에게 안전과 적합한 관계라는 더 큰 선을 주지 못한다면, 다시 말해 대중들이 이 국가와 주권자 자체를 두려워해서 자연 상태보다 더한 공포에 빠지게 되면 대중들이 양도한 자연권은 다시 회수될 수밖에 없고 국가가 존재한다고 하더라도 그 사회는 사실상 자연 상태로의 회귀에 처하게 된다. 대중들의 반란, 그리고 정치적 혁명, 정치체의 전환. 스피노자의 국가는 이 세 가지 역동성을 항상 품고 있다.

　네그리는 당대의 사회계약론에 대해 그것이 "인간의 결사와 시민사회의 구성을 설명하는 기능보다는 정치적인 사회의 구성과 시민사회의 권력이 국가로 양도되는 것을 합법화시키는 기능"을 갖고 있다는, 다시 말해 "권력의 양도가 실효성을 거둘 수 있도록 합법화되어 국가라는 법적인 개념의 토대를 마련한 명백히 사회학적인 허구"라는 점을 지적한다. 이런 사회계약론에 입각할 때 "군주제적 개념"이 등장할 수 있는데, 그것은 "권력에 대한 구성적이고 역동적이며 참여적인 모든 개념화와 대비되는 것으로서 권력의 초월성을 부각"시킨다. 하지만 네그리에 따를 때 스피노자는 "사회계약을 삭제"하면서 "통치권의 무소불위"와 "자연권의 초월적 양도"라는 생각을 근본적으로 반박하고, 대중들의 집단적이고 구성적인 권력의 일차성, 그리고 공동체의 운동에 복속되는

권력, "다중의 사회적 힘에 종속되는 기능"으로서의 정치를 개념화한다고 한다.[9]

스피노자의 대중은 홉스처럼 계약 당사자라는 경제적 주체에 그치는 게 아니라 국가의 성격을 형성하고 국가를 구성하는, 그런 적극적인 구성의 존재인 것이다. 자신의 힘보다 더 강한 국가권력에는 복종하지만 그 힘 관계가 역전될 때는 언제든 전복할 수 있는 능력의 소유자들. 이런 점에서 볼 때 스피노자의 정치론에서 특징적인 것은 비록 각 주체가 주권자에게 자신의 자연권을 위임한다고 할지라도 그것이 결코 완전히 국가에 귀속되지 않는다는 사실이다.[10] 이렇게 회수 불가능성이라는 근본적 여지로 인해 국가는 이성적이지는 않아도 이성을 모방하고 예비할 수 있을 정도로 법 전체를 이성에 부합시키기 위해 노력할 수밖에 없으며, 이것만이 스피노자의 민주적인 국가에 적합한, 국가의 본성에 적합한 국가인 것이다.

완전히 위임되지 않는 자연권이라는 개념을 조금 더 구체적으로 살펴보면서 스피노자 정치론의 핵심을 들여다보자. 들뢰즈 식으로 표현해서 오직 "좋은 국가"만이 그렇게 각 주체로 하여금 자연권을 유지하도록 하면서 자연권을 일정하게 위임받는데, 이는 개인의 생명권을 위임받고자 하는 게 아니라 개인들이 사적으로 변용하고 사적으로 결정하기를 포기하도록 하기 위해서이다. 좋음과 나쁨에 대한 개인적 판단 속에서 자연 상태가 도래했다면 이제 "좋고 나쁜 것을 개인적으로 판단할 권리를 포기하고" "공통적이고 집합적인 변용들을 수용하기로" 시민들이 약속하는 것. 하지만 그러는 중에도 각자는 "자신의 존재를 고수하기를, 자신의 실존을 보존하고 자기 잇속을 차리기 위해서 그가 할 수 있는 모든 것을 다하기를 개인적으로 계속"하는 것[11], 이것이 스피노자가 말하는 자연권의 양도라는 개념 속에 포함되어 있는 내용이다. 인간 이기를 그만둘 정도로 자기방어의 능력을 양도할 수 있는 사람은 아무도 없고, 따라서 자연권 자체는 절대적으로 박탈될 수 없다.[12] 스피노자에게서 자연권은 홉스처럼 자연 상태에서만 인정되고 시민 상태에서는 포기되는 개념이 아니다. "시민 상태란 자연권을 더 확대하려는 개체들의 기획이 투여된 자연 상태일 뿐이기에 홉스에게서처럼 자연 상태와 시민 상태가 확연히 구별될 순 없다."[13] 포기해야 하는 것은 적대와 불일치를 낳는 수동적 정념에 의한 변용뿐이며, 이것이 바로 국가의 형법에서 악으로 규정되어 있는 항목들이 된다. "사람들이 공동의 권리를 갖고 그들 모두가 하나의 정신으로 인도"되는 것[14], 이것이 국가의 목적이다.

스피노자의 정치론 안에서 자연권의 양도, 대중들의 역동성에 대한 신뢰, 집합적 변용의 필요성, 국가 형벌의 근거 등은 모두 인간의 적대 상태를 해소하기 위해 필요한 이성의 첫 번째 노력으로 기술되는데, 중요한 것은, 국가란 도달해야 할 이성 상태를 위한 과정이라는 사실이다. 즉 스피노자에게 국가는 그 자체적으로 목적이 될 수 없으며, 국가 자체가 이성 상태일 수도 없다는 것이다. 국가는 (자연 상태의 예방을 위해) 개인적이고 수동적인 변용에는 개입할 수 있으나 (이성 상태가 아니므로) 사유의 자유, 철학의 자유, 신념의 자유와 같은 "이성의 변용"들은 국가가 개입할 수 없는 절대적 성지라는 것이 스피노자의 확고한 주장이다. 만약 국가 자체가 이성 상태라면 우리의 사유는 국가 상태여야 하며, 국가가 곧 인간의 정신이 되어야 하겠지만 (헤겔과 달리 스피노자에게) 국가는 이성을 예비하는 단계에 불과한 것이다. 사유와 이성, 이것은 그 어떤 국가도 침범할 수 없는 신성불가침 영역이며, 양도 자체가 아예 불가능한 자연권이다. 이렇게 이성적 인식에 이르기 위한 스피노자의 길은 국가를 거쳐야 한다. 따라서 사회 상태, 혹은 공동체 없는 이성은 존재할 수 없으며, 홀로 가는 고독의 길은 이성의 길이 아니다. 공동체 없는 이성인, 사회 상태 없는 자유인, 이는 스피노자에게는 환상과도 같은 불가능한 개념이다.

- 이성에 의해 인도되는 사람은 자신의 결정에 따라서만 살아가는 고독 속에서보다 공통의 결정에 따라 살아가는 국가 속에서 더 자유롭다.(4부, 정리73)
- 다른 사람의 판단에 스스로를 전적으로 종속시키는 것은 이성의 명령에 반대되는 것은 아닌가? 그렇다면 사회 상태는 이성과 양립할 수 있는가? (…) 그러나 이성은 자연에 반하는 어떤 것도 가르치지 않기 때문에 온전한 이성은 사람들이 정념의 변화에 종속되어 있을 때는 독립적인 존재가 되도록 명령할 수 없다. 즉 이성은 그러한 독립에 반하여 명령한다. 더욱이 이성이 평화를 추구하도록 가르친다고 하더라도 국가의 공동의 법이 깨진다면 평화는 유지되지 못한다. 그러므로 사람들이 이성의 인도를 받으면 받을수록, 즉 그가 자유로우면 자유로울수록 그는 언제나 국가의

법을 더 잘 지키고 그가 속해 있는 최고 권력의 명령을 더 잘 준수할 것이다.[15]

하지만 국가는 이성 상태가 아니다. 국가는 그것을 준비하는 예비적 단계로서만 존재한다. 다시 말해 국가가 결코 할 수 없는 일이 있는데, 즉 보상이나 형벌의 위협으로 설득될 수 없는 것들이 바로 그것으로, 이것은 국가의 권리에 속하지 않는다. 예를 들어 부분이 전체보다 크다든가, 유한한 무한이 있다든가 하는 것들은 보상이나 위협을 통해서는 결코 믿게 할 수 없다. 또한 미워하는 사람을 사랑하게 하거나 사랑하는 사람을 미워하게 하는 것도 보상이나 위협에 의해서는 가능하지 않다.[16] 이성적 인식이나 정념의 극복은 국가의 명령으로 달성될 수 있는 것이 아닌 것이다. 따라서 국가의 권리를 넘어선 곳에 존재하는 개인들 고유의 자연권이 있으며, 그 자연권의 유덕한 구현은 오직 이성 상태에 도달하는 것에 의해서만 온전히 이뤄진다. 수동적 정념의 능동화는 국가적 권리가 아니라 이성의 권리, 혹은 공통 개념의 권리인 것이다. 따라서 스피노자의 윤리학은 국가를 필요로 하는 그곳에서 국가를 기초로 국가를 초월하는 것이다.

공동체에서만 피어나는 기쁨의 경험

공동체와 국가가 단지 정념의 예속을 끊는다는 부정적인 목적에만 이바지하는 것은 아니다. 자연 상태는 기본적으로 위험한 마주침의 상태이다. 무작위적인 만남, 그리고 슬픔으로의 변용, 증오의 코나투스. 자연 상태 속에서 삶은 불화의 악화일로를 걷는다. 충분히 이성적이지 않기 때문에 어떤 만남이 자신에게 좋을지 판단도 하지 못한 상태에서 우발적이면서도 치명적인 만남이 언제든 가능하다. 그리하여 슬픔은 지배적인 정념이 되고, 이 슬픔에서 벗어나기 위한 맹목적인 욕망은 서로에게 증오의 코나투스로 표현된다. 물론 기쁨을 주는 마주침도 있을 것이다. 하지만 그렇게 드물게 경험하는 기쁨조차 아주 국소적인 것에 그치거나 너무 지나쳐 오히려 우리의 능력을 감소시켜버리고 만다. 자연 상태는 그런 점에서 우리 활동 능력을 감소시키는 슬픈 마주침의 상태라 할 수 있다. 들뢰즈는 이렇게 말한다. "자유롭고 강한 인간은 그의 기쁜 정념들로, 그 활동 능력을 증가시키는 그의 변용들로 식별된다. 노예 혹은 약자는 그들의 슬픔 정념들로, 그들의 활동 능력을 감소시키는, 슬픔이 주조인 변용들로 식별된다."[17]

슬픈 변용이 낳는 증오의 코나투스가 실존의 덕을 실현하려는 사람들의 정당한 노력이듯이, 오히려 슬픔을 최소화시키고 기쁨의 기회를 늘리려는 노력도 정당하다 할 것이다. 그렇다면 어느 것을 선택하는 게 더 나은가? 당연히 후자의 경우일 것이다. 따라서 공동체는 슬픔의 만남을 가능한 한 방지하고 기쁨의 변용을 더 많이 이룰 수 있도록 하는 일차적인 노력이다. 그렇다면 기쁨은 도대체 어떤 능력을 갖고 있는 것일까? 기쁨이든 슬픔이든 모두 수동적인 정념인데 왜 슬픔보다는 기쁨인가?

기쁨은 슬픔과 동일하게 수동으로 분류되지만 그럼에도 슬픔에는 없는 기쁨만의 본성이 있으니 바로 완전성의 증가 덕분에 생겨나는 일이 그것이다. 슬픔을 겪는다고 해보자. 슬픔 자체가 완전성의 감소인데, 그 슬픔에서 벗어나려 다시 힘을 써야 하므로 우리 신체와 정신의 능력은 이중적으로 감소될 것이다. 이런 상황에서 슬픔과 증오의 원인에 대한 이해의 노력에 우리의 힘을 쏟을 여지가 남아 있을까? 이것이 바로 슬픔의 커다란 문제점이다. 신체와 정신의 능력이 감소할 때 우리는 원인을 파악하고자 하는 이성적인 노력과는 완전히 다른 세계, 즉 증오와 분노의 자연 상태에 처하게 된다.

존재하는 모든 것은 자신의 존재를 정립하려고 노력하는 게 그 현실적인 본질이다. 이런 본질은 신체와 정신을 가리지 않는다. 신체의 능력이 증가되면 기쁨이듯이 정신의 능력이 증가되는 것도 기쁨이다. 신체는 신체가 다양하게 변용될 수 있도록 활성화되는 상태와 마주하는 게 가장 기쁜 것이고, 정신도 자신의 관념이 가진 사유와 인식의 능력이 확장되는 게 가장 기쁜 것이다. 슬픔은 신체의 변용 능력도 떨어뜨리고 동시에 정신의 인식능력도 저하시킨다. 예를 들어 타인이 비난하면 슬픔이나 분노를 느끼는 까닭은 그 비난으로 인해 우리가 우리 정신에 대해 긍정하기보다는 부정할 수밖에 없게 되고, 그에 따라 정신의 인식능력이 감소되는 무능력의 상태를 표상할 수밖에 없기 때문인 것이다.(3부, 정리55와 보충) 반면 정신은 자신의 능력을 표상할 기회가 더 많을수록 기쁨이 커지기 때문에 타인으로부터의 칭찬은 기쁨이나 감사와 같은 감정을 낳는 것이다.(3부, 정리53과 보충) 이것이 바로 슬픔과 기쁨 사이의 본성상의 차이이다. 슬픔이 인식능력의 감소 속에서 자기 정신에 대한 부정, 즉 이해하고자 하는 노력을 게으르게 하게 만든다면 기쁨은 인식능력의 증가 속에서 자기 정신에 대한 긍정, 즉 이해하고자 하는 노력을 경주하게 만든다.

따라서 이성적 인식의 계기를 만들어내는 데 있어 동일한 수동 일지라도 슬픔보다 기쁨의 계기를 더 많이 이용하는 게 중요해진다. "우리의 능력을 증가시키는 기쁜 수동적 변용과 우리의 능력을 감소시키는 슬픈 수동적 변용의 대립을 간과해서는 안 된다. 우리가 기쁨으로 변용되는 만큼 우리는 우리의 활동 능력에 접근한다. 따라서 스피노자의 윤리적 물음은 이중화된다. 어떻게 우리는 능동적 변용들을 산출하는 데 이르는가? 하지만 그보다 먼저 어떻게 우리는 최대치의 기쁜 정념들을 맛보는 데 이르는가?"[18] "우리가 이성에 의해 애쓰는 것은 이해하는 것understanding일 뿐"이고, "정신은 이성을 사용하는 한 이해하도록 이끄는 것 이외에는 그 어떤 것도 유익하다고 판단하지 않"(4부, 정리26)기 때문에 정신에게 유덕한 유일한 것은 인식능력의 증가이다. 다시 말해 사물을 더 확실하게 사유하는 인식의 능력이 증가하는 것, 이것이 정신에겐 최고의 덕이 된다. 그래서 정신은 "실제로 이해로 이끄는 것이나 이해를 방해하는 것을 제외하고는 확실히 선이나 악에 대해 알지 못한다."(4부, 정리27) 정신에게 유덕한 것, 즉 인식능력의 증가를 위해 필요한 것이 바로 기쁨이다. 우리는 기쁠 때 사물을 더 이해하려고 하지 슬플 때 더 이해하려고 하지 않는 법이다.

슬픔은 "정신으로 하여금 이해하지 못하도록 방해하는 한에서 악이다."(5부, 정리10, 증명) 이렇게 이해하도록 만들지 않는 슬픔의 본성 때문에 그것은 종교와 권력이 이용하는 하나의 기제가 되는 것이다. 종교나 권력은 대중들을 슬프게 할 필요가 있고, 슬픔이 주는 무지 속에서 맹목적으로 종교와 권력에 의존하게 만들 필요가 있는 것이다.

수동적인 만남의 경우 기쁨의 정념, 슬픔의 정념, 그리고 그에 따른 수동적 욕망이 있지만 능동의 경우에는 오직 기쁨의 감정과 그에 따른 능동적인 욕망만 존재한다.(4부, 정리58과 59) 그렇다면 능동의 기쁨과 수동의 기쁨은 어떤 차이가 있는가? 능동이 오직 적합한 관념에 의한 변용에서만 경험되는 것이라면 수동은 부적합한 관념에 따른 변용이다. 그런데 기쁨은 모두 능력의 증가를 낳는다는 점에서 능동이나 수동에 있어 차이는 없다. 따라서 능동적 기쁨과 수동적 기쁨은 능력의 증가라는 공통점과 적합한 관념과 부적합한 관념이라는 차이점을 갖는다. 그래서 수동적으로 경험된 기쁨은 아직 적합한 관념에 이른 것은 아닐지라도 이성적으로만 능동의 기쁨과 구별될 뿐 완전성의 증가라는 관점에서는 동일한 감정인 것이다.

선good인 한에서 기쁨은 이성과 일치하고(왜냐하면 이성은 인간의 활동 능력이 증대되거나 촉진되는 것에 있기 때문이다), 인간이 자신과 자신의 활동을 적합하게 파악할 정도로 인간의 활동 능력이 증대되지 않는 것을 제외하고는 수동이 아니다. 그러므로 만일 기쁨에

의해 변용된 인간이 자신과 자신의 활동을 적합하게 파악할 정도
로까지 완전성에 도달한다면 그는 지금 수동적인 감정에 의해 결
정된 행위와 똑같은 행위를 할 수 있을 것이고 더 많이 할 수도
있을 것이다.(4부, 정리59, 증명)

활동 능력의 증가와 완전성의 증가는 이성적인 기쁨이든 수동
적인 기쁨이든 모두에 해당된다. 다만 차이는 수동적인 기쁨은 자
신의 활동을 아직 적합하게 파악할 만큼 능력이 증가되지 않은 상
태라는 것, 그리하여 기쁨에 의한 능력의 증가에도 불구하고 외부
원인에 지배되면서 자신의 본성에 따라 살지 못하는 상태라는 점
이다. 아직은 부적합한 관념에 따른 변용이지만 그럼에도 이 기
쁨은 적합한 인식을 위한 최선의 조건을 형성한다. 기쁨은 축적
될수록 적합한 관념을 형성하도록 정신에 촉구하는 능력을 갖는
다. 이성적 인식의 기회, 그것은 슬픔이 아니라 바로 기쁨에서 비
롯되고, 그것도 다른 신체와의 적합한 만남에 의한 기쁜 변용이라
는 생물학적 사건을 요청한다. 그런 점에서 이성의 촉매, 스피노
자 식으로 표현해서 공통 개념의 촉매는 "다른 물체와의 만남에
서 오는 역량의 증가, 즉 기쁨"이다.[19] 이것이 공동체를 형성해야
하는 이유가 된다. 공동체는 부적합하고 우연적인 만남에 의한 슬
픔의 기회를 차단하고 우리의 본성과 일치하는 더 유리하고 적합
한 대상과 만날 기회를 더 많이 획득하게 하는 수단이 되기 때문
이다.

이런 점에서 봤을 때도 공동체는 이성 상태 자체는 아니다. 하

지만 이성적 인식을 예비하는 중요한 단계가 된다. 우리는 공동체 속에서만 슬픔을 피하고 기쁨을 경험하는, 그런 소중한 경험을 할 수 있는 것이다. 물론 여기서 말하는 공동체는 최소한 오만함이나 증오, 혹은 공포와 뒤섞인 희망, 수치심 등이 지배하는 폭군적인 정치체가 아니라 기쁨과 인간들의 상호적인 호의 등이 확보되는 자유국가라는 단서를 달아야 하겠지만 말이다. "이성적이 되기 위해 우선 이성적이어야 할 필요는 없는 것이다. 왜냐하면 잘 형성된 사회에서는 외적 원인들이 저 스스로 조직되어 우리 이성이 승리를 거두는 데 필요한 이러한 지각장과 이러한 평화를 우리에게 마련해주기 때문이다. 자유국가는 현자를 만드는 기계까지는 못되더라도 적어도 우리에게 지혜를 준비시킬 것이다."[20]

　기쁜 정념에 의해 정신의 완전성이 증가하면, 인식능력이 증가하고, 이에 따라 적합한 관념을 형성하고자 하는 노력이 진행되게 된다. 사유하기와 가까운 것은 슬픔이 아니라 기쁨이다. 정신의 완전성이 감소하면 생각하기조차 싫어지는 것은 이 때문이다. 슬픔에 갇힌 자들, 증오에 몰두하는 자들, 그들은 자신의 슬픔에 집착할 뿐 슬픔의 원인이 되는 것에 대한 필연적 인식, 그리하여 자신의 정신적 능력으로 사태를 파악하고자 하는 노력은 하지 않는 법이다. 그리고 사실 슬픔에서 생겨난 욕망보다 기쁨에서 생겨난 욕망이 더 강력하다는 것도 주목해봐야 한다. 기쁨에서 생겨난 욕망은 우리의 욕망(코나투스)이기는 하지만 외부의 원인에 의해 증가된 완전성으로 인해 배가된 욕망이다. 그런 점에서 볼 때 이중적 감소를 겪는 슬픔에 의한 욕망보다 더 강하다.(4부, 정리18, 증명)

따라서 우리는 기쁨의 경험을 위해 공동체를 조직해야 한다. 공동체는 기본적으로 외부의 인과에 의해 운명적으로 경험하는 슬픔을 차단하려는 집단적 노력이고, 그 속에서 기쁨이 더 많이 경험되도록 하려는 기본 조치이다.

공동체, 혹은 사회 상태 이외에 슬픔을 회피하려는 노력이 성공할 수 있는 인간적인 조건은 더 이상 없다. 사실 스피노자에게는 모든 정념이 근본적으로 사회적 현상이라는 것, 그래서 심지어 증오조차 혼자만의 감정일 수 없다는 것 때문에 개인들의 고독이나 금욕적 장치에 의해서는 결코 능동의 조건을 생성해낼 수 없다. 스피노자 철학이 여타의 철학과 다른 점이 바로 여기에 있을 것이다. 발리바르에 따르면 스피노자에게서 "개체들의 구성과 활동은 원초적으로 다른 개체들과의 관계를 함축"하며, "처음부터 모든 개체는 자신의 형태와 실존을 보존하기 위해 다른 개체를 요구한다."[21] 능동의 조건이자 이성의 조건은 홀로 선 개인이나 고독한 개인이 아니라 함께 기쁨을 위해 만남을 조정하는 삶, 공동체적인 삶에 있다는 것. 자유, 그것은 오직 공동체에서만 피어나는 아름다운 열매이다.

우리의 본성과 반대되는 감정들, 즉 (4부 정리30에 의해) 악은 정신으로 하여금 이해하는 것을 방해한다는 점에서 악이다(4부 정리27에 의해). 그러므로 우리의 본성과 반대되는 감정에 의해 지배되지 않는 동안은 사물을 인식하려고 노력하는 정신의 능력(4부 정리26에 의해)은 방해받지 않는다. 그리고 그 동안에 정신은 명석하고 판명한 관념들을 형성하고 한 관념에서 다른 관념을 연역하는 능력을 갖게 된다(2부 정리40의 주석2와 정리47의 주석을 보라).(5부, 정리 10, 증명)

이성의 능력

스피노자에게 자유인이 되는 윤리적인 길은 이성적인 존재가 되는 인식론적인 길과 교차한다. 그렇다면 이성 자체의 능력을 확인해보는 것도 나쁘지 않을 것이다. 인간을 이성적 동물이라고 말하지만 도대체 이성은 어떤 것이고, 어떻게 작동하고, 어떤 능력을 갖는 것일까? 신에 대한 신앙, 거기에 스피노자 식의 구원은 있을 수 없다. 절대적으로 무한한 존재인 신을 도대체 어떻게 신앙의 대상으로 삼을 수 있겠는가. 오직 적합한 인식, 사물과 사건에 대한, 원인에 의한 인식, 여기에 스피노자의 구원이 있다. 이런 맥락에서 중요한 것이 이성이다. 앞에서 우리는 정념이 그보다 더 강한 정념에 의해서만 정복된다고 말했다. 그렇다면 정신은 이런 정념을 치료할 능력이 없는 것일까? 아니, 참된 인식이란 어떤 방식으로 작동하기에 능동과 자유의 조건이 될 수 있는 것일까? 정념과 상상적 관념은 그것보다 더 강한 강도의 정념이나 표상에 의해서만 억제된다고 말했지만 정념이나 관념도 모두 정신의 양태들이라는 점에서 적합한 관념과 연관성을 지닐 수밖에 없다. 그리고 "정념에 대한 치료법"은 신체와 정신의 평행론의 원칙에 의해 오직 정신의 능력에 달려 있을 것이다.

사실 행위 자체의 수준에서 봤을 때는 정념에 의한 행위와 이성적 인식에 의한 행위 사이에 차이는 없다. 팔을 들어 주먹으로 때리는 행위를 보자. 우리가 외부 원인의 작용으로 인해 수동적인 정념(분노) 속에서 주먹으로 때리는 행위와 불의한 행위에 대한 정의로운 판단 속에서 주먹으로 때리는 행위 사이엔 아무런 차이가 없다. 유일한 차이가 있다면 그 행위(혹은 코나투스)를 촉발한 것이 부적합한 관념인가 아니면 이성적 인식인가 하는 점일 것이다. 정념의 폭력이 있는가 하면 이성적 폭력이 있을 수 있다. 폭력에서의 무차별성은 정념과 이성의 윤리적 차이까지 무화시키지 않는다. "바로 이 때문에 무지자(그가 헤라클레스 같은 힘을 가졌다 해도!)는 자기 영혼의 주인도 자기 신체의 주인도 아니다."[22] 주인이자 자유인의 유일한 조건은 행위를 촉발하는 원인이 이성적이어야 한다는 것, 이성적 인식에 의한 행위여야 한다는 것이다. "우리는 수동적인 감정에 의해 결정된 모든 활동에 대해 그러한 감정 없이 이성에 의해 결정될 수 있다."(4부, 정리59) 우리가 수동적 정념과 부적합한 상상적 관념에서 벗어나지 못하는 게 운명일지라도 우리 정신 내에서 이성적 관념의 비중이 커지면 커질수록 우리가 능동성을 띨 수 있다는 것도 확실하다.

이것이 바로《에티카》5부〈이성의 능력 또는 인간의 자유에 대하여〉첫 번째 명제에서 밝혀지는 전환점이다. "사상들과 사물의 관념들이 정신 안에서 정리되고 연결되는 것과 똑같이 신체의 변용들 또는 사물의 이미지들도 신체 안에서 정리되고 연결된다."

관념들의 대상이 신체라는 점에서 평행론의 공식을 따라 신체적 수동의 질서가 관념들의 부적합한 인식의 계열을 형성했다면 이제 중점은 신체보다는 정신, 연장보다는 사유가 된다.[23] 그래서 정신이 이성적인 질서에 따라 연결되면 그에 따라 행위도 그러한 연결을 따르게 되는 것이다. 욕망과 행위의 원인을 혼란스러운 관념과 수동적 정념에서 이성적 관념으로 대체하는 것, 이것이 정신의 영역에서 있을 수 있는 유일한 처방인 것이다.

정념은 우리가 그 감정을 원인에 의해 파악하지 못하는 부적합하고 혼란스러운 관념이다. 만약 그것을 원인과 적합하게 연결만할 수 있다면 감정은 그 맹목적인 수동성의 힘을 상실하게 될 것이다. 예를 들어 우리가 크나큰 슬픔을 겪었다고 해보자. 우리가 너무도 사랑하는 존재를 상실할 수밖에 없는 상황과도 같은 그런 슬픔을. 이런 큰 슬픔에서 어떻게 빠져나올 수 있을까? 정념에 의한 처방은 아마도 이렇게 될 것이다. 그 슬픔보다 더 큰 기쁨을 겪거나 아니면 그것보다 더 큰 슬픔을 겪는 것. 상실감보다 더 큰 공포, 혹은 상실감보다 더 큰 기쁨. 상실해버린 존재라 생각하고 있었는데 다시 살아났다면 그런 기쁨은 기존의 슬픔을 일소해버릴 것이지만 이런 일은 터무니없다. 그렇다고 기존의 슬픔보다 더 큰 슬픔을 기대한다는 것도 말이 안 된다. 그래서 우리가 그 정념에 대해 참되게 인식만 할 수 있다면, 다시 말해 우리가 그 존재를 상실한 사건이 필연적일 수밖에 없다는 사실을 알게 된다면, 혹은 어떤 방법을 쓰더라도 그 사랑하던 사람을 보존할 방법이 없었다는 사실을 깨닫게 된다면 우리의 슬픔은 감소할 것이다. 다시 말해 정념이 이렇게 해서 상실의 원인과 결부될 때 슬픈 정념은 감소된다. 스피노자의 말대로 "상실된 선에 대한 슬픔은 그것을 잃어버린 사람이 이 선을 어떤 식으로도 유지할 수 없었다는 사실을 깨닫자마자 약해진다."(5부, 정리6, 주석)

우리가 혼란스럽게 알고 있는 정념의 원인들이 정확한 원인들과 연결되기만 하면(5부, 정리2), 다시 말해 수동적인 감정에 대해 우리가 명석하고 판명한 관념을 형성하기만 하면(5부, 정리3) 정념은 정념이기를 그친다. 적합한 관념, 그것은 원인에 의한 인식이자, 필연성에 대한 인식이다. 필연성에 대한 인식, 이 이성적 인식은 정념의 지배에서 우리로 하여금 해방될 수 있게 하는 능력을 갖고 있는 것이다. 대부분의 인간이 태어나는 순간부터 장성해서 말도 하고 뛰어다니고 독립적으로 살아갈 수 있다고 한다면 아이로 태어나는 사람에 대해 우리는 슬픔을 느낄 것이다. 왜냐하면 아이로 존재한다는 것이 결코 필연적인 것으로 생각되지 않기 때문이다. 하지만 인간이 아이로 태어나는 게 필연이라는 사실을 우리가 알고 있다면 우리는 아이가 말도 못하고 걷지도 못한다는 사실에 대해 결코 슬픔을 갖지 않을 것이다.(5부, 정리6, 주석) 수동적인 정념은 이처럼 부적합한 관념, 원인에 대한 부분적 인식에 기초한다. 따라서 "정신이 모든 것을 필연으로 이해하는 한 감정에 대해 더 많은 지배력을 갖게 되거나 그 감정에 덜 지배받을 것이다."(5부, 정리6)

정념을 (자유롭다고 간주되는) 외적 원인과의 결합을 끊고 (필연적이라고 생각되는) 진정한 원인과 결합시킬 수만 있다면 정념의 지배

에서 조금씩 벗어날 수 있다. 정신 안에 관념들의 질서를 제대로
만 잡아줄 수 있으면 평행론에 따라 신체도 그와 같은 방식으로
질서 잡히게 된다.(5부, 정리1) 정신의 능동은 신체의 능동과 평행
하고, 정신의 수동도 신체의 수동과 평행하다. 예를 들어보자. 알
수 없는 분노와 무력감에 빠진 사람이 신체적으로만은 활발할 수
있을까? 그는 무력감의 질서에 맞춰 아마 신체적인 삶도 자포자
기 상태로 방치할 것이다. 반면 분노와 무력감의 원인을 알고 있
는 사람은 신체를 그렇게 방치하지 않을 것이며, 그 원인을 해결
하기 위해 (신체적으로) 노력할 것이며, 만약 그런 노력이 좌절된다
고 해도 그런 좌절을 낳는 원인을 탐색하는 공부를 게을리하지 않
을 것이다. 관념들의 능동적 질서는 곧 결과로서의 관념에 대해
발생적 원인으로서의 관념을 연결시킬 수 있다는 뜻이다. 이런 질
서에 따라 그의 신체도 노력과 공부, 그리고 탐색이라는 능동적
질서를 형성할 것이다.

정념을 지배하는 외적 원인에 대한 부적합한 관념을 발생적이
고 적합한 관념으로 바꾸는 것, 이것이 정념에 대해 이성이 그 우
월한 능력을 행사하는 방법이다. 귀신에 대한 상상으로 공포스러
울 때 이 공포감은 귀신이 존재한다고 느끼는 신체의 현재적 상
태를 부정하는 다른 관념이 없기 때문에 발생하는 것이다. 신체
적 상태는 바꾸지 못하더라도 귀신의 존재를 부정하는 다른 실제
적인 원인의 관념을 이 공포감과 연결시킬 수만 있다면 공포감은
최소한 줄어들 것이다. 혼란스럽고 부분적인 관념을 필연적인 관
념에 연결하기. "우리가 감정이나 정념을 외부 원인에 대한 사유

에서 분리해 다른 사유와 연결한다면, 외부 원인에 대한 사랑이나 증오는 이런 감정에서 기인하는 정신의 동요와 마찬가지로 소멸할 것이다."(5부, 정리2) 그러므로 결론은 확실하다. "수동적인 감정은 우리가 그 정념에 대한 명석하고 판명한 관념을 형성하자마자 정념이길 그친다."(5부, 정리3)

그리고 적합한 인식에서 생기는 감정은 정념보다 더 지속적이고 일관적이라는 점에서 훨씬 더 강력한 힘을 갖는다. 정념은 외부 원인이 우리 신체에 남긴 흔적에 반응하는 정신의 양태라 이 흔적이 바뀌면 당연히 정념도 바뀌게 되어 있다. 따라서 우리가 결정하는 게 아니라 외부 원인이 결정하는 상태인 수동적인 상태는 항구성도 없이 일시적이고 맹목적이며 우유부단한 충동의 형태를 띤다. 반면 이성적 인식은 필연적인 인식이기 때문에 외부 사물의 변동에 의해 변하지 않는 지속성과 힘을 갖는다. 그래서 "이성으로부터 생겨난 감정은, 시간을 따진다면, 존재하지 않는다고 생각되는 사물에 관계된 감정보다 더 강력하다."(5부, 정리7) 가령 자본주의에 대한 반대는 자본주의가 인간을 착취하고 삶을 점점 파국으로 몰고 간다는 필연성에 대한 인식에서 비롯될 때 우리 눈앞에 악덕 자본가나 착취 현장이 보이지 않아도 지속적인 욕망과 운동이 될 수 있다. 그러나 정념에 입각한 반대는 착한 자본가의 선행을 보는 순간 금방 자본주의에 대한 인정으로 전환되어버린다는 점에서 지속적인 운동이 되지 못하는 것이다.

그리고 정념은 인간을 특정한 외부 원인에 대한 관념에 묶어두는 경향이 있다. 이별한 연인에 대한 관념에 묶여 늘 슬퍼하는 사람. 부도난 회사에 대한 관념에 묶인 사람. 혹은 우리가 알 수 없는 어떤 상처에 강박된 사람. 대개 이들은 그런 고착된 정신 상태에서 벗어나는 걸 힘들어하고, 실제로 벗어나려 하지도 않는다. 왜냐하면 정념에 사로잡힐수록 정신의 활기, 정신의 능력이 감소하기 때문이다. 신체의 다양한 변화를 감지할 수 있어야 정신도 활기에 차게 된다. 그런데 정신이 정념에 고착된 존재는 신체적 경험도 왜소해지게 되어 있다. 정신은 신체에 대한 관념이다. 따라서 신체의 경험이 풍부하고 변용 능력이 커져야 정신의 지각능력과 인식능력도 커지는 법이다. 정념이 한두 가지 원인에 대한 고착, 그리고 그 원인에 대한 파편적인 인식을 통해 정신의 인식능력을 감소시킨다면 이성은 원인에 대한 광범위한 파악, 그리고 원인에 대한 필연적인 인식을 통해 정신의 인식능력을 증가시킨다. "만약 감정이, 정신이 감정과 함께 고찰하는 더 많고 다양한 원인에 관계되면 그 감정은 덜 해롭게 되고 우리는 덜 지배받게 되며, 단지 하나의 원인이나 몇 개의 원인에 관계된 똑같이 강한 감정에 의할 때보다 각 원인에 의해 적게 변용된다."(5부, 정리9)

우리가 이렇게 적합한 관념을 형성할 때 비로소 우리는 능동적인 감정, 그중에서도 능동적인 욕망을 형성할 수 있게 된다. 슬프더라도 그 슬픔에 대한 적합한 관념을 형성하면 불필요한 수동적 감정들, 즉 증오나 복수심에 매달리지 않아도 될 것이다. 슬픔을 낳은 이 세계의 필연성에 대한 인식을 통해 새로운 필연성을 만들기 위해 욕망하게 될 것이고, 이 욕망은 이 세계의 낡은 필연성이 지속되는 한 계속해서 우리 삶을 추동하는 능동적이고 이성적인 욕망이 될 것이다. 참다운 인식은 지속적이면서 항구적인 욕망과 개선의 노력을 야기한다. 그것이 지속적인 것은 세계에 대한 적합한 인식이 만들어낸 추동력이기 때문이다. 지속적이라고 해서 결코 완고한 것은 아니다. 이성적인 욕망은 완고한 게 아니라 확실한 것이다. 확실하기에 조변석개하지 않으며, 작은 실패나 저항에도 굴하지 않는 용기를 주는 것이다. 따라서 용기라는 감정도 믿음에 있는 것이 아니라 인식에 있는 것이다.

그런데 우리가 아직 감정에 대해 적합한 인식을 형성하지 못했다면 어떻게 해야 할까? 이성적인 능력이 생길 때까지 기다릴 수는 없는 법이다. 스피노자는 이런 상황에 대해서도 임시적인 대처법을 알려준다. 생활의 규칙을 정하라는 것.(5부, 정리10, 주석) 올바른 생활 규칙이나 일정한 생활 지침을 구상해서 기억에 새길 수 있으면 인생지사 여러 사건들에 마주칠 때마다 적용할 수 있으리라는 것이다. 가령 미움의 감정이 들었을 때 우리가 그 미움에 대한 적합한 인식에 도달하지 못했더라도 사랑이나 아량으로 정복하는 게 옳다는 규칙, 증오로 앙갚음해서는 안 된다는 규칙을 정해놓으면 된다. 내 행동이 아직 수동일지라도 최소한 비참한 정념 속에서 타인과의 불화 속에 빠져들지는 않게 될 것이다. 그리고 자주 누군가의 불법 행위를 떠올리면서 그 불법 행위에 사랑과 아량의 규칙을 연결하는 사고 훈련을 자주하면 실제의 불법 행위에 대해서도 우리는 즉각적인 증오의 방식으로 반응하지 않을 수 있게 될 것이다.

하지만 여기서 조심할 게 있다. 그 어떤 것이든 기쁨의 감정을 기반으로 훈련해야 한다는 것이다. 가령 자신이 지나치게 명예욕에 사로잡혀 있다는 사실을 알고 있다고 해보자. 이 명예욕 때문에 자칫하면 큰 낭패를 볼 수도 있을 것이다. 헛된 명예욕에 사로잡혀 대중들의 속견에 지나치게 기운 나머지 지혜보다는 술수에 빠질 수도 있고, 대중의 갈채를 받기 위해 타인의 위신을 깎아내리는 어리석은 짓을 할 수도 있을 것이다. 상대를 압도하기 위한 격렬한 욕망, 상대를 해치기 위한 저열한 욕망 등 품위 없는 명예욕은 항상 위험하다. 그렇다고 명예의 악용이나 허망함, 인간의 변덕들을 생각하면서 명예욕을 누르고자 훈련해서는 안 된다. 원래 가장 야심이 있고 병적인 인간들만이 명예 획득에 실패할 때 그런 생각으로 자신을 괴롭히는 법이다. 자신을 기쁘게 하는 방식으로 감정의 규칙을 만들어내는 게 중요한 까닭이 바로 여기에 있다. 명예가 허망하다고 주장하면서 명예욕을 없애겠다고 금욕하는 자들은 실상 그 내부에서는 명예에 대한 엄청난 열망에 사로잡혀 있는 자들이다.

　슬픔에 기반을 둔 생활의 훈련은 자신에게도 치명적인 금욕일 뿐만 아니라 타인에 대한 증오를 숨긴 금욕이 되는 법이다. 탐욕스러우면서도 가난한 자들은 돈의 악용에 대해 비판하고 부자의 악덕에 대해 비판하지만 실상 자신이 돈을 가지고 있지 못하다는 원망, 타인이 갖고 있는 부에 대한 질시만을 보여줄 뿐이다. 이런 인간들의 금욕적 실천은 인간관계 속에 암울한 그림자만을 드리울 것이다. 스피노자의 말이다. "감정과 충동을 자유에 대한 사랑에 의해서만 조절하려고 하는 사람은 할 수 있는 한 덕과 원인을 알려고 애쓸 것이고 참된 인식으로부터 솟아오르는 기쁨으로 정신을 채우려고 할 것이지만, 결코 인간의 악덕을 생각하거나 폄하하려 하지 않을 것이며, 자유의 잘못된 외면만을 향유하려 하지 않을 것이다. 그리고 이 규칙을 주의 깊게 준수하고 연습하는 자는-어렵지 않기 때문에- 곧 자신의 행위를 이성의 명령에 맞춰 연결할 수 있게 될 것이다."(5부, 정리10, 주석)

공통 개념,
로두스 섬에서 뛰어오를 수 있었던 비밀

슬픔을 차단하고 기쁨을 경험하기 위한 기본적 조건인 공동체 속에서 이성은 어떻게 형성되는 것일까? 삼각형의 내각의 합이 2직각이라는 관념은 분명 보편적인 관념이고 적합한 관념이다. 이런 관념이 공동체 속에서 형성된다는 것은 아무래도 이상하다. 그것은 수학자의 고독한 작업으로도 가능한 것이니까. 그렇다고 이런 기하학적인 관념이 신에 대한 인식을 포함하지 않는 것은 아니다. 참다운 관념, 원인에 의한 인식은 모두 원인에서 필연적으로 그 결과를 낳는 작용인으로서의 신, 그 신에 대한 관념을 포함하기 때문이다. 그러나 정념을 치유하고 수동적 조건에서 벗어날 수 있는 앎은 그런 추상적인 인식만으로는 얻을 수 없다. 아니 스피노자의 철학적 원리상 그것은 아예 불가능하기까지 하다. 왜 스피노자는 공동체 속에서의 이성, 공동체 속에서의 자유를 주장하는 것일까?

우리는 적합한 관념을 형성해야 한다는 스피노자의 윤리학을 위해 공동체와 기쁨이라는 우회로를 거쳐 왔는데 이는 다름이 아니라 신체와 정신의 특정한 관계 때문이다. 그리고 우리는 바로 이 사실에 스피노자 철학의 고유성과 위대함이 있다고 생각한다. 정신은 신체와 평행하고, 정신의 관념은 신체나 외부 대상을 원인으로 하지 않고 오직 정신 안의 다른 관념을 그 원인으로 한다고 했다. 그런데 정신의 관념은 외부 대상을 곧바로 표현하지 못하고 우리 신체의 변용만을 지각한다고도 했다. 인간의 정신을 구성하는 관념의 대상은 외부 신체가 아니라 바로 우리 신체인 것이다. 이것이 스피노자적인 이성 형성을 위한 중요한 문턱이 된다. 그런데 우리 관념과 정념이 외부 신체의 본성이 아니라 우리 신체의 변용만을 관념으로 표현할 때 우리는 그것을 부적합한 관념이자 수동적 정념이라 불렀다. 우리 신체야말로 우리 관념의 대상인데, 그런 관념은 부적합과 수동을 낳고 만다. 이런 모순을 어떻게 해결해야 하는가? 여기가 바로 마르크스가《자본》에서 말했던 '로두스 섬'이다. 자, 여기서 뛰어보자.

신체가 오류의 기원이라면 우리는 신체를 철저히 배제한 채 참된 관념을 추구해야 하는 것인가? 그런데 이는 스피노자의 이론상 불가능한 일이지 않은가. 왜냐하면 정신 안의 관념들은 우리 신체를 경유하지 않고서는 아예 형성되지도 않기 때문이다. 그러므로 달리 방법이 없다. 우리는 반드시 신체라는 매개를 통해서 관념을 형성해야 하지만, 그 관념이 부적합하지 않고 적합하도록 해야 하며 동시에 능동이 되도록 해야 한다. 이율배반. 이 로두스 섬에서 스피노자는 어떻게 도약할 수 있었던 것일까? 마르크스가 자본의 비밀을 노동자의 노동력이라는 상품에서 찾듯이 스피노자도 이성의 비밀을 신체의 능력, 즉 공통성을 형성하는 능력에서 찾는다. 이름하여 "공통 개념common notion." 바로 이것에 이르기 위해 우리는 정말 먼 우회로를 거친 것이다. "공통 개념들은《에티카》의 근본적인 발견들 가운데 하나다."[24]

> 신체는 더 이상 사유를 그 자신으로부터 떼어놓는 장애물이거나 사유할 수 있기 위해 극복해야만 할 것이 아니다. 그와는 반대로 사유가 비사유에 도달하기 위해, 즉 삶에 도달하기 위해 잠겨 들어가는 혹은 잠겨 들어가야만 하는 것이다. 신체가 사유한다는 것이 아니라, 이 완강하고 고집스러운 신체가 사유하기를 강요한다는 것, 그리고 사유로부터 비켜난 것, 즉 삶을 사유하기를 강요한다는 것이다.[25]

공통 개념은 신체를 배제한 이론적이고 추상적인 정신의 개념이 아니라 바로 신체를 통과한 개념, 더 강조해서 말하자면 오직 신체를 통해서만 획득되는 개념을 의미한다. 신체 없이 사유할 수 없다는 것, 신체 없이 삶을 사랑할 수 있는 사유가 불가능하다는 것, 신체 없이 타인과의 조화로운 능동의 관계는 불가능하다는 것. 지금까지 사유되어왔던 모든 인간적 환각들을 파괴하기 위해서는 근본적인 전환이 필요한데, 그것은 오직 신체를 통해서만 가능하다는 것. 공통 개념은 오직 이런 의미만을 가리킬 뿐이다. 그리고 스피노자가 말하는 공통 개념의 혁명적 의미도 오직 이런 맥락에서만 찾아야 한다. 인간적 망상들을 전복하고 삶의 새로운 가능성을 열기 위해, 삶에 대한 위대한 긍정에 이르기 위해 필요한 것은 오직 신체라는 것. 공통 개념은 그런 점에서 철저히 신체적 개념이고, 신체적 사유인 것이다.

태양에 대한 상상적 표상을 다시 생각해보자. 200걸음 정도 거리의 동전만 한 태양이라는 표상은 부적합한 관념이었다. 왜냐하면 그것은 결코 태양의 본성을 표현하지 못하기 때문이다. 정확히 우리 신체에 발생한 변용을 표현하는 동전만 한 태양이라는 표상은 우리에게는 분명 참되게 존재하지만 태양 자체는 표현하지 못하는 가상이다. 신이 우리 신체만이 아니라 태양으로 변용했다고 했을 때 신이 갖고 있는 그대로의 태양에 대한 관념을 우리가 갖고 있지 못하기 때문에 우리는 부적합한 관념을 갖는다고 얘기되는 것이다. 그런데 우리는 태양에 대한 참된 관념을 갖고도 태양을 볼 때는 늘 동전만 한 크기로 볼 수밖에 없는 실정이다. 신이 갖고 있는 그대로 태양에 대한 관념을 가지면서 그것이 우리 신체에 발생하는 이미지와 동일하다면 모든 일은 쉽게 풀렸을 텐데 신체와 정신이 활동하는 본성이 그렇지 않으니 문제가 복잡해진 것이다. 하지만 문제를 푸는 열쇠는 우리 신체와 정신의 활동 본성에 있지 그것을 부정하는 데 있지 않다. 스피노자는 데카르트처럼 인간의 의지를 오류의 근거로 제시하면서 그것을 제한하는 방식으로 문제를 푸는 부정의 철학자가 아니다. 우리 신체를 충분히 긍정하는 방향으로 문제를 풀어갈 때 필요한 것이 바로 앞에서 얘기한 '본성의 일치'라는 덕이다.

우리가 추구하는 이익과 타인이 추구하는 이익이 서로 같으면 우리의 이익은 곧 타인의 이익이 되고, 두 이익은 사실 동일한 하나의 이익, 즉 공통된 이익이 된다. 그렇다면 마찬가지로 이익에 대한 우리의 관념도 타인이 추구하는 이익에 대한 관념과 같아야 할 것이다. 우리에게만 존재하는 이익에 대한 관념이 곧바로 타인이 갖고 있는 이익에 대한 관념과 동일할 때, 과연 어떤 일이 벌어질까? 우리가 우리 신체에 즉해 형성한 (이익에 대한) 관념은, 앞에서 우리 신체를 반영한 동전만 한 태양이라는 관념이 오류가 되는 것과는 반대로, 그 자체로 타인이 형성한 관념과 동일할 것이고, 따라서 그 관념은 우리에게도 타인에게도 반드시 적합한 관념이 될 것이다. 우리에게 존재하는 관념인데 그것이 바로 타인에게도 존재하는 그대로의 관념이 되는 법, 그것은 바로 이렇게 본성의 일치 속에서 가능해지는 것이다. 본성의 일치, 즉 두 신체에 공통항으로 존재하는 것에 대한 관념, 그것이 바로 공통 개념이다.

공통항이란 최소한 두 신체에 동등하고 동일하게 존재하는 것이고, 공통 개념이란 그 동일한 것에 대한 관념을 뜻한다. "모든 것에 공통적이며, 부분 속에도 전체 속에도 똑같이 존재하는 것은 적합하게 파악될 수밖에 없다."(2부, 정리38) 이 명제에 대한 스피노자의 설명 방식은 이렇다. A가 모든 물체에 공통적이고, 각 물체의 부분에도, 전체에도 똑같이 존재한다고 할 때 A에 대한 관념은 우리가 갖는 관념이든 혹은 외부 물체의 관념이든 모두 신 안에서 적합할 것이다. A는 우리 신체에 존재하는 그대로 외부 신체에도 공통적으로 존재할 것이기 때문에 우리가 우리 신체 안에 있는 A에 대한 관념만 갖고 있더라도 그것은 외부 신체에도 동일하고 공통적으로 존재하는 관념이 될 것이기 때문이다. 따라서 A에 대한 우리의 관념은 우리 신체에만 속하는 부분적인 관념이 아니라 관계된 다른 신체에도 속하는 공통된 관념이자 적합한 관념이라 할 수 있다. 이때 이 공통된 A에 대한 관념을 스피노자는 공통 개념이라 부르는데, 필연적으로 공통 개념은 신이 갖는 그대로 우리가 갖게 되는 참된 관념이 된다.

예를 들어 칼과 우리 신체가 합성되면 당연히 우리 신체는 파괴될 것이다. 그런데 우리의 선입견과는 반대로 이때도 우리는 두 신체에 공통된 것을 찾아낼 수 있다. 왜냐하면 공통된 것이 없으면 두 신체가 서로 아예 영향을 주고받을 수도 없었을 것이기 때문이다. 공통항은 반드시 있다. 과연 무엇일까? 칼과 신체란 연장 속성의 양태들 아닌가. 따라서 운동과 정지의 리듬을 갖는다는 것, 혹은 자연의 한 부분이라는 것, 나아가 연장속성을 갖는다는 것. 바로 이런 것들이 칼과 신체에 공통된 것들이다. 우리 신체에 존재하는 연장속성은 칼에도 그대로 존재한다. 그래서 우리가 우리 신체가 속한 연장속성에 대한 개념만 형성하더라도 그것은 칼에도 동일하게 적용되어야 할 것이다. 이 연장속성이라는 공통성에 대한 개념은 우리가 갖고 있는 그대로 신이 갖고 있는 개념일 수밖에 없다. 따라서 최소한 속성이라는 측면에서는 우리 신체와 칼은 적합한 관념을 형성하는 것이다.

바다와 신체의 만남을 생각해보자. 우리가 파도에 휩쓸려 죽음에 이르게 됐다고 했을 때, 우리의 죽음에도 불구하고 바다와 신체에는 공통된 것이 분명 존재한다. 우리의 신체가 해체됐음에도 불구하고 공통된 것이 있는 것이다. 바로 운동과 정지의 리듬, 자연의 한 부분, 연장속성. 그런데 이렇게 굉장히 넓은 개념의 공통성에서 우리가 확인할 수 있는 것은 비록 적합한 관념이 형성됐다고 하더라도 그것은 우리 신체에 결코 좋음으로 작동하지 않는다는 사실이다. 우리의 죽음에도 불구하고 우리 신체는 바다와 합성된다. 바로 연장속성이라는 보편적인 공통성 때문에. 공통성이 존재함에도 불구하고 우리 신체에는 악이 되는 관계? 과연 이런 공통성이 우리에게 악으로 작용한다면 우리가 공통 개념을 형성해야 할 이유는 없는 것 아닌가. 이성적으로 살고, 우리 본성이 충실히 발휘되도록 살기 위해 형성하는 것이 공통 개념인데, 그런 것이 오히려 우리의 본성을 제약한다면?

그런데 스피노자는 이렇게 말하고 있다. "어떤 것도 그것이 우리의 본성과 공통적으로 가지는 것으로 말미암아 악이 될 수는 없다. 그러나 우리에게 악이 되는 한에 있어서 그것은 우리와 반대된다."(4부, 정리30) 칼과 파도는 우리 신체에 분명 악으로 다가온다. 그런데 우리 신체와 칼 양자에는 연장이라는 공통속성이 있다. 그리고 스피노자는 공통성에 의해서는 결코 악이 될 수 없다고 말한다. 그렇다면 결론은 공통성인 연장속성에 있어서는 결코 악이 아니라는 것, 악은 다른 차원에 존재한다는 말이 된다. 칼이 우리 신체를 해체할 때 우리는 그것을 악이라고 부른다. 그런데 우리 신체가 칼에 찔렸다는 것을 다른 차원에서 보면 실상 칼과 우리 신체가 결합됐다는 사실만을 지시한다. 우리 신체의 차원에서 볼 때 해체로 경험되는 것이 연장속성의 차원에서는 결합(합성)으로 경험되는 것이다. 종이가 뜨거운 햇빛을 만나 불로 변할 때 이 합성의 차원 그 어디에도 악은 존재하지 않는다. 종이가 햇빛과 결합해 불로 변하는 것은 결코 자연의 법칙을 어긴 게 아니기 때문이다. 종이의 입장에서는 해체겠지만 연장속성의 차원에서는 종이와 햇빛의 결합이다. 따라서 결합이 이뤄지는 그런 차원에서 보면 악이란 결코 존재하지 않는다고, 다시 말해 공통성에 있어서는 악이란 있을 수 없다고 우리는 결론 내릴 수가 있겠다.

그렇다면 악은 어디에 있는가? 그것은 바로 그 '결합'을 '해체'로 경험하는 우리 신체적 차원이다. 그러므로 만약 우리가 그 해체를 결합으로 간주할 수만 있다면 악도 더 이상 악이 아닐 수 있게 되는 것이다. 파도에 휩쓸려 우리가 죽음에 이를 때 파도와의 결합이 우리 신체의 해체로 경험되기 때문에, 즉 우리에게 나쁨으로 작용하기 때문에 우리는 파도에 대해 악이라는 개념을 형성하게 되는 것이다. 다시 말해 우리는 파도가 우리 신체에 대해 적대적이라고 생각하는 것이다. 따라서 "우리에게 악이 되는 한에 있어서 그것은 우리와 반대된다." 그러나 이 해체의 경험을 결합의 경험으로 생각할 수 있을 때, 다시 말해 파도와 신체의 만남이 연장의 차원에서는 종이와 햇빛의 합성처럼 자연의 법칙을 따른 합성이라는 것을 깨닫게 되는 순간 악으로서의 파도는 우리에게서 사라지고 말 것이다. 즉 파도나 신체나 모두 연장속성을 갖는다는 것, 자연의 일부이고 자연의 리듬과 법칙을 따르는 양태라는 인식에 도달하는 순간 그렇게 될 것이다. 따라서 "어떤 것도 그것이 우리의 본성과 공통적으로 가지는 것으로 말미암아 악이 될 수는 없다."

동일한 만남과 합성이 해체로 경험될 수도 있고 결합으로 경험될 수도 있다. 인간의 관점에서의 해체가 연장속성의 차원에서는 결합이 된다. 해체의 경험이 악이라는 관념을 탄생시킨다면 결합의 경험은 악이라는 관념을 제거해버린다. 따라서 중요한 것은 결합의 경험을 확보하는 것, 다시 말해 공통성의 형성과 공통 개념의 형성이다. 공통 개념, 그것은 오직 합성의 공통성과 유사성에 대응하는 개념이다.[26] 우리에게 있는 것이 다른 사물에게도 있다는 것, 그로 인해 합성될 수 있다는 것. 다시 말해 일치하는 본성의 부분이 있다는 것. "사물은 우리의 본성과 일치하는 한에 있어서 필연적으로 선이다."(4부, 정리31) 칼이 우리 신체와 결합하는 순간 그것이 우리에게 적대적이라고 느낄 때 우리는 칼과 그 본성상에서 일치를 만들어내지 못했다. 하지만 칼에 의한 신체의 해체가 지극히 자연스런 결합이라는 점을 인식할 수 있을 때 이 공통성과 공통 개념은 악이라는 관념을 일소해버린다. 누군가의 죽음 앞에서 슬픔을 경험하다가도 인간 전체의 역사나 우주의 리듬을 생각하면서 그것이 꼭 슬퍼할 일만은 아닐 수도 있겠다, 하는 우주적 인식이 생겨날 수 있는 것도 바로 공통 개념에 의해서이다. 비록 그것이 연장속성이나 운동과 정지, 자연의 일부분이라는 아주 넓은 범위의 공통 개념이라고 할지라도 말이다. 이런 관점에서 봤을 때 다음 구절과 같은 경험이 드물지는 않을 것이다.

> 대자연의 눈부심, 눈 덮인 산의 아름다움은 우리에게 다음과 같
> 은 한 가지만을 얘기하고 있을 뿐이다. 삼라만상 모든 것은 일반
> 적이고 규칙적이며, 모든 것은 일상적이다! 자연은 인간이 끊어
> 버린 것을 다시 잇는 데 만족할 뿐이며, 꺾여버렸다고 생각한 것
> 을 다시 일으켜 세울 뿐이다. 그래서 인물이 어느 한 순간 가족
> 간의 갈등에서 빠져나와, 혹은 상가에서 꼬박 밤샘을 한 후 빠져
> 나와 눈 덮인 산을 응시할 때, 그것은 마치 가정 내의 흔들려진
> 계열들의 질서, 그러나 라이프니츠의 표현을 따르자면 "모든 우
> 여곡절, 흥망성쇠"라 할, 가시적인 단절에 명분을 부여하는 방정
> 식처럼 미동조차 없이 굳건하고 규칙적으로 서 있는 대자연에 의
> 해 재건될, 계열들의 질서를 다시 복구해내려 애쓰고 있는 것 같
> 다.[27]

"스피노자가 말하려는 것은 우리의 신체에 적합하지 않으며 우
리를 슬픔으로 변용시키는 물체의 경우에서조차 우리는 그 물체
와 우리의 신체에 공통적인 것의 관념을 형성할 수 있다는 것이
다."[28] 우리는 우리 신체를 해체하는 슬픔의 변용 속에서도 (최소
한 속성에 상당하는) 공통 개념을 형성할 수 있다. 하지만 그럼에도
이런 공통 개념은 분명 우리 신체의 수준에서는 악(나쁨)으로 경험
되는 양상을 내포하고 있는 것이 사실이다. 속성과 같이 아주 보
편적이고 넓은 범위의 공통 개념은 실상 우리가 구체적 실존 속

에서는 적합하고 합성되는 관계를 맺고 있지 못하다는 사실의 이
면이다. 따라서 보편적인 공통 개념의 이점은 이중적이라 할 것이
다. 구체적 실존에서의 부적합한 만남에 대한 깨우침이자 부적합
한 만남에 의한 슬픈 변용 속에서도 형성되는 참된 인식. 칼과 신
체처럼 해체의 경험으로 인한 슬픔과 그 해체조차 하나의 결합이
라는 참된 인식. 슬픔 속에서도 참된 인식만 형성할 수 있으면 그
슬픔도 수동이길 그친다. 이것이 공통 개념의 능력이다.

　한 인간의 배신에 의한 슬픔, 그리고 그에 대한 심각한 증오가
우리를 사로잡고 있다고 할 때 그와 형성할 수 있는 공통성은 어
떤 특정한 사회 환경 속의 동일한 인간이라는 것(더 넓게는 연장속성
과 사유속성을 공유한다는 것) 이외에는 거의 없을 것이다. 하지만 그
런 공통 개념조차 우리의 슬픔과 증오를 덜어내는 효과가 있는 것
은 확실하다. 이 거대한 사회 기계 속에서 서로에게 적대적일 수
밖에 없는 서글픈 현실에 대한 인식에 의해 슬픔은 줄어들고, 슬
픔이 줄면 인간과 사회 기계의 본성에 대한 탐구로 나아갈 수도
있다. 참된 관념을 원인으로 해서 또 다른 적합한 관념이 출현하
는, 이성적 인식의 계열을 형성할 수 있는 계기가 되는 것이다. 이
보편적인 공통 개념을 통해 이제 우리는 함부로 인간을 믿지는 않
게 될 것이고, 친절하면서도 애정 어린 사람들에 대해서도 그 친
절과 애정의 본성을 이해하기 위해 노력할 것이며, 쉽사리 호의
를 베풀지도 않을 것이고, 헛된 사랑에 속아 넘어가지도 않을 것
이다. 한마디로 우리는 예전보다 조금은 단단해질 것이다. 이것이
우리 삶에 있어 최소한의 능동성이 아니라면 무엇이겠는가. 그 인

간과 우리의 본성에 대한 인식, 그리고 사회와 자연, 그리고 우주에 대한 인식까지 모두 우리의 정신에 의해 이해되면서 외적 원인의 힘에 지배된 슬픔과 증오가 능동성의 경향으로 방향 전환을 이룰 수 있는 것, 이것이 바로 공통 개념의 능력인 것이다.

일상적 공통 개념과 자유

그런데 우리가 이렇게 넓은 차원의 공통 개념만을 획득하는 것을 실존의 목표로 삼을 수는 없는 법이다. 우리의 구체적인 실존 속에서 경험할 수 있는 '결합'의 관념, 즉 기쁨의 관념이 없다면 보편적인 공통 개념이 무슨 필요가 있겠는가. 일상이 늘 해체의 관계로 구성되어 있다면 우리 삶이 어떻게 능동의 삶일 수 있겠는가. 능동과 이성, 그리고 자유는 정확히 우리 실존의 구체성 속에서 확보되어야 하는 것이다. 우리가 늘 만나고 헤어지는 사람들과 합성의 관계를 만들어내는 것, 바로 거기에 우리의 이성과 자유가 있기 때문이다. 그러므로 우리는 좁은 범위의 공통 개념으로 접근해봐야 한다.

다시 파도 치는 바다다. 바다 속에 빠진 우리가 죽음에 이르게 되면서도 연장속성의 공통성을 형성하는 것으로 만족할 수는 없다. 따라서 우리는 살아야 한다. 어떻게? 필사적으로 헤엄을 쳐야 할 것이다. 배운 적이 없더라도 어떻게든 발버둥을 쳐야 한다. 그런데 어느 순간 우리 신체가 바다 위로 떠오르고 앞으로 나아간

다. 우리가 헤엄을 치는 데 성공한 것이다. 그렇다면 헤엄을 친다
는 것은 무엇인가? 그것은 바다의 리듬과 우리 신체의 리듬 사이
에 어떤 공통성이 생겼다는 것 아닌가. 이 순간 바다와 우리는 하
나가 된다. 즉 하나의 개체라고 해도 무방할 그런 상태에 도달하
는 것이다. 이는 스피노자가 신체나 개체를 정의하는 방식과도 일
맥상통한다. 모든 물체들은 각각의 운동-정지의 비율을 통해 정
의된다는 것. 그래서 우리를 규정하는 운동-정지의 비율이 있다
면 바다에도 특정한 비율이 있다. 운동-정지의 비율을 통해 개체
를 정의하는 스피노자의 방식은 바다와 신체를 무생물과 생물의
종적인 차이로 나눠버리면서 둘 사이에 존재할 수 있는 공통성을
아예 없애버리는 규정보다 훨씬 생산적이다.

> 크기가 같거나 차이 나는 물체들이 다른 물체들의 제약을 받아
> 서로 의존할 때나 같거나 다른 속도로 움직여서 자신의 운동을
> 서로에게 어떤 방식으로 전달할 때 그 물체들이 서로 연합됐다고
> 말하며, 이 연합된 신체에 의해 다른 것과 구별되는 한 개체나 신
> 체를 구성한다고 말할 것이다.(2부, *정의)

공통의 리듬을 형성하게 되면 스피노자의 개체론에 따라 바다
와 우리는 별개의 존재가 아니라 하나의 개체가 된다. 공통의 리
듬이라는 합성의 유사성을 통해 우리 신체에 존재하는 리듬이 동
일하게 바다의 리듬 속에도 존재하게 된다. 이 동일한 리듬, 이 공
통성은 우리 신체 안에도 있지만 파도 안에도 있다. 따라서 우리

신체 안의 리듬만을 가리켜야 하는 것이 우리 정신의 본성이지만 그럼에도 그것은 파도 리듬의 본성까지 정확히 지시하는 것이므로 우리는 이 리듬의 차원에서 적합한 관념을 획득하게 된다. 만약 맥주병처럼 바다 속으로 사라져간다면 우리 신체는 바다와 연장속성이라는 공통성 이외에는 아무런 공통성도 형성하지 못했기 때문에 그런 관념에도 불구하고 바다에 대해 저주의 말을 퍼부었을 것이다. 이제 바다의 리듬은 우리 안에도 있는 리듬이므로 그것은 모두 우리에게 좋음으로 작동한다. 공통성의 형성을 통해 악이 되어야 할 바다가 선이 된 것이다. 하지만 이때의 선은 아주 적극적인 의미의 선이다. 왜냐하면 우리 신체가 해체의 경험 대신 오직 결합의 경험만을 갖기 때문이다. 내게 있는 것이 바다에게도 있다. 기쁨의 결합, 공통 개념의 형성.

다시 신의 지성 속으로 들어가 스피노자 식으로 표현해보자. 신은 바다로 변용했고 동시에 우리의 신체로도 변용했다. 신은 바다 자체의 리듬(본성)도, 우리 신체 자체의 리듬도 창조했다. 그리고 바다에서 헤엄치는 우리 신체의 리듬도 창조했다. 바다에서 헤엄치는 우리가 우리 신체의 리듬에 대해 형성하는 관념은 바다와 우리가 만나 형성한 리듬에 대해 신이 갖고 있는 관념과 일치한다. 왜냐하면 우리 신체의 리듬이 곧 바다의 리듬이고, 그래서 우리의 관념이 그대로 신이 갖고 있는 관념이 되므로. "만약 어떤 것이 인간 신체와 인간 신체에 자주 변용을 일으키는 외부 물체에 공통적이고common 특유하며peculiar, 각 부분에도 있고 전체에도 있다면, 그 관념은 또한 정신 안에서 적합할 것이다."(2부, 정리39) 우리에

게도 있고, 바다에게도 있으며, 우리와 바다가 합성된 것에도 있
는 그 공통의 리듬. 이 공통된 것에 대한 우리의 관념(공통 개념)은
우리 신체에만 한정되는 것이 아니므로 필연적으로 적합한 관념
이 된다.

이처럼 우리 인간과 형태나 기능에서 다른 존재라고 해도 합성
의 유사성, 즉 공통성만 형성할 수 있으면 언제든 공통 개념이 만
들어진다. "존재하는 각 신체는 운동과 정지의 특정한 관계에 의
해 특징지어진다. 두 신체에 상응하는 관계들이 서로 결합될 때,
두 신체는 더 우월한 능력을 갖는 전체, 자신의 부분들 속에 현존
하는 전체를 형성한다(말하자면, 혈액의 부분들로서의 유미와 림프액).
요약하면 공통 개념은 둘 혹은 여러 신체들 사이의 결합과 이 결
합의 통일성에 대한 표상이다."²⁹

우리 신체와 노트북의 합성(결합), 이 속에서 우리는 글을 쓰고
우리 능력을 표현한다. 바로 이 속에도 공통성이 있다. 노트북의
리듬과 결합한 내 신체의 리듬. 스마트폰을 처음 접할 때 우리는
당황한다. 어리둥절하고 어떻게 사용해야 할지도 모르겠고, 잘못
하면 고장 나는 것은 아닌지 걱정된다. 공통 개념이 형성되어 있
지 않았기 때문이다. 차츰 사용에 익숙해지면 스마트폰의 리듬과
우리 신체의 리듬이 일치하는 순간이 있다. 이때 우리는 스마트폰
을 자유자재로 작동시키고, 이 기기를 통해 새로운 삶의 순간들을
만들어낼 수 있게 된다. SNS를 이용한 네트워크의 확장이나 스마
트앱을 통한 사업의 개척 같은.

우리 리듬이 스마트폰의 리듬이 되고, 스마트폰의 리듬이 우리

리듬이 될 때 우리는 자유를 느낀다. 그러나 이 자유는 오직 스마트폰과 우리의 본성이 일치하는 국면에서만 발휘된다는 사실에 주의해야 한다. 즉 스마트폰을 사용할 때만 발휘되는 자유라는 것이다. 이것이 정확히 스피노자가 말한, 본성의 필연성에 따른 행위로서의 자유 개념이라고 생각한다. 우리의 본성이 스마트폰의 본성이 아닐 때 우리가 우리 본성대로 살면 스마트폰에 고장을 일으키든지 아니면 우리가 스트레스를 받게 될 것이다. 다시 말해 우리 본성의 필연성에서 나오는 행위, 즉 자유를 얻지 못하게 될 것이다. 그러나 스마트폰과의 합성에서 경험하는 자유가 곧바로 노트북을 사용하는 자유로 연결되지는 않는다. 자유는 오직 공통성, 즉 본성의 일치가 발생한 곳에서만 경험되기 때문이다. 이처럼 스피노자의 자유는 어떤 제약으로부터의 자유가 아니라 공통성의 형성에서만 발휘되는, 구체적이고 실질적인 자유이다. 바다로부터의 자유가 아니라 바다와 함께 누리는 자유가 있고, 노트북으로부터의 자유가 아니라 노트북과 함께 누리는 자유가 있는 것이다. 자유는 매순간 합성의 관계를 맺는 구체적인 대상과 함께 형성해야 하는 것이지 그 대상으로부터 벗어나는 데 있는 것이 아니다.

우리가 직장이나 어떤 공동체에서 힘겨움을 느끼는 까닭도 바로 여기에 있다. 공통성이 형성되지 않은 관계가 주는 부자유와 슬픔. 우리의 삶에서 형성해야 하는 것은 구체적이고 일상적인 차원의 공통성이다. 그리고 스피노자가 자유인이라는 윤리적 목표를 달성하기 위해서 강조하고 있는 것도 바로 이런 작고 일상적인 차원에서 형성하는 공통 개념이다. 우리가 속한 인간 공동체에서 우리는 과연 행복한가? 과연 인간이라는 공통성이 우리를 자유롭게 하는가? 그렇지 않을 것이다. 그렇다면 '인간'이라는 공통성은 왜 우리를 자유롭게 하지 않는가? 그것은 그런 공통성과 공통 개념이 스피노자가 말하는 공통 개념과 아무런 공통성이 없기 때문이다. 다시 말해 (파도와 신체처럼) 공통성에 따른 두 신체의 직접적이고 본성적인 합성이 이뤄지는 대신 인간이라는 추상적인 일반성에 의한 느슨한 관계만 존재하기 때문이다. '인간'이라는 일반 개념이나 '사물', '존재'와 같은 추상 개념은 공통 개념이 아니라 기본적으로 혼란스러운 일반 개념에 속하는 것들이다.(2부, 정리40, 주석1) 인간이라고 해서 우리가 본성적으로 다 같이 일치하지 못하는 까닭이 바로 여기에 있다.

우리 신체는 받아들일 수 있는 표상(상상적 이미지)에 제한이 있어 사자 500마리가 있으면 이 사자 500마리의 세밀한 차이를 하나하나 표상할 수가 없다. 우리는 사자 500마리의 공통점을 우리 신체가 표상할 수 있는 만큼만 대충 형성하게 되는데, 이런 방식으로 생겨나는 게 '인간', '사물', '존재'와 같은 일반 개념들이다. 사자 500마리의 차이가 무시된 개념, 그래서 우리 신체의 혼란을 표현하는 개념, 그리고 외부 사물의 본성을 표현하지 못하는 개념. 인간의 경우를 생각해보자. 우리는 수많은 사람들을 만나면서 인간에 대한 표상을 형성하는데 각각의 인간들의 작은 차이들마저 표상하려면 힘이 들기 때문에 우리 신체가 받아들일 수 있는 일치점만을 표상하는 데 그친다. 그런데 문제는 사람들마다 자신이 일치점으로 생각하는 인간의 표상이 달라진다는 점이다. 누구는 인간을 웃을 수 있는 동물이라고 생각할 것이고, 누구는 두 발을 가진 날개 없는 동물이라 할 것이며 누군가는 이성적 동물이라고 주장할 것이다. 어린아이가 인간에 대한 공통된 개념을 만들어낸다면 어떻게 될까? 울면 달려와서 일용할 양식을 주는 동물 정도가 아닐까? 이처럼 추상 개념이나 일반 개념들은 스피노자가 말하는 공통 개념과는 관계가 없는 부적합한 관념이다.

오직 구체적인 수준에서 형성되어야 하는 것이 공통 개념인 것이다. 따라서 이 사람과 형성한 공통 개념이 저 사람에게는 적용되지 않을 수 있다. 이 사람과 함께할 때 누리던 자유가 저 사람과 함께할 때는 제약으로 다가올 수도 있다. 아주 구체적인 신체적 수준에서 공통 개념을 형성하려고 시도하라. 이것이 스피노자의 윤리적 제안이다. 공통 개념을 많이 확보했다고 생각되면 이제 이것을 가지고 슬픔 속으로 들어가보자. 슬픔은 기본적으로 인식의 능력을 떨어뜨리는 것이라 공통 개념을 확보하도록 촉발하지 않는 감정이다. 그러나 공통 개념 형성의 경험을 최대로 확보하게 되면 우리를 슬프게 하는 것들을 만날 때도 우리는 슬픔과 증오의 계열 속으로 빠져들지 않게 된다. 왜냐하면 우리는 그 순간 다른 신체와 우리가 합성되지 못했다는 사실과 불일치의 이유를 더 많이 생각하려 하고 이해하려 하기 때문이다. 이것이 바로 우리가 원인들에 의해 인식한다고, 다시 말해 적합한 관념을 형성했다고 말하는 것이다. 어디서 일치하고 어디에서 일치하지 못했는지 그 모든 것을 이해하고자 한다는 것, 그것은 공통 개념 형성의 경험이 우리에게 선사하는 삶의 능력이다. 공통 개념 속에서 자유를 경험한 적이 많으면 많을수록 타인과 공통성을 확보하려는 노력도 더 많아지고, 그 능력도 더 커진다. 자유는 다시 자유를 부르고, 제약과 부자유의 지점을 확인하려는 이성적 노력을 부른다.

공통 개념과 변신

각자가 구체적인 경험 속에서 형성한 인간 개념이 서로 다르기 때문에, 그리고 인간에 대해 주위들은 풍문이 서로 다르기 때문에 타인들과의 직접적 만남의 장은 본성이 일치하는 장이라기보다는 갈등의 장이 되기 마련이다. 인간들은 아직도 삶의 현장에서 서로의 공통성을 형성하지 못한 것이다. 스피노자가 형성해야 한다고 말하는 공통 개념은 모든 인간에게 보편적인 그런 것이 아니다. 지금 당장 우리 주변에서 일상적으로 부대끼는 사람들을 떠올려보라. 그들과 우리는 과연 공통성을 형성하고 있는가? 다행히 공통의 리듬을 형성한 사람들은 행위의 자연스러운 일치로 인해 상당한 자유를 경험하고 있을 것이지만 공통성을 형성하지 못한 사람들은 서로가 서로에게 제약이 된다는 사실, 즉 부자유를 경험하고 있을 것이다. 일상적인 삶의 현장에서 공통 개념을 형성하기 위해서는 우선 기존에 갖고 있던 인간이라는 일반 개념, 삶이라는 추상 개념, 일이라는 추상 개념들을 구체적인 공통 개념들로 전환하는 작업을 해야 한다. 그리고 이 작업은 구체적으로 경험하는 사람들과의 마주침, 그리고 서로 합성되려는 끊임없는 노력에 의해서만 달성될 수 있다.

- 스피노자에게 있어 이성, 힘, 자유는 되기, 형성, 문화와 분리될 수 없다. 아무도 자유롭게 태어나지 않고 아무도 이성적으로 태어나지 않는다. 그리고 누구도 우리의 본성에 적합한 것에 대한 더딘 경험, 우리의 기쁨을 발견하기 위한 더딘 노력을 대신해줄 수 없다.
- 몇몇 지점에서 우리의 능동성을 정복하면 우리는 덜 유리한 경우에서도 공통 개념을 형성할 수 있게 된다. 공통 개념들의, 혹은 '능동적으로-되기'의 실습 과정이 있다. 스피노자주의에서 형성 과정 문제의 중요성이 무시되어서는 안 된다.[30]

공통 개념의 형성, 그것은 두 신체가 합성되는 경험이며, 그 합성에 의한 능력의 증가, 그리고 그에 따른 능동의 기쁨을 낳는 경험이다. 합성의 상태에 있는데도 기쁨이 생기지 않았다면 그것은 사실상 합성된 상태가 아니다. 합성 속에서만 공통 개념이 형성되고, 그에 따라 적합한 인식, 이성적 인식이 가능해지며, 그 속에서만 자유로움을 경험할 수가 있다. 스피노자의 자유는 타인으로부터의 자유가 아니라 타인과 함께 있어도 자신의 본성이 타인의 본성과 동일하게 발휘되어 서로에게 제약이 되지 않는 그런 자유이다. 공통 개념은 언제나 우리의 관념이 곧 그의 관념이 되어 반드시 타인의 본성을 표현하는 관념, 그리고 우리의 본성만으로도 그것을 설명할 수 있는 관념이다. 들뢰즈의 날카로운 분석이 있다. "어떤 관념이 적합할 때 그 관념은 언제나 적어도 두 신체를, 즉 나의 신체와 다른 신체를 그것들이 자신들의 관계를 결합시키는 양상 아래서 파악한다. 반대로 나의 신체에 적합하지 않은 신체에 대한 적합한 관념은 그 신체가 적합하지 않는 한 존재하지 않는다."[31] 공통 개념이 없다는 것, 그것은 우리가 함께 있는 사람과 아직 공통성을 형성하지 못했다는 것, 즉 두 사람이 합성의 관계 속에 있지 않다는 것, 그리고 서로에 대해 적합한 관념을 형성하지 못했다는 것을 의미한다. 함께 있지만 실상 결합의 방식으로 존재하지 않는 관계, 거기서는 결코 공통 개념이 형성되지 않는다.

공통 개념의 형성은 두 신체가 완전성과 능력을 증가시키는 방식으로, 즉 기쁨을 경험하는 방식으로 마주침을 겪고 있다는 말과 같다. 또한 두 신체가 함께 있어도 서로가 본성의 자유를 경험하는 관계 속에 있다는 말이기도 하다. 이렇게 일상적으로 마주치는 신체들과 구체적인 삶 속에서 공통성을 형성하는 "실습 과정"이 꼭 필요하다는 점에서 스피노자의 공통 개념은 데카르트의 것과는 완전히 다른 의미를 갖는다. 의지의 자유를 말하는 구절에서 데카르트는 "우리의 의지가 자유를, 즉 많은 것들을 의지에 따라 참이라고 판단하거나 그렇게 하지 않을 수 있는 자유를 가지고 있다는 것은 아주 명백하다. 따라서 그것은 본유관념인 공통 개념들 중 최초의 그리고 최고인 것들에 속해야 한다"[32]고 말한다. 그런데 이때 데카르트가 사용하는 공통 개념은 실상 수학적 '공리'와 같은, 다시 말해 그 타당성을 증명하지 않아도 누구나 받아들일 수 있는 명제와 같다는 의미로서, 여기서는 공통 개념을 형성하기 위한 실천적 과정이 전혀 무의미해진다는 점에서 스피노자의 개념과는 다르다고 할 것이다.

공통 개념이 형성되지 않았으면 타인과 함께 있어도 그것은 사실 함께 있는 게 아니다. 함께 있기는 하지만 실상 해체되고 있는 관계. 이때 우리는 서로에 대해 슬픔의 감정(증오, 복수, 질투, 자기비하 등)을 갖게 되어 있다. 마주칠 때마다 피곤하고 힘들고 지치는 관계. 누군가는 인내해야 하고, 누군가는 슬퍼해야 하는 관계. 슬픔의 마주침들. 함께 있는 게 혼자 있는 것보다 더 힘든 중노동의 관계. 합성의 마주침이 아닌 해체의 마주침. 능력을 감소시키고, 완전성을 감소시키는 관계, 쓸쓸한 관계, 서로가 인간으로 마주치고 있다는 것에 대해 절망하는 관계, 내일의 마주침이 미리 엄청난 고통으로 다가오는 관계. 오늘도, 내일도, 모레도, 매일매일 동일한 전쟁의 관계, 증오의 관계. 이렇게 합성되지 못하고 공통 개념을 형성할 수 없는 관계 속에서 우리는 능력의 감소를 위해 서로 싸우고 있는지도 모른다. 따라서 중요한 것은 작은 공동체 속에서의 일상적인 공통성과 공통 개념이다. 이것이 기초가 되지 않고는 보편적인 공통성은 형성될 수도 없고, 형성되더라도 그것은 일반적이고 추상적인 관념에 머물고 말기 때문에 정념의 지배로부터 우리를 자유롭게 해주지 않는다.

"한 신체가 다른 신체와 공통적인 것을 많이 가질수록 정신은 많은 것을 적합하게 인식하는 데 더 유능해진다."(2부, 정리39, 보충) 공통 개념은 반드시 신체적 합성의 노력을 요한다. 신체를 경유하지 않은 채 공통 개념을 형성할 수 없는 게 인간 정신의 본성이기 때문이다. 따라서 신체가 다른 신체와 형성하는 공통성이 많을수록 정신의 능력도, 즉 이성적 능력(공통 개념)도 더욱 커질 것이고, 그렇게 공통성을 형성한 사람들과의 삶 속에서 경험하는 자유의 폭도 엄청나게 커질 것이다. 바로 이런 맥락에서 스피노자의 다음과 같은 명제의 의미를 파악해야 한다. "어떤 신체의 활동이 자신에게 더 많이 의존하고 다른 것과 함께하는 것이 적을수록 정신은 더 판명하게 이해할 수 있게 된다."(2부, 정리13, 주석) 여기서 자신의 신체에만 의존하는 활동이란 혼자만의 고립된 활동이 결코 아니다. 그것은 바로 공통성을 형성한 신체들의 활동을 의미한다. 왜냐하면 우리의 활동이 곧 다른 신체의 활동이 되고 나의 본성이 곧 타인의 본성이 되는 상태가 되면 타인의 삶이 나의 삶이고, 나의 삶이 타인의 삶이 되는 경지에 도달해 타인에게 의존하는 것 같아도 실상 그것은 자신만의 온전한 능력의 발휘가 되기 때문이다. 함께하지만 그것으로 인해 전혀 부자유스럽지 않은 삶. 아니 오히려 함께 있어야 서로 자유로워지는 극히 희한한 자유의 경험.

그런데 공통성을 형성하지 못했으면서도 타인과 함께 있어야 한다면 우리는 당연히 불화 속에 빠져들 수밖에 없을 것이다. 갈등하고 증오하면서도 함께해야 한다는 고역. 이렇게 공통성 형성에 이르지 못한 사람들만이 고립된 삶을 자유라고 여기면서 자유라는 개념을 오용(誤用)하게 되는 것이다. '개인'이라는 것은 인간의 본연적 단위가 아니라 차라리 실패의 경험이며, 인간의 특권이 아니라 "공동체가 와해되는 시련 이후에 남은 찌꺼기"[33]일지도 모른다. 개인이라는 미궁 속으로 도피하면서도 그것을 근대적인 인간의 존엄한 형상으로 묘사하는 것이야말로 실패한 삶의 옹졸한 변신론일지도 모르는 것이다.

우리는 작은 공동체에서부터 공통성을 형성하기 위해 구체적이고 실천적으로 노력해야 한다. 스피노자의 이성은 고립된 이성이 아니다. 그것은 공동체적 이성, 즉 함께 증가하는 인식능력인 것이다.[34] 우리가 고립되면 고립될수록 추상적인 인식(즉 가장 보편적인 공통 개념이나 수학적 지식과 같은 앎)이 지배하겠지만 함께 공통의 리듬을 찾아가면 찾아갈수록 구체적이고 실천적인 공통 개념들이 증가하고, 이를 통해 작은 공동체 전체의 사유 능력이 향상될 것이다. 이성의 획득은 "만남들의 우연성에 머무르지 않고, 우리의 관계와 직접적으로 결합되는 관계를 갖고 있는 사물들과 존재들에 우리를 결합시키려고 하는 것"[35]에 있다. 자기가 속한 작은 공동체에서 우선적으로 함께 공통되는 것을 찾아내려 노력하는 것, 그것은 모두에게 유용한 것을 찾는 일이자 정신적 능력을 가장 확실히 높이는 일이 된다. 현실 속에서 공통성을 획득하지 못하는 앎, 그런 앎은 오히려 삶을 불구로 만들지도 모른다. 공동체의 리듬과 부대끼면서 형성되는 그런 앎, 그것만이 이성적인 앎이고 자유에 이르는 앎이다. 그러므로 "새로운 존재는 더 특이하고 더 사회적이며 더 집단적으로" 규정되고, 스피노자에게 우리의 "실존은 이미 집단성이다."[36]

하지만 가장 중요한 것이 빠졌다. 칼과 우리 신체 사이에서 공통성을 형성한다고 해보자. 칼의 리듬에 맞춰 변해야 하는 것이

있으니 바로 우리 신체이다. 우리 신체는 변용할 수 있으나 칼은
변용할 수 없다. 따라서 공통성을 형성하기 위해서는 칼이 아니
라 우리 신체의 변신이 요청되는 것이다. 칼의 리듬에 맞출 수 없
는 신체는 칼을 들고도 새로운 무공을 익힐 수 없으며, 자신의 리
듬을 칼의 리듬으로 만들지 못해 칼을 들고도 무능력한 존재가 될
것이다. 자동차를 운전하는 것도 마찬가지다. 공통 개념을 형성하
기 위해서는 자동차가 아니라 우리 신체가 자동차의 리듬에 맞춰
변해야 하는 것이다. 인간들의 공동체에서는 더 이상의 말이 필요
없을 것이다. 마주치는 인간들이 합성되기 위해 서로가 변신의 노
력을 경주해 한다는 것, 공통 개념이 요청하는 윤리적 실천이 이
것이다. 자유는 고립이나 도피가 아니라 반드시 변신을 전제한다.

이렇게 공통 개념을 형성하면서 능동과 자유의 존재가 된다고
하더라도 자연의 일부인 우리가 신과 같은 자유나 능동의 삶을 살
수는 없을 것이다. 다시 말해 삶의 어떤 현장이든지 그 모든 곳에
서 자유로운 삶의 능력을 보일 수는 없다는 것이다. 우리는 우리
가 형성한 공통성 속에서만 자유로울 수 있기 때문에 낯설고 새
로운 환경 속에서 우리는 다시 수동적 정념과 1종 인식을 갖게 될
것이다. 하지만 거기서 우리는 재차 공통 개념을 형성하기 위해
노력해야 한다. 새로운 환경 속에서 새로운 사람들과 다시 형성하
는 공통 개념, 그렇게 또다시 우리는 자유롭고 능동적인 존재가
된다. 환경의 변화, 공동체의 변화, 세대의 변화 등등 모든 변화들
은 우리로 하여금 계속해서 변신하도록 요청할 것이다. 그런 변화
들 속에서 변신하지 못할 때 우리는 사회 속에 있으면서도 고립되

고 단절될 것이며, 아무리 대단한 지위를 누리더라도 부자유와 수
동적 정념의 존재가 될 수밖에 없을 것이다. 이렇게 늘 공동체 속
에서 다른 사람들과 함께 만들어가야 하는 것, 그것도 끊임없이
만들어가야 하는 것, 그것이 공통 개념이다.

> 부적합한 관념이 더 많은 부분을 차지하는 정신은 가장 수동적이
> 라서 작용하기보다는 작용 받는 것에서 더 많이 식별된다. 반면
> 적합한 관념이 더 많은 부분을 차지하는 정신은 아주 능동적이기
> 때문에 비록 많은 부적합 관념들을 가지고 있더라도 여전히 인간
> 능력의 결핍을 드러내는 것보다는 인간의 유덕함에 속하는 것에
> 의해 더 많이 구별된다. (…) 감정이 수동인 한 명석하고 판명한
> 인식이 절대적으로 그것들을 제거하지는 않을지라도(정리3과 정리
> 4주석을 보라) 최소한 그것들이 정신의 가장 적은 부분을 차지하게
> 할 수 있다(정리14를 보라).(5부, 정리20, 주석)

3종 인식:
만물에 대한 환대와 신에 대한 지적인 사랑

공통 개념이 형성된다는 것은 무엇인가? 그것은 우리가 마주
치는 사람들과 합성의 관계를 갖는다는 것, 다시 말해 서로가 적
합한 관계를 맺는다는 사실이다. 파도와 공통성을 형성하면 우리
는 파도와 적합한 관계, 즉 합성의 관계를 맺을 수 있다. 이때 파도

는 우리에게 결코 악이 되지 못한다. 파도의 리듬이 곧 우리의 리듬이기 때문에 파도 속에서 우리는 자유를 느끼고, 커다란 기쁨을 경험하게 된다. 그렇다면 공통 개념이 점점 더 많이 형성됐다고 해보자. 그러면 무슨 일이 발생할 것인가?

공통 개념이 많아지고 있다는 것은 우리와 적합한 관계를 구성하는 존재들이 많아지고 있다는 말이 된다. 적합한 관계를 구성하고 있다는 것은 그들과 우리가 결코 적대하지 않는다는 것, 늘 이익을 주는 합성의 관계 속에 살게 된다는 말이다. 이런 존재들이 늘어나면 늘어날수록 우리는 서로에게 적대하지 않는 적합의 관계를 더 많이 경험하게 될 것이다. 그리하여 결국 적합하게 되는 관계의 구성이 최대한으로 확장되는 상태, 그리고 이 상태 속에서 형성되는 관념, 그것이 스피노자가 말하는 3종 인식의 상태이다.

자, 다시 본질의 수준에서 생각해보자. 사자라는 본질과 인간이라는 본질은 본질의 수준에서는 서로 적대하지 않는다. 칼이라는 본질도 본질의 수준에서는 인간의 본질과 적대적이지 않다. 그렇다면 적대는 언제 발생하는가? 바로 현실적 본질의 수준에서. 인간이 자신의 현실적 본질, 즉 실존을 유지하려 할 때 그는 칼의 실존을 피해야 하고, 가능하면 칼의 실존을 파괴해야 할 것이다. 이처럼 본질의 수준에서는 결코 적대가 발생할 수 없다. 일종의 총체적 적합, 그것이 바로 본질들의 세계인 것이다. "각 본질은 다른 모든 본질들에 적합하"고, 그 적합도 "실존 양태들 간의 더 혹은 덜 일반적인 상대적 적합이 아니라 각 본질의 다른 모든 본질과의 특이적인 동시에 절대적인 적합이다."[37]

그런데 본질들이 외연적인 부분들을 얻어 실존하게 됐을 때 문제가 발생한다. 우리의 현실적 이익은 타인의 불이익이 된다. 서로는 적대하고 서로를 헤치기 위해 애쓴다. 이것이 수동이자 1종 인식의 상태이고 자연 상태다.

그런데 우리가 서로 공통성을 형성하게 되면 우리의 이익은 그의 이익이 되고, 우리들의 만남은 늘 적합한 만남이 된다(2종 인식의 세계). 공통성이 늘어날수록 적합한 관계들은 더욱 많아진다. 이제 세계가 공통성들로 넘친다고 해보자. 그러면 현실적인 본질의 수준에서 우리가 자신의 이익을 위해 살더라도 우리는 많은 부분에서 서로에게 이익이 되는 적합한 존재가 될 것이다. 마치 총체적으로 적합한 본질들의 세계처럼 말이다. 본질들이 본질들로서는 총체적으로 적합했듯이 우리의 현실적 본질들도 공통 개념의 형성 속에서 서로에게 적합한 존재가 되는 것이다. 앞에서 우리는 서로에게 적합한 공통성의 형성이 두 차원에서 이뤄진다고 했다. 속성상의 공통성과 구체적인 공통성. 어쨌든 공통성의 차원에서는 그 어떤 것도 악이 되지 않으며 서로 간에 적합한 존재가 된다는 사실이 중요하다. 그런데 우리가 속성상의 공통성만이 아니라 구체성 속에서도 공통 개념을 형성하게 되면 이 세계에서 악이 될 만남은 아주 많이 줄어든 셈이다. 그렇게 해서 우리는 '현실적 본질'들의 수준에서 만나고 있음에도 마치 총체적 적합으로서의 '본질'들의 만남인 것처럼 살아갈 수 있게 될 것이다. 이것이 바로 3종 인식의 상태이다.[38] 서로에게 적합한 (현실적) 본질들의 만남과 그 세계. 그래서 스피노자는 3종 인식을 다음과 같이 정의한다.

3종 인식은 신의 속성에 대한 적합한 관념으로부터 사물들의 본질에 대한 적합한 인식으로 향하고(2부 정리40의 주석2에 있는 정의를 보라), 이런 식으로 더 많이 사물을 인식할수록 신을 더 많이 인식하게 된다(정리24에 의해). 그러므로 (4부 정리28에 의해) 정신의 최고의 덕은, 즉 (4부 정의8에 의해) 정신의 능력, 또는 본성 혹은 (3부 정리7에 의해) 그 최고의 노력은 사물들을 3종 인식을 통해 이해하는 것에 있다.(5부, 정리25, 증명)

우리는 사물의 본질을 곧바로 인식할 수 없다. 먼저 현실적 본질의 수준에서 서로에게 적합한 만남을 경험해야 한다. 그 속에서 우리는 서로가 적합하게 어울리게 되는 공통성을 형성하게 되고, 이를 통해 공통 개념에 의한 적합한 인식에 도달하게 된다. "한 양태를 특징짓는 관계를 그 양태의 본질로부터 연역할 수 있기는커녕 도리어 본질을 인식하기 위해서 우리는 우선 관계를 인식하는 데 이르러야 한다."[39] 이 인식이 확장되면 확장될수록 우리가 만나는 많은 사람들과 사물들에 대해 공통 개념을 형성할 수 있게 되고, 이에 따라 우리는 서로 간에 적합한 본질적인 만남을 이룰 수 있게 되는 것이다. 이것이 지복blessedness이 아니라면 무엇이 지복이겠는가. 서로에게 적합한 만남이 가능하고, 그를 통해 적합한 인식이 확장되는 것.(5부, 정리33) 제거하거나 파괴해야 할 대상으로 만나는 게 아니라 그 자체로 완전성을 갖는 존재로 인식하는 것, 이 지복은 오직 공통 개념의 확장이라는 구체적 실천에서 비롯되는 결과인 것이다.

실재하는 것 그대로를 완전성이라 규정할 수 있는 것, 이는 오직 신의 관점에서만 가능한 일이다. 우리는 우리의 현실적 본질을 유지하기 위해 실재하는 것들조차 파괴하고 비난하고 경멸하기 때문이다. 즉 실재하는 것을 완전하다고 간주하지 않고 불완전하다거나 불필요하다거나 심지어 악이라고 규정하는 것은 바로 현실적 본질의 수준에서, 코나투스의 수준에서, 인간 중심의 질서에서 발생하는 현상인 것이다. 그런데 현실적 본질들의 적대적인 만남이 공통 개념의 형성을 통해 본질들의 적합한 만남과 근사한 것이 되어갈 때, 그리고 공통 개념을 형성한 각각의 인간들이 자신의 공통 개념의 동심원을 넓혀갈 때, 우리는 우리의 본성과 타인의 본성, 그리고 다른 사물들의 본성이 일치하는 지점을 더 많이 확보하게 될 것이다. 이때 우리는 전체로서의 자연의 질서에 대해 전체적인 지식을 형성하게 되면서 자기중심의, 그리고 인간중심의 '악'이라는 개념 자체를 없앨 수도 있을 것이다.[40] 신 안에 악이 존재할 수 없듯이, 다시 말해 만물이란 신의 능력의 표현이기 때문에 만물이 모두 고귀하고 완전하듯이 그렇게 신적인 방식으로 만물을 받아들이게 될 것이다. 이렇게 우리는 만물을 우리와 총체적으로 적합한 본질인 것처럼 그 완전성 속에서 환대하게 될 것이다. 물론 인간인 한 우리에겐 시대와 삶의 변화에 따른 수동적 인식의 상태가 늘 함께하겠지만 말이다.

만물의 원인은 신이다. 그리고 부적합한 만남 속에서 경험하는 슬픔 속에서만 우리가 원인을 이해하는 능력을 상실한다고 말했다. 그렇다면 공통 개념의 형성 속에서 이해하는 능력이 증가

할 때, 그리고 우리의 인식이 원인에 의한 인식이 될 때 3종 인식은 곧 신에 대한 인식이자 신에 의한 인식이 아닐 수 없다.(5부, 정리24) 공통 개념은 정신의 능동이므로 인식능력의 확장에 따른 능동적인 기쁨을 경험하게 하지만 그 어떤 능력의 변이도 겪지 않는 신에 의한 인식, 즉 신적인 인식의 경우 전혀 다른 기쁨을 경험하게 한다. 신 안에 있는 그대로의 기쁨, 신에 의해서만 경험되는 기쁨, 지복이라는 기쁨. 이것이 바로 신에 대한 지적인 사랑이다. (5부, 정리32, 보충) 3종 인식을 통해 만물의 원인으로서 신을 인식하게 될 때마다 우리에겐 기쁨이 솟고, 이 기쁨이 신에 대한 인식에서 비롯되는 것임을 알 때 그것은 신에 대한 사랑이 된다. 신에 대한 지적인 사랑. 따라서 신에 대한 사랑은 오직 이성적인 방식으로만 가능한 사랑이다. 신이 파악하는 그대로의 관념을 갖는 3종 인식에서 비롯되는 신에 대한 인간의 지적인 사랑은 신에 대한 신 자신의 사랑이자 인간에 대한 신의 사랑과 동일한 것이다. 따라서 사랑은 계율에 따른 명령에 의해서 가능한 것이 아니라 총체적 적합을 향한 구체적인 경험과 공통 개념의 형성, 그리고 이를 바탕으로 한 3종 인식의 형성 속에서 가능한 최고의 이성적 실천인 것이다. 다시 한 번 말하지만 이 희귀하고도 고귀한 3종 인식을 위해서라도 무엇보다 중요한 것이 공통 개념의 형성이라는 실천적 변신의 과정이다.

미주

1. 삶에 대한 위대한 긍정으로서의 신

1   이런 사실을 우리는 《에티카》의 주석에서 보이는 "적극적이고 노골적이고 공격적"인 성격에서 찾을 수도 있다. 들뢰즈는 《에티카》가 정리와 증명으로 이뤄진 부분과 주석으로 이뤄진 부분, 이렇게 두 개의 텍스트가 함께 구성된 것이며, 첫 번째 《에티카》가 "무자비한 엄격성"을 가지고 전개되는 것이라면, 두 번째 《에티카》인 주석은 "(슬픔에 대한) 실천적 투쟁을 표명"하는 것이라고 분석한다. (질 들뢰즈, 《《에티카》의 구도와 이 구도의 실현에 있어 주석의 역할에 대한 형식적 연구: 두 개의 《에티카》》, 《스피노자와 표현의 문제》, 이진경 · 권순모 옮김, 인간사랑, 2004, 부록 참조. 그리고 질 들뢰즈, 〈스피노자와 우리〉, 《들뢰즈가 만든 철학사》, 박정태 엮고 옮김, 이학사, 2007, 126~128쪽.)

2   스티븐 내들러, 《스피노자: 철학을 도발한 철학자》, 김호경 옮김, 텍스트, 2011, 243~244쪽.

3   피에르-프랑수아 모로, 《스피노자》, 류종렬 옮김, 다른세상, 2008, 32쪽.

4   질 들뢰즈, 《스피노자의 철학》, 박기순 옮김, 민음사, 2010, 13쪽.

5   스피노자, 《신학정치론》, 황태연 옮김, 신아출판사, 2010, 서론, 15쪽.

6   르네 데카르트, 《철학의 원리》, 원석영 옮김, 아카넷, 2002, 1부, 51절, 43쪽.

7   질 들뢰즈, 《스피노자와 표현의 문제》, 48쪽.

8   Spinoza, 〈편지2, 올덴부르크(Oldenburg)에게〉, *The letters*, tr., Samuel Shirley, Hackett Publishing Company, Inc, 1995, 61~62쪽.(앞으로 이 책에 수록된 편지를 인용할 때는 편지 번호와 이름, 그리고 해당 쪽수만 표시하겠다.)

9   알렉상드르 마트롱, 《스피노자 철학에서 개인과 공동체》, 김문수 · 김은

주 옮김, 그린비, 2008, 25~27쪽. '능산적 자연'이 신의 본질을 표현하면서 자체적으로 활동하는 영원한 속성들을 나타낸다면, '소산적 자연(Natura naturata)'은 신 없이는 존재할 수도 없는 양태들을 지칭한다.(1부, 정리29, 주석)

10   〈편지10, 데 브리(de Vries)에게〉, 95쪽.

11   〈편지12, 메이어(Meyer)에게〉, 102~103쪽.

12   〈편지4, 올덴부르크에게〉, 69쪽.

13   질 들뢰즈, 《스피노자의 철학》, 69쪽.

14   질 들뢰즈, 《스피노자와 표현의 문제》, 84쪽.

15   질 들뢰즈, 《스피노자와 표현의 문제》, 85쪽.

16   질 들뢰즈, 《스피노자와 표현의 문제》, 50쪽.

17   질적인 다양성이나 실재적 구별의 문제, 그리고 형상적 구별에 대해서는 특히 《스피노자와 표현의 문제》 1장, 3장, 4장을 참조할 것.

18   질 들뢰즈, 《스피노자와 표현의 문제》, 93쪽.

2. 만물이 신 안에 거주하는 방식

1   스피노자, 《신학정치론》, 1장, 29쪽.

2   피에르 마슈레, 《헤겔 또는 스피노자》, 진태원 옮김, 이제이북스, 2004, 211쪽. 또한 214쪽 참고. "상상은 무한자에 대한 모든 준거를 간과하고 엄격하게 유한한 수단들을 통해, 곧 스피노자가 말한 것처럼 척도와 수를 통해 유한자를 그 자체로 표상한다. 상상은 유한자에 대한 이런 고착을 무한자로 옮겨 적용해, 부질없이 똑같은 도구들의 도움을 받아 무한자를 분석하려고 시도한다."

3   질 들뢰즈, 《스피노자의 철학》, 83쪽.

4   특히 《스피노자와 표현의 문제》 중에서 〈2장 표현으로서의 속성〉을 중

점적으로 참고했으며, 어려운 부분이긴 하지만 〈3장 속성과 신명〉도 이런 관점에서 중요한 장이라 할 수 있다.

5   질 들뢰즈, 《스피노자와 표현의 문제》, 앞의 책, 63쪽.

6   질 들뢰즈, 앞의 책, 65쪽.

7   〈편지4, 올덴부르크에게〉, 68쪽.

8   질 들뢰즈, 앞의 책, 66쪽.

9   〈편지21, 블레이흔베르흐(Blyenbergh)에게〉, 153쪽. 블레이흔베르흐가 스피노자를 계속 물고 늘어지는 까닭도 그가 신의 본성을 인간의 본성으로 착각하면서 신과 인간의 본성적 차이에 주의해야 한다는 스피노자의 말을 제대로 이해하지 못하고 있기 때문이다.

10 질 들뢰즈, 앞의 책, 66~67쪽.

11 질 들뢰즈, 앞의 책, 68쪽.

12 김은주, 〈스피노자에서 양태의 무한성과 유한성〉, 《철학연구》 30집, 1992, 77쪽, 《2004 연구공간 '수유+너머' 강학원 자료집》에서 인용.

13 "성 토마스에 따르면 신에게 귀속되는 질들은 신적인 실체와 피조물들 간의 형상의 공통성을 함축하는 것이 아니라 단지 유비, 즉 비율 또는 비례의 적합성만을 함축한다."(질 들뢰즈, 앞의 책, 63쪽.)

14 스피노자의 관점에서 보면 사실 절대적 선, 탁월한 지성, 절대적 의지, 전지전능과 같은 것들은 신의 '속성'에 해당하지 않는다. 그런 것들은 인간적인 자질을 신에게 투사한, 인간적인 성질들일 뿐이다. 참고로 들뢰즈는 이를 '고유성'이라는 이름으로 따로 분류한다.

15 질 들뢰즈, 앞의 책, 64쪽.

16 〈편지56, 복셀(Boxel)에게〉, 277쪽.

17 〈편지23, 블레이흔베르흐에게〉, 166쪽.

18 질 들뢰즈, 앞의 책, 65쪽.

19 질 들뢰즈, 《스피노자의 철학》, 98쪽.

20 질 들뢰즈, 《스피노자와 표현의 문제》, 69~71쪽.

21 질 들뢰즈, 앞의 책, 78쪽.

22   질 들뢰즈, 앞의 책, 85쪽.

3. 신에 대한 오해와 스피노자의 성서해석학

1   스피노자,《신학정치론》, 5장, 92쪽.
2   스티븐 내들러,《스피노자: 철학을 도발한 철학자》, 647쪽.
3   질 들뢰즈,《스피노자와 표현의 문제》, 78쪽.
4   질 들뢰즈, 앞의 책, 79쪽.
5   성서 분석에 대한 내용은 스피노자, 앞의 책, 7장을 주로 참조해서 정리
        했다.
6   스피노자, 앞의 책, 7장, 128쪽.
7   스피노자, 앞의 책, 14장, 236쪽.
8   스피노자, 앞의 책, 14장, 240쪽.
9   스피노자, 앞의 책, 서론, 19쪽.
10   스피노자, 앞의 책, 2장, 60쪽.
11   스피노자, 앞의 책, 5장, 102쪽.
12   스피노자, 앞의 책, 6장, 118쪽.
13   스피노자, 앞의 책, 6장, 117쪽.
14   여기서 말하는 '상상력'은 창조적 상상력이나 칸트적 의미의 상상력이
        아니라 나중에 나올 1종 인식에 속하는 저차원적 인식을 말하는 것으
        로서 자세한 것은 본서의 3부 7장을 참조하기 바란다.
15   스피노자, 앞의 책, 2장, 43쪽.
16   예언자에 대해서는 스피노자, 앞의 책, 2장 참조.
17   스피노자, 앞의 책, 2장, 52쪽.
18   스피노자, 앞의 책, 4장, 86쪽.
19   스피노자, 앞의 책, 13장, 231쪽.

20   스피노자, 앞의 책, 13장, 227~8쪽.

21   스피노자, 앞의 책, 13장, 227쪽.

22   스피노자, 앞의 책, 12장, 225쪽.

23   질 들뢰즈, 앞의 책, 81쪽.

24   스피노자, 앞의 책, 13장, 232쪽.

25   신을 지칭하는 헤브라이어 '엘 사다이'에서 '엘'이라는 말에 포함되어
        있는 의미들이다. (스피노자, 앞의 책, 13장, 230쪽.)

4. 신의 창조방식과 목적론 비판

1   질 들뢰즈, 《스피노자와 표현의 문제》, 98쪽.

2   데카르트의 증명 방법과 그에 대한 스피노자와 라이프니츠의 비판에
        대해서는 질 들뢰즈, 앞의 책, 4장 참조.

3   라이프니츠의 모순율과 충족이유율, 그리고 이 세계의 가능성과 실재
        성에 대한 논의는 오타베 다네히사, 《예술의 역설: 근대 미학의 성립》,
        김일림 옮김, 돌베개, 2011, 40~47쪽 참조.

4   질 들뢰즈, 앞의 책, 126쪽. 이 책의 번역자들은 신에게는 '역능'을, 그
        리고 양태들에게는 '능력'을 할당하는데, 신의 능력이 양태들의 능력
        을 통해서 표현된다는 점을 강조하고, 속성의 공통성과 일의성을 강조
        하기 위해 필자는 모두 '능력'으로 바꿔서 옮겼음을 알린다. 참고로 신
        의 능력(역능, 역량, 권능)을 표현하는 개념은 《에티카》에 한정해서 볼 때
        potentia와 potestas가 있으며, 전자가 신의 현행적인 능력을 뜻한다면
        후자는 대개 군주의 재량권을 뜻한다. 물론 스피노자는 신의 능력에 대
        해서는 potestas를 사용하지 않는데, 까닭은 이 용어가 신을 군주처럼
        자의적으로 의지를 행사하는 존재로 간주하는, 인간주의적인 상상에
        불과하기 때문이다. (참고로 이 용어들의 용례와 의미에 대해 자세한 것으로는

E. 발리바르,《스피노자와 정치》, 진태원 옮김, 이제이북스, 2005에 부록으로 실린
번역자의 〈용어 해설〉이 있다.)
5 스피노자,《데카르트 철학의 원리》, 양진호 옮김, 책세상, 2010, 1부, 정
   리7, 주석, 그리고 주석에 대한 각주.(42쪽과 141쪽.)
6 질 들뢰즈, 앞의 책, 128쪽.
7 질 들뢰즈, 앞의 책, 133~134쪽.
8 속성의 일의성과는 다른 개념으로 이를 "원인의 일의성"이라 부른다.
   (질 들뢰즈, 앞의 책, 142쪽.)
9 김재인, 〈긍정과 기쁨의 생성-들뢰즈의 스피노자 해석〉,《2004 연구공
   간 '수유+너머' 강학원 자료집》참조.
10 질 들뢰즈, 앞의 책, 137쪽.
11 피에르 마슈레,《헤겔 또는 스피노자》, 90쪽.

5. 오직 하나인 세계, 그 천변만화의 필연의 세계

1 안토니오 네그리,《전복적 스피노자》, 이기웅 옮김, 그린비, 2005,
   21~22쪽.
2 사실 이런 기계적 결정론에서 얘기되는 '기계(mecanisme)'가 부분들로
   분할되고 위치의 이동에 의해 변화되는 닫힌 체계에서의 기계라면, 이
   것보다 일차적인 기계가 있는데 그것은 분할될 수도 없고 닫힐 수도 없
   으며, 요소들의 위치 이동에 의해서도 작동하지도 않는 생의 역동을 표
   시하는 '기계주의(machinisme)'이다. (기계와 기계주의의 구별과 기계에 선행
   하는 기계주의적인 세계의 분할 불가능성에 대해서는 질 들뢰즈,《시네마1: 운동-
   이미지》, 유진상 옮김, 시각과언어, 2002, 112~118쪽 참조.) 이런 점에서 스피노
   자가 말하는 필연성은 차라리 공간화될 수 없는 생명의 지속이자 역동,
   혹은 물질적 우주의 차원을 표시하는 것이며, 기계적 결정론에서 말하

는 기계적 필연성은 이런 생명의 분할 불가능한 지속을 인간의 습관과 필요에 의해 분할하고 절단한 공간과 요소들 간의 인과관계이거나 공학적인 기계적 부품들의 인과관계에 불과한 것이라 할 수 있다. 스피노자가 말하는 필연성을 2차적이고 좁은 의미의 기계 속에 넣어서는 안 된다.

3 〈편지32, 올덴부르크에게〉, 194쪽.

4 〈편지58, 슐러(Schuller)에게〉, 285쪽. 여기서 스피노자는 인간이 외부 원인의 제약을 받는 존재라는 점, 즉 자유로운 결정이 아니라 외부의 힘이나 영향에 의해 어떤 행위를 하거나 욕망을 품는 실존 양태라는 점에서 인간이 본성의 필연성에 따라 행하거나 욕망할 수 없다고 주장한다. 따라서 우리의 의지를 제약하는 다른 존재가 없어 데카르트적인 의미에서 자유롭다고 해도 결코 우리가 스피노자적인 의미에서 자유로운 것은 아니라고 할 수 있다.

5 스피노자, 《신학정치론》, 6장, 107쪽.

6 스피노자, 앞의 책, 3장, 63쪽.

7 스피노자, 앞의 책, 4장, 84쪽.

8 〈편지54, 복셀에게〉, 268쪽.

9 〈편지58, 슐러에게〉, 283~284쪽.

10 프리드리히 니체, 《아침놀》, 박찬국 옮김, 책세상, 2004, 130절.

11 해방의 기획에 있어 스피노자 철학의 의미에 대해서는 진태원, 〈스피노자의 현재성: 하나의 소개〉, 《모색》 2호, 2001, 여기서는 《2004 연구공간 '수유+너머' 강학원 자료집》 참조.

12 가브리엘 타르드, 《모방의 법칙》, 이상률 옮김, 문예출판사, 2012, 124~126쪽. 사회적인 것과 최면 상태, 그리고 모방의 관련성에 대해서는 특히 3장 참조. 본문의 전체적인 내용과는 관련이 없는 필자의 주관적인 생각을 좀 덧붙여보자면, 타드르의 사회학이 스피노자의 철학과 여러 측면에서 멀지 않다는 느낌이 강하게 든다는 것이다. 스피노자도 타르드와 마찬가지로 감정의 모방적 성격을 정신의 본성의 하나로 거

론한다는 점, 그리고 타르드도 스피노자와 마찬가지로 욕망을 어떤 관념에 대한 것이라고 규정한다는 점(이런 규정이 있어야 사회를 모방과 전염, 반복으로 설명할 수 있다) 등 여러 면에서 그렇다. "어떤 대상을 향한 욕구도 그것에 대한 관념보다 먼저 있을 수 없는 것처럼……." (타르드, 141쪽.) 스피노자 철학이 철학이나 윤리학, 혹은 정치학만이 아니라 사회학, 심리학, 생물학 등 여러 학문적 영역으로 확장될 수 있는 굉장히 풍부한 면모를 지녔음을 이를 통해 직감할 수 있다.

13 〈편지73, 올덴부르크에게〉, 332쪽.

14 루이 알튀세르, 〈독특한 유물론적 전통〉, 《철학과 맑스주의: 우발성의 유물론을 위하여》, 서관모 · 백승욱 엮고 옮김, 새길, 1996, 154쪽.

15 질 들뢰즈, 《스피노자의 철학》, 35쪽.

16 피에르-프랑수아 모로, 《스피노자》, 52~53쪽.

17 부조리가 아니라 무지로 도망치면서 신의 존재를 증명하고자 하는 이상의 시도와 비슷한 것으로 스피노자와 편지를 교환했던 복셀이 있다. 우리가 알지 못하지만 존재하는 것들이 많다. 그런데 우리는 유령들에 대해서는 완전히 무지하다. 따라서 유령들은 존재한다! 이런 식으로 추론한다면 반인반마, 히드라, 사티로스와 같은 모든 상상적인 환상들도 분명히 실존하는 것이겠다. (아리엘 수아미, 《스피노자의 동물우화》, 강희경 옮김, 열린책들, 2010, 55쪽.)

6. 심신평행론과 반코기토적 신체론

1 질 들뢰즈, 《스피노자와 표현의 문제》, 140쪽.

2 이런 반영론적 인식론에는 언제나 피할 수 없는 함정이 있다. 가령 데카르트의 경우 정신과 신체를 전혀 다른 실체로 분리하고 나서 둘의 대

응을 보장할 인식론적 방법이 전혀 없었던 까닭에 관념과 대상의 일치
를 보장할 수 있는, 거짓말 하지 않는 신이라는 초월자를 보증자로 요
청해야 했던 것이다.

3   Spinoza, *Treatise on the emendation of the intellect*, tr., Samuel Shirley,
Hackett Publishing Company, Inc., 1992, 85, 255~256쪽. "참된 관념
이 단순하거나 단순 관념들의 복합이라는 것, 그리고 그것이 왜, 어떻게
그런 식으로 존재했고, 존재하는지를 보여준다는 것, 그리고 정신 안의
표상적(ideal) 결과가 그 대상의 형상적(specific) 실재에 대응한다는 것들
을 증명했다. 이것은, 내가 아는 한, 우리가 여기서 하는 것처럼 정신이
일종의 정신적 자동 기계처럼 일정한 법칙에 따라 작동한다고 생각하
지 않은 것을 제외하고 참된 학문은 원인에서 결과로 나아간다고 말한
고대인들과 동일한 것이다."

4   피에르 마슈레, 《헤겔 또는 스피노자》, 98쪽.

5   평행론이라는 말은 원래 라이프니츠가 창안한 개념이지만 그 개념이
품고 있는 의미에 더 충실하게 적용되는 것은 라이프니츠의 철학이 아
니라 스피노자의 철학이라고 한다.(질 들뢰즈, 앞의 책), 148~151쪽 참조.)

6   피에르 마슈레, 앞의 책, 79쪽.

7   참고로 데카르트의 경우를 보면, 연장 실체가 기계적 필연성의 법칙에
따르는 반면 사유 실체는 신적인 자유의지의 능력에 의해 이 자연의 법
칙에서 벗어날 수 있는 것이기 때문에 둘 사이에는 그 어떤 평행성도
존재하지 않는다. 자유의지와 기계론에 대한 데카르트의 사유와 스피
노자 사유 사이의 차이에 대해서는 피에르-프랑수아 모로, 《스피노자》,
54~73쪽 참조.

8   여기서 주의해야 할 것이 있는데, 사물이라고 해서 모두 연장적 성격만
갖는 것을 뜻하지 않는다는 점이다. 사유 양태도 신이 생산한 하나의
사물이다. 대신 사유속성이라는 질적 성격을 갖는 사물, 즉 우리가 관념
이라고 부르는 사물이지만 말이다. 신은 사물을 만들고 사물의 원인이
지만 사유속성 상에서는 표상적으로 만들고, 다른 속성상에서는 형상

적으로 만든다. 그러나 표상적으로 존재하는 관념도 하나의 사물, 즉 형
상적 존재라는 사실은 변함이 없다.

9   질 들뢰즈, 〈스피노자를 공부하는 수업시간〉(1978년 1월 24일 뱅센느에서
의 강의), 권희철 · 남청수 옮김, 《2004 연구공간 '수유+너머' 강학원 자
료집》에서 인용.

10 스피노자, 《데카르트 철학의 원리》, 17~8쪽.

11 알튀세르도 코기토를 중심으로 하는 데카르트 인식론의 주관주의적이
고 선험적인 성격에 대해 스피노자의 인식론이 철저한 반테제의 입장
에 있음을 강조하고 있다.(루이 알튀세르, 〈독특한 유물론적 전통〉, 152~153
쪽.)

12 스피노자, 《정치론》, 김호경 옮김, 갈무리, 2009, 6절, 39~40쪽.

13 프리드리히 니체, 〈신체를 경멸하는 자들에 대하여〉, 《차라투스트라는
이렇게 말했다》, 정동호 옮김, 책세상, 2005, 52쪽.

14 이상주의에 대한 비판과 신체와 일상적인 삶의 중요성에 대해서는, 프
리드리히 니체, 《이 사람을 보라》, 백승영 옮김, 책세상, 2005, 349~374
쪽 참조.

15 매튜 스튜어트, 《스피노자는 왜 라이프니츠를 몰래 만났는가》, 석기용
옮김, 교양인, 2011, 307쪽.

16 말브랑슈의 기회원인론에 대해서는 미란 보조비치, 〈말브랑슈의 기회
원인론 혹은 에덴 동산의 철학〉, 김재영 옮김, 《코기토와 무의식》, 슬라
보예 지젝 엮음, 인간사랑, 2013 참조.

17 신체의 능력에 대한 무지와 정신에 대한 과도평가에 대한 스피노자의
비판은 《에티카》 3부, 정리2, 주석에서, 그리고 의지에 대한 새로운 접
근은 2부, 정리4와 주석, 그리고 5부 서론에서 집중적으로 논의되고 있
다.

18 "의지는 이성보다 활동 범위가 더 넓은데, 여기에 오류의 원인이 있다."
(데카르트, 《철학의 원리》, 1부, 35절, 32쪽.) "우리는 의심스러운 것들에 대해
동의하지 않을 수 있는 자유의지를, 따라서 오류를 피할 수 있는 자유

의지를 가지고 있다."(앞의 책, 6절, 11쪽.)

19   "충분히 지각되지 않은 것에 대해 판단을 내리는 경우에만 오류를 범
         한다. 어떤 것을 단지 지각하기만 하고 긍정하거나 부정하지 않는 경우
         에는 오류를 범하지 않는다."(데카르트, 앞의 책, 1부, 33절, 31쪽.)

7. 상상적인 1종 인식과 정신적 오류

1   스피노자는 2부 정리13 다음에 정신의 본성을 알기 위해서라도 물체
        (body, 신체)의 본성을 알아야 한다고 말하면서 물체들의 본성에 대한 보
        조정리들을 배치하고 있는데, 이 부분을 다른 부분들과 구별하기 위해
        *를 붙여 표시하도록 하겠다. *표가 붙은 부분은 신체(물체)의 자연학이
        라고도 명명할 수 있는 부분으로서 대개 〈자연학 소고〉라는 이름으로
        불린다.

2   질 들뢰즈, 《스피노자와 표현의 문제》, 274쪽.

3   스피노자적인 아이들, 혹은 스피노자적인 개체론에 대해서는 질 들
        뢰즈/펠릭스 가타리, 《천 개의 고원》, 김재인 옮김, 새물결, 2001,
        481~486쪽 참조.

4   Spinoza, *Treatise on the emendation of the intellect*, 21, 237~238쪽.

5   스피노자, 《신학정치론》, 1장 참조.

6   루이 알튀세르, 〈독특한 유물론적 전통〉, 154~155쪽.

7   스피노자, 앞의 책, 1장, 39쪽.

8   스피노자, 앞의 책, 2장, 43쪽.

9   스피노자, 앞의 책, 3장, 70쪽.

10   스피노자, 앞의 책, 2장, 44쪽.

11   스피노자, 앞의 책, 3장, 72쪽.

12   질 들뢰즈,《스피노자의 철학》, 33쪽.

13   질 들뢰즈, 앞의 책, 34쪽.

8. 수동적 정념의 코나투스와 감정의 자연 법칙

1   이런 점에서 앞의 것(상상적 이미지)이 무엇인가를 재현하는 관념이라면, 뒤의 것(감정이라는 관념)은 아무것도 재현하지 않는 관념이라고 구분할 수도 있다. 그러나 더 확실하고 정확한 구분은 능력(완전성)의 증가/감소와 같은 변이를 나타내는가 아닌가에 있다. 스피노자가 말하는 관념들의 구분과 성격에 대해서는 질 들뢰즈,〈스피노자를 공부하는 수업시간〉참조. 그렇다면 관념과 감정 중에서 어느 것이 더 선차적인가 묻는다면 스피노자는 관념이라고 말한다. 우리가 사랑의 기쁨이라는 감정 속에서 능력의 증가를 경험하기 위해서는 먼저 사랑하는 대상의 관념이 있어야 하기 때문이다. 애인이라는 관념에서 원수라는 관념으로 이동할 때 우리 능력도 변이를 계속하면서 기쁨에서 슬픔으로 변하게 되어 있다.

2   질 들뢰즈,《스피노자의 철학》, 78쪽.

3   진태원,《스피노자 철학에 대한 관계론적 해석》, 서울대학교 박사학위 논문, 2006, 351쪽.

4   질 들뢰즈, 앞의 책, 116쪽.

5   질 들뢰즈, 앞의 책, 21쪽.

6   스피노자 인식론과 진리관의 독창적인 성격에 대해서는 피에르 마슈레,《헤겔 또는 스피노자》, 102~126쪽 참조. 거기서 마슈레는 관념 바깥의 대상과 관념의 일치를 따지는 '합치'에 의한 인식론이 진리를 외적인 방식으로 규정한다면 스피노자는 '적합성'이라는 개념을 통해 관념이 자신 바깥으로 나갈 필요 없이 관념들이 인과적일 수 있을 때 진

리에 대해 내재적 규정에 이를 수 있다는 점을 들고 있다.

7   알렉상드르 마트롱, 《스피노자 철학에서 개인과 공동체》, 23쪽. 그리고
     24~25쪽도 참조.

8   작용인과 내재인의 분리 전통과 스피노자의 차이점에 대해서는 김은
     주, 〈스피노자 양태의 무한성과 유한성〉, 80~83쪽 참조.

9   질 들뢰즈, 《스피노자의 철학》, 88쪽.

10   알렉상드르 마트롱, 앞의 책, 30쪽.

11   코나투스는 라틴어 conor(노력하다)의 명사이다. 존재(실존)를 고수하려
     는 욕망이지만 의식적이기보다는 존재의 경향(혹은 본성) 자체라서 차라
     리 무의식적인 욕망이라고 하는 게 옳을 것이다. 우리는 태어나는 순간
     부터 본성적으로 우리의 실존을 지키고 확장하기 위해 애쓰는 존재인
     것이다.

12   질 들뢰즈, 《스피노자와 표현의 문제》, 264쪽.

13   질 들뢰즈, 《스피노자의 철학》, 79쪽.

14   스피노자, 《정치론》, 서론 1절, 17~18쪽.

15   스피노자, 앞의 책, 서론 5절, 27쪽.

16   애덤 스미스와 신자유주의적인 논리에 대해서는 미셸 푸코, 《생명관리
     정치의 탄생》, 오트르망 옮김, 난장, 2012, 11강 참조. 여기서 푸코는 18
     세기 이후 국가와 경제를 지배하는 자유주의와 신자유주의적인 통치술
     의 핵심이 애덤 스미스와 애덤 퍼거슨의 텍스트에서 발견될 수 있다고
     말한다. 호모 에코노미쿠스, 즉 경제적 인간의 구성, 그리고 이 인간형
     의 사회 전체적인 확산. "주권자가 경제메커니즘과 관련해 그것을 이루
     는 모든 요소들을 전체화하고 인위적이거나 의지적으로 조합할 수 있
     는 관점을 가지는 것 역시 불가능해야 합니다. 여러 이해관계를 자연발
     생적으로 조합시키는 보이지 않는 손은 일체의 개입을 금지할 분만 아
     니라 경제절차를 전체화하려 하는 모든 형태의 돌출된 시선을 금지합
     니다." (389쪽.)

9. 노예의 도덕과 자유인의 윤리학

1 니체는 기독교적 사랑이라는 나무 밑에 뿌리내린 증오라는 수관의 본
   성을 원한이라는 주제 속에서 아주 정확히 고찰하고 있다. 프리드리히
   니체, 〈제1논문〉, 《도덕의 계보》, 김정현 옮김, 책세상, 2008, 7절과 8절
   참조.

2 자연 상태, 신정, 민주정 등의 여러 사회 상태에서 어떤 정념들이 지배
   적인지에 대한 상세한 분석에 대해서는 알렉상드르 마트롱, 《스피노자
   철학에서 개인과 공동체》, 717~720쪽 참조.

3 질 들뢰즈, 《스피노자와 표현의 문제》, 366쪽.

4 질 들뢰즈, 앞의 책, 366쪽. 물론 그렇다고 슬픈 정념들의 계열들이 모
   두 무가치하다는 것은 아닌데, 공포나 불안과 같은 여러 슬픔의 정념들
   이 위험을 미리 포착해 우리의 실존을 조화롭게 유지하게 하는 필수적
   이고 중요한 생리적 장치이기도 하기 때문이다. 그리고 우리가 유기체
   의 전체적 균형을 위협하는 부분적이고 편협한 쾌락을 저지하기 위해
   사용하는 고통과 같은 슬픔은 단지 간접적으로만 유용하다고 할 수 있
   다. 하지만 그런 기능이 있다고 해서 슬픔이 좋은 것일 수는 없다. 슬픔
   은 모두 그 자체로 나쁘고, 이성적인 능력을 저하시킨다는 점에서 특히
   좋지 않다. (스피노자가 전개한 감정과 코나투스에 대한 개념들을 통해 "생명 조
   절 현상"이나 "정서적 조절 장치"와 인간의 다양한 정서적 삶과 그 병리적 현상을
   이해하고자 하는 시도로서는 안토니오 다마지오, 《스피노자의 뇌》, 임지원 옮김, 사
   이언스북스, 2009 참조.)

5 질 들뢰즈, 앞의 책, 305쪽.

6 질 들뢰즈, 앞의 책, 304쪽.

7 스피노자, 《정치론》, 2장 5절, 37쪽.

8 스피노자, 앞의 책, 2장 3절과 4절, 34~35쪽.

9 스피노자, 《신학정치론》, 서론, 22쪽.

10   스피노자,《정치론》, 2장, 14절, 50쪽.

11   질 들뢰즈,《스피노자와 표현의 문제》, 354쪽.

12   질 들뢰즈, 앞의 책, 354쪽.

13   진태원,〈스피노자의 현재성: 하나의 소개〉, 12쪽.

14   〈편지54, 복셀에게〉, 269쪽.

15   스티븐 내들러,《스피노자: 철학을 도발한 철학자》, 408~415쪽.

16   〈편지19, 블레이흔베르흐에게〉, 132~136쪽.

17   물론 스피노자가 말하는 '완전성'은 불완전성을 전제한, 따라서 비교하
     는 인간의 사유의 양태를 말하는 것이 아니라, 실재하는 것 자체를 말
     한다. 스피노자에게 실재성은 곧 완전성이다. (《에티카》 4부, 서론 참조.)

18   〈편지19, 블레이흔베르흐에게〉, 134쪽.

19   사실 대부분의 풋과일들은 독성을 갖고 있는 경우가 많다. 열매가 여물
     기 전에 먹히면 번식할 수 없기 때문에 여물기까지는 독성으로 자신을
     보호하는 것이다. R. 네스 · G. 윌리엄즈 공저,《인간은 왜 병에 걸리는
     가》, 최재천 옮김, 사이언스북스, 2012, 123쪽.

20   스피노자,《신학정치론》, 4장, 85쪽. 그리고 〈편지19, 블레이흔베르흐에
     게〉, 135쪽.

21   〈편지19, 블레이흔베르흐에게〉, 135쪽.

22   스피노자,《신학정치론》, 2장, 57쪽.

23   질 들뢰즈,《스피노자의 철학》, 40쪽.

24   질 들뢰즈, 앞의 책, 26쪽.

10. 공통 개념의 형성과 자유인의 길

1   질 들뢰즈,《스피노자와 표현의 문제》, 359쪽.

2   질 들뢰즈, 앞의 책, 358~363쪽 참조.

3   스피노자,《신학정치론》, 5장, 98쪽.

4   E. 발리바르,《대중들의 공포》, 최원·서관모 옮김, 도서출판b, 2007, 96쪽.

5   E. 발리바르, 앞의 책, 97쪽.

6   E. 발리바르,《스피노자와 정치》, 65쪽.

7   스피노자,《신학정치론》, 5장, 98쪽.

8   질 들뢰즈,《스피노자와 표현의 문제》, 361쪽.

9   스피노자의 정치와 사회계약적인 정치의 비교에 대해서는 안토니오 네그리,《전복적 스피노자》, 31~71쪽 참조.

10   스피노자는 정치론의 차원에서 흡스와의 차이를 이렇게 얘기한다. 각 주체가 자연권을 그 전체로서 유지한다는 것, 주권자의 권력은 신민의 권력을 능가하는 정도에서만 지배적일 수 있다는 것. (《편지50, 옐레스(Jelles)에게》, 258쪽)

11   질 들뢰즈,《스피노자와 표현의 문제》, 362쪽.

12   스피노자,《신학정치론》, 서론., 그리고《정치론》, 3장 3절 참조.

13   김은주,〈스피노자에서 양태의 무한성과 유한성〉, 87쪽.

14   스피노자,《정치론》, 2장 16절, 53쪽.

15   스피노자, 앞의 책, 3장, 6절, 66~67쪽.

16   스피노자, 앞의 책, 3장 8절, 68~69쪽.

17   질 들뢰즈,《스피노자와 표현의 문제》, 354~355쪽.

18   질 들뢰즈, 앞의 책, 332쪽.

19   김재인,〈긍정과 기쁨의 생성-들뢰즈의 스피노자 해석〉 참조.

20   알렉상드르 마트롱,《스피노자 철학에서 개인과 공동체》, 720쪽.

21   발리바르가 스피노자의《에티카》에서 발견하는 놀라움의 면모도 이런 정념의 사회성, 혹은 "교통의 체제들", "개체들의 관개체성(transindividualite)"들이다. 발리바르,《스피노자와 정치》, 특히〈스피노자에서 개체성과 관개체성〉 참조. "여기서 놀라운 관념이 모습을 드러낸다. 곧 증오는 단지 사회적 (또는 관계적) 정념일 뿐만 아니라, 또한 '사회

적 유대', 사회성의 (모순적인) 한 형태다."(128쪽) "사회적 삶이 교통 활동이기 때문에 인식은 이중적으로, 곧 그 조건들 및 결과들에 의해 실천적이다. (…) 우리는 또한 스피노자와 함께 인식은 하나의 실천이며, 인식(철학)을 위한 투쟁은 하나의 정치적 실천임을 인정해야 한다."(146쪽)

22 알렉상드르 마트롱, 《스피노자 철학에서 개인과 공동체》, 723쪽.

23 이런 관점은 알렉상드르 마트롱, 앞의 책, 751~754쪽의 분석에 힘입은 바가 크다. 그는 이렇게 표현하고 있다. "바로 여기서 5부 정리1이 보여주는 관점 전환이 일어난다. 이제 평행론은 우선 사유-연장의 방향으로 읽히며, 그런 다음 부차적으로만 연장-사유의 방향으로 읽힐 것이다."(753쪽.)

24 스피노자의 《에티카》 전체 서술 속에서 '공통 개념'은 최종적인 결론의 대상으로 스피노자에 의해 집중적으로 다뤄진 것이 아니다. 스피노자가 2부와 4부에서 잠깐씩만 언급한 이 공통 개념에 대해 그 의미를 부각시키고 스피노자 철학의 가장 위대한 부분으로 자리매김을 한 철학자는 들뢰즈이다. 그의 《스피노자와 표현의 문제》가 그렇고, 특히 《지성교정론》이 중단되고 《에티카》가 쓰이게 된 이유를 공통 개념의 발견에서 찾고 있는 〈스피노자의 진전〉(《스피노자의 철학》 안에 있는 논문)이라는 글이 그렇다.

25 질 들뢰즈, 《시네마2: 시간-이미지》, 이정하 옮김, 시각과언어, 2005, 377쪽.

26 질 들뢰즈, 《스피노자와 표현의 문제》, 372쪽.

27 질 들뢰즈, 《시네마2: 시간-이미지》, 37쪽.

28 질 들뢰즈, 《스피노자와 표현의 문제》, 386쪽.

29 질 들뢰즈, 《스피노자의 철학》, 140쪽.

30 질 들뢰즈, 《스피노자와 표현의 문제》, 각각 355쪽, 389쪽. 들뢰즈가 스피노자 윤리학에서 공통 개념의 중요성과 함께 공통 개념의 형성을 위한 사회적 공통성의 형성과 변신에 주목하고 있다면, 발리바르는 스피

노자의 혁명성을 "최대한의 인식"이나 "지성의 위험을 감행"하는 것과
같은 참된 관념 획득에 두고 있다는 점에 차이가 있다. 발리바르는 이
렇게 말하고 있다. "'정치적 신체' 이론은 왜 단순한 권력의 물리학이
아니고 대중들의 복종의 심리학도, 법질서를 형식화하기 위한 수단도
아니며, 가능한 최대 다수가 가능한 최대한을 인식하기(《에티카》 5부, 정
리5~10)를 구호로 내건 집합적 해방의 전략에 대한 탐구인지 이해할 수
있게 된다." (에티엔 발리바르, 《스피노자와 정치》, 146쪽.)

31   질 들뢰즈, 《스피노자의 철학》, 58쪽.

32   르네 데카르트, 《철학의 원리》, 1부, 39절, 35쪽.

33   장-뤽 낭시, 《무위의 공동체》, 박준상 옮김, 인간사랑, 2010, 25쪽.

34   스피노자주의를 "동양적인 철학", 즉 깨달음에 도달하기 위한 고독한
수행과 자아의 소멸에 대한 지향으로 해석하는 것이 독일 철학의 공통
된 경향이라고 마슈레는 지적하면서 그 대표격으로 칸트와 헤겔을 들
고 있다. 참고로 칸트의 분석을 옮겨본다. "지고한 선, 이는 무(無)다. 우
리는 신성의 심연으로 흘러들어간다. 우리는 여기서 삼켜지고 인격은
사라져 버린다. 이러한 열락을 미리 맛보기 위해 중국 철학자들은 밀실
에 틀어박혀, 감기는 눈꺼풀을 애써 지탱하면서 자신들의 무를 명상하
고 느끼려고 시도한다. (…) 유출론에 따르면 모든 인간 영혼은 신성에
서 빠져 나온 뒤에 결국 다시 거기로 흡수되어 들어감으로써 끝을 맺
게 된다. 이 모든 것은 오직 인간들이 어떤 대가를 치르고서라도 그들
이 보기에 만물의 행복한 종말을 구성하는 영원한 휴식을 누릴 수 있게
하려는 데 있다. 이러한 관점은 모든 지성의 제거, 모든 사유의 정지와
조금도 다르지 않다." (I.칸트, 《만물의 끝에 대하여》, (독어본 학술원판 8권, 335
쪽.), 피에르 마슈레, 《헤겔 또는 스피노자》, 57쪽 각주48번에서 재인용.)

35   질 들뢰즈, 《스피노자의 철학》, 85쪽.

36   안토니오 네그리, 《전복적 스피노자》, 26~27쪽.

37   질 들뢰즈, 《스피노자와 표현의 문제》, 409~410쪽.

38   알튀세르의 경우 이 3종 인식이 상당히 비밀스럽고 이해할 수 없는 것

으로 다가왔던 것 같다. 그는 3종 인식을 기원도 목적도 없이 발생하는 하나의 "사례", 혹은 다른 것과 비슷하지도 않은 개별적인 것, 그러나 동시에 보편적인 것이라고 말하는데 대표적으로 유대민족의 개별 역사나 정신분석적 '사례'를 예로 든다. 그러면서 3종 인식이 "개별적이고 따라서 비교 불가능한 직관들에 속"하는 것이고 추상할 수 없는 것이라고 말한다.(루이 알튀세르, 〈독특한 유물론적 전통〉, 156~159쪽.) 그런데 우리가 보기에 3종 인식의 모호성에 대한 알튀세르의 진술은 3종 인식을 단순히 '직관적 인식'인 것처럼 생각한 것에, 즉 공통 개념의 형성과 적합한 합성의 증가라는 구체적인 경험을 매개로 형성되는 것이라고 파악하지 못한 것에 근거하고 있지 않은가 생각한다.

39   질 들뢰즈, 《스피노자와 표현의 문제》, 407쪽.

40   부분적 지식과 전체적 인식, 그리고 악에 대해서는 스피노자, 《정치론》, 2장 8절, 45~46쪽.